핵심 개념과
현업 사례

실전
AI
마케팅

조창환 · 홍다예 · 최모세 공저

학지사비즈

머리말

이제는 'AI 도입 여부'를 고민하는 것이 아닌 'AI 고도화를 통한 경쟁력 확보'를 고민해야 할 때입니다. AI는 더 이상 마케팅에서 검토나 선택 사안이 아닌 필수 전략입니다. 이미 마케팅 전반에 걸쳐 AI가 A to Z로 활용되고 있으며, 지금은 어떻게 더 잘 활용할 수 있을까를 고민해야 할 시점입니다. 그렇다고 해서 AI 기반 마케팅이 기존에 우리가 해 오던 마케팅 원칙을 무시하고 모든 것을 새롭게 하는 것일까요? 그렇지 않습니다! 마케팅의 기본 원칙은 변하지 않습니다. 기술이 발달하고 다양하고 새로운 마케팅 환경이 조성되어도 상품, 가격, 유통, 프로모션, 즉 우리가 흔히 4P라고 일컫는 마케팅 믹스와 STP 전략 원칙들은 변하지 않습니다. 고객과 소통하는 방법, 상품을 기획하고 가격을 책정하며 유통을 설계하고 브랜드 가치를 높이며 판매를 촉진하고 프로모트 하는지에 대한 방식이 디지털 AI 기술을 활용하여 더 고도화되는 것입니다. 그동안 우리가 할 수 없었던 새로운 방식으로 더 빠르고 효율적이며 투명한 마케팅 의사결정으로 이어지는 것입니다.

저자들은 수많은 강의 현장, 학회, 실무 특강 등을 다니며 광고와 마케팅의 다양한 연구를 접하고, 동시에 기업들이 활용하는 도구와 전략을 면밀히 관찰해 왔습니다. 그 과정에서 이론적 개념과 실무적 감각을 모두 보유하고 있는 것이야말로 AI가 가속화되고 있는 지금 이 시점에서 가장 절실하게 필요한 능력이라는 것을 깨달았습니다. 마치 AI가 모든 것을 해결해 줄 것 같은 기대와 유혹 속에서 중요한 마케팅 원칙이 무시되고 단기적 효율만을 쫓는 일이 나타나지는 않을까, 광고의 개념부터 배우는 학생들이 실무에서 활용되는 AI 도구와 사례는 모른 채 졸업하지는 않을까 하는 고민이 있었습니다. 변모하는 환경에 맞추어 수많은 마케팅 책이 출간되고 있으나, 학계 개념과 실무를 연결하고 있는 책은 드뭅니다. 광고 및 마케팅을 공부한 학생들은 실무를 직접 경험해 보지 않았기 때문에 수업에서 배운 내용을 '실무에서 어떻게 활용해야 하는가'에 대한 갈증이 있으며, 실무에서는 마케팅 도구 사용에는 능하지만 '왜 그렇게 사용해야 하는가'에 대한 갈증이 있습니다. 이 책은 그러한 갈증을 해소하는 데 도움을 주고자 집필하기 시작했습니다.

    독자가 다음 세그먼트 중 어느 하나에라도 속한다면 이 책은 분명 도움이 될 것입니다. 우선, 전공자와 원활한 소통을 하고 싶은 갈증이 있는 광고 및 마케팅 분야에 진입하려는 '뉴비(newbie)'에게 도움이 될 것입니다. 이 책에는 학계와 실무에서 빈도 높게 사용하는 단어와 표현이 담겨져 있습니다. 수업시간에 자연스럽게 언급되는 전문 용어나 실무에서 상사가 툭 던진 개념에도 겁먹을 일이 줄어들 것입니다. 마케팅 세계에 새롭게 입문한 뉴비들이 전공자와의 대화에서 맥락을 이해하는 데에 어려움이 없도록 나침반이 되어 줄 것입니다.

    또한 실무에서 활용되고 있는 툴에 대한 이해의 갈증이 있는 광고 및 마케팅을 공부하고 있는 학생에게도 도움이 될 것입니다. 특히 학생들은 이 책을 통해 단순한 지식 축적을 넘어, 빠르게 변화하는 디지털 환경에서 스스로 문제를 정의하고 해결할 수 있는 사고력을 기를 수 있을 것입니다. 마케팅의 세계는 넓고도 깊습니다. 이 책은 실무 사례와 학문적 기반을 연결하여 사고의 틀을 확장하는 데 기여할 것입니다.

마지막으로, 이 책은 마케팅 원칙에 입각하여 다른 브랜드의 AI 활용법을 알고 싶어 하는 갈증이 있는 마케터에게 도움이 될 것입다. 학계와 사회에서는 AI를 시대를 바꾸는 무한한 가능성을 지닌 도구로 논하고 있지만, 그 논의가 현업의 마케터들에게는 너무 멀게만 느껴집니다. 하루가 다르게 생겨나는 툴과 기민하게 대응해야 하는 프로젝트로 인해 많은 마케터는 새로운 도구를 우리의 마케팅 전략에 어떻게 체계적으로 적용할 수 있을지가 막막했을 것입니다. 이 책은 바로 그런 현업 마케터들에게 실질적인 도움이 될 것입니다.

마케팅의 세계는 넓고도 깊습니다. 그러나 그 길 위에서 방향을 잃지 않도록, 이 책이 여러분에게 든든한 동반자가 되기를 바랍니다.

2025년 11월

저자 일동

차례

■ 머리말 _ 3

PART 1
AI의 등장 : 마케팅의 새로운 패러다임 • 11

1. 디지털 전환 _ 13
    1) 디지털 전환의 중요성 _ 13
    2) 오늘날 디지털 전환의 진정한 의미 _ 16
    3) 디지털 전환과 고객 여정 _ 20
2. AI 마케팅의 정의 _ 28
3. 마케팅에서 AI의 중요성 _ 30
4. AI 모델의 진화 _ 35
5. 디지털 마케팅의 진화 _ 40
    1) 데이터 보유의 중요성 _ 40
    2) 관계 마케팅 _ 46
    3) 인터렉션 대상의 변화 _ 57
        (1) 챗봇 _ 57
        (2) 온디바이스 AI _ 63
        (3) 인터렉션 광고 _ 68

PART 2
AI 마케팅의 A to Z · 75

1. AI 기반 디지털 마케팅 목표 설정 _ 77
    1) SMART 기법의 활용 _ 78
    2) AI를 목표 설정에 활용하는 방법 _ 81

2. 상황 분석과 AI _ 88
    1) 상황 분석을 위한 도구 _ 89
        (1) PEST 분석 _ 89
        (2) 3C 분석 _ 90
        (3) SWOT 분석 _ 90
    2) AI가 바꾸어 놓은 데이터를 바라보는 시각 _ 92
    3) 누구나 쉽게, AI로 소비자의 마음을 읽는 방법 _ 94
        (1) 생성형 AI 활용 방법 _ 94
        (2) 키워드 분석 _ 98
        (3) 생성형 AI와 키워드 분석이 마케터에게 주는 의미 _ 106
    4) 고객 여정 분석으로 인사이트를 도출하는 방법 _ 108

3. AI를 활용한 STP 전략의 변화 _ 113
    1) Segmentation: AI 기반 시장 세분화의 진화 _ 113
    2) Targeting: AI 기반의 표적 시장 선정 _ 117
        (1) 전통 기법과 AI 활용의 차이 _ 118
        (2) 맥락 타깃팅 _ 121
        (3) 행동 기반 타깃팅 _ 124
        (4) 매체사 활용 예시 _ 126
    3) Positioning: AI 기반의 포지셔닝 _ 130
    4) 변화된 디지털 STP 전략과 한계성 _ 135

4. 마케팅 믹스 전략의 진화: 4P에서 4C로, 그리고 AI와의 결합 _ 137
    1) 제품(Product)에서 소비자(Consumer)로 _ 138
        (1) AI를 제품 디자인에 활용하다 _ 139

    (2) AI를 상품 개발에 활용하다 _ 141
    (3) AI를 개인화 상품 제작에 활용하다 _ 148
    (4) AI를 소비자의 선택을 돕는 데 활용하다 _ 151
    (5) AI가 고른 것을 신뢰하는 심리 _ 161
    (6) AI로 인한 변화가 마케터에게 주는 의미 _ 165
  2) 가격(Price)에서 비용(Cost)으로 _ 168
    (1) 인지된 가격 _ 168
    (2) 다이내믹 프라이싱 _ 171
    (3) 가격-품질 이론 _ 177
  3) 유통(Place)에서 편리함(Convenience)으로 _ 179
    (1) 퀵커머스의 변화 _ 181
  4) 촉진(Promotion)에서 커뮤니케이션(Communication)으로 _ 185
    (1) PR _ 186
    (2) 판매 촉진 _ 188
    (3) 직접 마케팅 _ 193
    (4) 광고 _ 196
  5) 프로모션 믹스에서 IMC로 _ 198
    (1) IMC의 중요성 _ 198
    (2) IMC의 핵심 개념 _ 200
    (3) 프로모션 믹스와 IMC의 비교 _ 202
    (4) 고객 구매 여정과 IMC _ 207
    (5) 오프라인 경험과 IMC _ 208

5. AI를 활용한 브랜드 콘텐츠 전략 _ 212
  1) 브랜드 메시지 전략 _ 212
    (1) 인간이 작성한 메시지 vs. AI가 작성한 메시지 _ 214
    (2) 광고 콘텐츠 생성 플랫폼 _ 216
  2) AI를 활용한 크리에이티브 콘텐츠 전략 _ 217
  3) AI를 활용한 브랜드 정보원(인플루언서) 전략 _ 223
    (1) 가상 인플루언서의 장점 _ 223
    (2) 가상 인플루언서 정체성을 공개해야 할까 _ 226

4) AI 기반 광고 크리에이티브 – 실시간 A/B 테스트 _ 233
6. 미디어 믹스 전략과 광고구매 집행 _ 238
   1) 미디어 유형 및 통합 미디어 필요성 _ 238
   2) 미디어 바잉과 오디언스 바잉, 프로그래매틱 바잉 _ 243
7. 디지털 마케팅 효과 측정 _ 248
   1) 채널 간 상호작용 분석 플랫폼 _ 248
   2) 고객 여정 분석 플랫폼 _ 253
8. AI 마케팅의 지속가능성 _ 258
   1) DEI의 가치 _ 258
   2) 저작권과 관련한 이슈 _ 262
   3) FAT의 중요성 _ 265
9. AI 마케팅의 미래 및 고려사항 _ 269
   1) AI 마케팅의 미래 _ 269
   2) 마케터 역량의 변화 _ 273

- 참고문헌 _ 277
- 그림 출처 _ 291
- 찾아보기 _ 301

이 책은 생성형 AI를 활용하여 집필되었다.

1. 디지털 전환

1) 디지털 전환의 중요성

　인공지능(AI) 시대 도래의 진정한 의미를 파악하기 위해서는 우선적으로 디지털 전환(Digital Transformation: DT)에 대한 이해가 선행되어야 한다. 디지털 전환은 어떻게 시작되었을까? 디지털 전환의 원초적 형태인 자료의 '디지털화(Digitization)'는 1970년대부터 서서히 진행되었다. 아날로그 텍스트, 사진, 음악, 영상을 컴퓨터가 스캔하고 저장하고 처리 가능한 디지털 아카이브 형식으로 유지하는 것이다. 이처럼 텍스트, 이미지, 음악, 영상 등 개별적인 정보들이 디지털화된 흐름은 1990년대 인터넷의 보급과 함께 본격적으로 융합되기 시작했다. 웹이라는 플랫폼 위에서 이 모든 정보가 서로 연결되고 통합된 형태로 유통되면서, 콘텐츠의 생산, 소비, 저장, 처리, 활용 방식까지 모든 것이 체질적으로 바뀌었다. 특히 스마트폰과 SNS, 클라우드 기술이 등장한 2010년대 이후에는 그동안 수동적인 콘텐츠 소비자 역할만 하던 일반 사용자들이 직접 콘텐츠를 생산하고 공유하며 확산시킬 수 있는 환경이 일반화되며, 디지털 정보는 더 이상 일부 엘리트 계층 또는 전문가의 전유물이 아닌 모두가 생산과 소비를 동시에 할 수 있는 일상적인 소통 수단으로 자리 잡았다.

　디지털화를 통한 콘텐츠들이 디지털 형태로 저장되고 이것이 데이터 형태로 정형화될 때 비로소 그다음 단계인 '디지털 전환(Digital Transformation)'이 가능해지는 것이다. 이는 단순 디지털 기술 도입이나 데이터 축적을 넘어서서 기업의 경영 모델과 기업 가치 창출

체계를 디지털 중심으로 변환하는 전략적 의미를 품고 있다. 다시 말해, 디지털 전환은 기업이 역동적으로 변신하는 마켓 환경에 적극적으로 대처하기 위해 디지털 기술과 역량을 바탕으로 비즈니스 모델, 제품, 서비스 전반을 새롭게 설계하는 전략적 변화 과정을 의미한다. 이러한 변화는 선택할지 선택하지 않을지 결정하는 문제가 아닌, 오늘날 기업이 생존하고 지속 가능한 경쟁력을 확보하기 위해 반드시 수행해야 할 핵심 경영 및 마케팅 전략으로 자리 잡고 있다. 과거 수십 년간 우리는 수많은 글로벌 기업이 기술 변화에 제때 대응하지 못해 몰락하는 모습을 목격해 왔다. 디지털 전환은 기업의 수익, 고객과의 관계, 시장 점유, 미래 가치 등 기업의 모든 부분과 직결된다고 해도 과언이 아니다. 구체적으로 디지털 전환의 실패로 기업이 몰락한 사례와 그 이유들을 살펴보면 많은 부분이 같은 결론으로 귀결될 수 있다. 다시 말해, 디지털 전환의 흐름을 간과한 기업들의 실패는 기술 보유 여부보다 변화에 대한 통찰과 실행력의 부재가 얼마나 치명적인지를 잘 보여 준다.

예컨대, 코닥은 1970년대에 디지털카메라 기술을 가장 먼저 개발했지만, 필름 중심의 기존 비즈니스 모델 구조에 집착하고 혁신 기술을 스스로 저지한 결과, 결국 경쟁사에 시장 주도권을 내주고, 2012년 파산 보호를 신청했다. 혁신은 혁신가(innovator)에 의해 탄생할 가능성이 크지만, 반드시 그것이 실행으로 이어지지는 않을 수도 있다. 왜냐하면 오랜 업계의 리더들이 혁신가를 고용하면서도, 동시에 그들은 오랜 마켓 리더로서 변화를 거부하는 보수적인 기업 문화의 늪에 빠져 있을 가능성 또한 크기 때문이다. 이를 혁신가의 딜레마(Innovator's Dilemma)라고 일컫는다.

비슷하게, 저자가 미국 유학 시절 자주 이용했던 블록버스터

(Blockbuster)는 당시에는 지금의 마트처럼 미국의 작은 스도시까지 매장을 갖추고 오랫동안 비디오 대여업을 주도하던 기업이었다. 그러나 결국 몰락의 길을 걸으며 디지털 전환의 필수성을 보여 주는 대표적인 사례로 남게 되었다. 블록버스터는 영상 콘텐츠 시장에 스트리밍 방식이 무대로 등장하기 시작하고, 그것이 미래의 소비 방식이 될 수도 있다는 트렌드를 오래전에 가장 먼저 감지하고도, 변화를 두려워하고 기존 오프라인 비디오 대여 모델에 안주한 채 넷플릭스 인수 제한까지 거절하며 성장가능성을 스스로 파괴하는 과오를 범하였다. 결국, 블록버스터는 급변하는 동영상 시장 변화에 뒤처진 채 시장에서 완전히 퇴장하게 되었다.

또한 노키아(Nokia) 역시 한때 글로벌 톱10 브랜드에 이름을 올릴 정도 큰 명성을 가진 브랜드였고, 마켓 리더로서 기술 개발력은 충분했으나, 스티브 잡스(Steve Jobs)의 무의미해 보였던 도전으로 새롭게 시장에 등장한 스마트폰이 가져올 미디어 융합과 사용자 경험의 혁신적 변화를 온전히 읽어 내지 못했다. 또한 개방적인 안드로이드 생태계에 합류하지 않고 리더로서 위치를 잃지 않기 위해 폐쇄적인 전략을 고수한 결과, 모바일 시장에서의 지배력을 급격히 상실하게 되었다.

많은 기업은 여전히 기존의 비즈니스 모델을 고수하며, 늘 해 오던 익숙한 방식에 안주하고 있다. 어쩌면 그것이 쉽고 더 안정적이기 때문일 것이다. 특히 마켓의 리더라면 현재의 자리를 유지하기 위해 더욱 보수적으로 대응하려는 경향이 크다. 그리고 기술 개발과 활용을 전사적 차원에서 고민하지 않고 마지못해 IT 부서를 설립하고 그들에게만 의존하며 혁신을 그들의 몫으로만 제한한 채 큰 변화를 여전히 주저한다. 그러나 디지털 전환은 단순히 새로운 시스템을 도입하는 차원을 넘어, 조직의 일하는 방식과 고객과의 관계, 가치 창출 방식 전반을 다시 설계하는 과정이다. 이를 위해서는 데이터 기반의 정확하고 신속한 판단, 고객 중심의 사고 전환, 수익 모델의 재점검과 신규 사업 모색이 가능한 개방성과 유연성이 필요하다. 변화는 두려움과 위협인 동시에 새로운 도약의 발판이기도 하다. 실제로 아마존, 구글, 테슬라 등은 기술을 기업 경영 전략의 핵심으로 두고, 데이터 기반 의사결정과 고객 여정 분석을 통해 기업 운영 방식을 혁신하며, 모두가 두려워만 하던 새로운 시장을 창출해 냄으로써 어느덧 혁신적 마켓 리더 자리를 차지하고 있다. 그들이 변화를 두려워만 했다면 지금의 영예는 없었을 것이다.

2) 오늘날 디지털 전환의 진정한 의미

그렇다면 오늘날의 디지털 전환이 갖는 핵심적인 의미는 무엇일까? 단순히 형식의 전환을 넘어선 여러 가지 중요한 함의를 담고 있다. 첫째, 디지털 전환은 모든 것이 기록으로 남는다. 소비자의 사용 기록, 취향, 행동 등이 모두 데이터로 축적된다. 둘째, 이렇게 축적된 데이터는 개인화된 경험으로 이어지며, 소비자는 콘텐츠 제공자와 상호작용하고, 콘텐츠를 통제하며, 자신의 니즈에 맞게 새롭게 창조해 나갈 수 있다. 셋째, 데이터 및 디지털 기술의 고도화로 인해 소비자의 기대 수준은 점점 더 높아지고 있으며, 시장 변화의 속도도 가속화되고 있다. 이에 따라 기업은 기존의 비즈니스 모델만으로는 지속 가능한 성장을 이루기 어려운 상황에 직면하고 있다.

앞에서 살펴본 것처럼 일상이 디지털화된 소비자의 행동을 이해하기 위해서는 우선 디지털 기술이 어떻게 발전되어 시장을 형성하고 사람들의 삶 속에 침투하는지 이해할 필요가 있다. 이와 관련된 대표적인 마케팅 모델은 혁신 확산 이론(Innovation Diffusion Theory)이다([그림 1-1] 참조). 이 이론에 따르면, 개인이 '새롭다'고 인식한 아이디어를 수용하는 속도에 따라 사람들은 다섯 가지 범주로 분류된다(Rogers, 2003). 구체적으로는 혁신자(innovator), 조기 수용자(early adopter), 조기 다수자(early majority), 후기 다수자(late majority), 말기 수용자(laggard)로 구분되며, 이 분포는 정규분포 형태를 보이는데, 조기 수용자와 조기 다수자의 비중이 가장 크다. 기술이 대중적으로 성공하려면 단순한 확산 속도를 넘어, 일정 임계점(tipping point)을 넘어서야 한다. 말콤 글래드웰(Malcolm Gladwell)은 그의 저서 『The Tipping Point』에서 어떠한 것이 전염(epidemic)됨으로써 모든 것이 한번에 바뀔 수 있는 극적인 순간을 "티핑 포인트(Tipping Point)"라고 정의했다. 예를 들어, 알려지지 않은 식당이 유명 연예인의 방문을 계기로 입소문을 타거나, 판매가 부진하던 서적이 베스트셀러가 되는 경우 등이 이에 해당한다. 그리고 이러한 환경의 변화 속에서, 전염병이나 전염성을 생물학적 측면에서만 바라보는 경향이 있지만, 글래드웰은 '전염병'이 좋은 것이든 나쁜 것이든 사회적 트렌드의 형태로 나타날 수 있다고 지적한다. 디지털 콘텐츠나 메시지 또한 이러한 방식으로 사람들 사이에서 급속하게 전파되며, 디지털 전환은 그 속도와 범위를 더욱 강화시키는 기반이 되고 있다.

이러한 티핑 포인트는 통상적으로 전체 집단의 약 16%가 기술을 수용하는 시점으로, 이는 혁신자와 조기 수용자의 비율을 합친 수치와 일치한다. 이 지점을 넘지 못하면 '캐즘(Chasm)'에 빠지게 된다. 캐즘은 본래 지질학에서 지각 변동으로 인해 생긴 단절을 의미하며, 죠프리 무어(Geoffrey A. Moore)가 1991년 『Crossing the Chasm』에서

비즈니스 개념으로 차용하여 널리 알려지게 되었다. 이 개념은 조기 수용자에서 조기 다수자로 넘어가는 과정에서 발생하는 수용의 단절로, 새로운 기술이 대중적으로 받아들여지기까지 겪는 정체기를 의미한다. 기술의 가치를 다수가 인식하고 활용하기까지는 일정 시간이 필요하다는 것이다. 대표적인 사례가 MP3 플레이어이다. 1990년대 출시 당시에는 CD 플레이어가 보편적이었기 때문에, MP3 플레이어는 혁신자와 조기 수용자들에 의해서만 사용되었고, 음악을 저장·다운로드할 수 있는 인프라가 미비하여 캐즘을 경험하였다. 그러나 인터넷이 발달하면서 이를 극복하고 급속한 성장을 이루었다.

한편, 신기술이 등장한 이후 수용되기까지의 과정을 설명하는 또 다른 유용한 틀로 하이프 사이클(Hype Cycle) 개념이 있다. 이는 시장조사기관 가트너(Gartner)가 제시한 모델로, 기술 혁신이 대중의 관심을 끌고 사라지는 과정을 기대 수준의 변화라는 관점에서 시각화한 것이다. 하이프 사이클은 총 다섯 단계로 구성되며, 각각 '기술 촉발(Technology Trigger)' '부풀려진 기대의 정점(Peak of Inflated Expectations)' '환멸의 골짜기(Trough of Disillusionment)' '계몽 단계(Slope of Enlightenment)' '생산성의 안정기(Plateau of Productivity)'로 구분된다. '기술 촉발' 단계에서는 기술이 아직 상용화되지는 않았으나, 잠재력 있는 신기술이 주목을 받기 시작한다. 특히 미디어가 잠재적 기술에 대한 다양한 이야기를 하며 대중의 관심을 불러일으킨다. 그다음은 '부풀려진 기대의 정점'이다. 기업의 성공 사례들이 언급되지만, 실제로는 다수의 기업이 신중히 관망하는 모습을 보인다. '환멸의 골짜기'에서는 대부분의 시도가 실패하면서 대중의 관심이 급감하며, 일부 생존한 기업만이 기술 투자를 지속한다. '계몽 단계'에서는 성공적인 수익 모델이 등장하고 기술에 대한 이해가 점차 높아지며, 보다 완성도 높은 2세대, 3세대 제품들이 출시된다. 마지막으로, '생산성의 안정기'는 기술이 실질적으로 시장에 정착하고 본격적인 생산성과 가치를 실현하는 단계이다.

이 모델은 기술 수용이 직선적인 성장 경로를 따르지 않으며, 사회적 기대와 실제 성과 간의 비선형적 간극이 존재함을 강조한다. 특히 '환멸의 골짜기'는 기술이 초기의 과도한 기대를 충족시키지 못해 관심이 급감하는 중요한 전환점이며, 이를 극복해야만 본격적인 확산과 상용화가 가능해진다. 이처럼 하이프 사이클은 '혁신 확산 이론'이나 '캐즘' 개념과 병행하여, 기술 수용의 과정을 보다 입체적이고 실증적으로 설명하는 데 기여할 수 있다.

그렇다면 디지털 전환은 우리의 일상에 어떻게 스며들고 있는가? 디지털 전환의 필요성은 이미 오래전부터 제기되어 왔지만, 기술 인프라의 부족과 재정적 제약 등으로 인해 기업이 실제로 이를 구현하는 데에는 어려움이 있었다. 그러나 코로나19 팬데믹은 디지털 전환

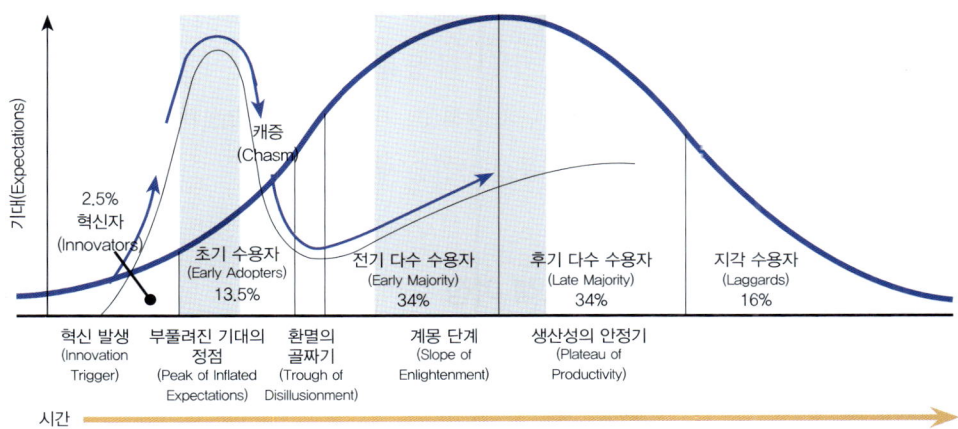

[그림 1-1] 기술 수용 주기와 하이프 사이클의 통합

출처: Herman (n.d.).

의 속도를 획기적으로 가속화시키는 트리거(trigger)로 작용하였다. 전대미문의 사태로 불리는 코로나19는 뉴노멀 시대를 만들었고, 이에 대응하기 위해 교육, 업무, 의료 등 다양한 일상 활동이 비대면 방식으로 빠르게 전환되었다. 이로 인해 디지털 기술에 대한 수요는 폭증했고, 그동안 일부 선도 기업만이 실행하던 디지털 전환은 이제 전 산업 전반의 보편적 과제가 되었다.

일상 곳곳에서 벌어지고 있는 디지털 전환은 소비자의 니즈에도 변화를 일으키고 있다. 이제 소비자들은 제품이나 서비스의 품질뿐 아니라 그것을 경험하는 방식 자체를 중요한 가치로 여기며, 디지털 환경에서 개인화된 서비스를 기대하고 맞춤형 추천이나 실시간 고객 지원을 요구한다. 이러한 기대는 생산자이자 소비자인 '프로슈머(prosumer)'의 등장에서 더욱 뚜렷하게 드러난다. '프로슈머'라는 개념은 1980년 앨빈 토플러(Alvin Toffler)가 처음 제안한 이래 꾸준히 사용되어 왔으며, 인터넷의 확산과 함께 사회적 관심이 높아졌다(Ritzer et al., 2012). 프로슈머는 단순한 소비자에 머물지 않고 제품의 개발 및 개선 과정에 능동적으로 참여한다. 이들은 기업의 홈페이지, 소셜미디어, 온라인 커뮤니티 등을 통해 의견을 제시하며, 개인 취향에 맞춰 티셔츠를 디자인하고, 가구 색상을 고르며, 핸드폰 케이스에 가족이나 반려동물의 사진을 새겨 넣는다.

3) 디지털 전환과 고객 여정

디지털 전환은 고객 의사결정 여정(Customer Decision Journey: CDJ) 전반에 걸쳐 소비자의 쇼핑 방식에도 변화를 불러왔다. 소비자는 오프라인 매장에서 제품을 확인한 후, 온라인에서 더 저렴한 가격으로 구매하는 '쇼루밍(Showrooming)' 행태를 보인다. 이는 디지털 정보 접근성이 높아진 결과이며, 기업 입장에서는 오프라인 매장의 매출 손실로 이어질 수 있다. 반면, 온라인에서 정보를 탐색한 후 오프라인에서 실물을 확인하고 구매하는 '역쇼루딩(Reverse Showrooming)' 또는 '웹루밍(Webrooming)'도 활발하다. 특히 전자기기나 명품처럼 고관여 제품의 경우, 제품 하자 여부나 진품 확인, 판매자 신뢰도 등 다양한 요인을 직접 검토하고자 하는 니즈가 작용한다. 소비자는 이 두 방식을 배타적으로 선택하지 않고, 상황에 따라 혼합적으로 활용한다. 할인 폭이 크고 신뢰할 만한 판매자라면 온라인을 택하지만, 배송 지연이나 가품 우려가 있다면 오프라인 매장을 찾는 식이다. 이처럼 쇼핑 방식은 제품 특성과 소비 맥락에 따라 다층적으로 전개된다([그림 1-2] 참조).

그렇다면 고관여 제품이 아닌 경우에는 쇼루밍 방식에 어떻게 대처하는 것이 좋을까? 미국의 마케팅 대가 필립 코틀러(Philip Kotler)

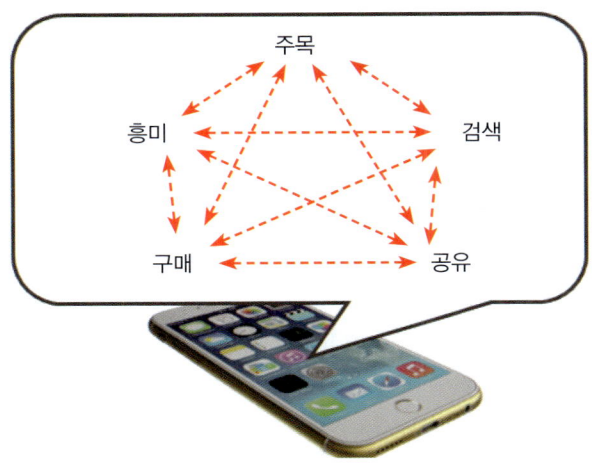

[그림 1-2] **모바일 환경에서의 소비자 행동 흐름**

는 『마켓 6.0』에서, 저관여 제품의 쇼루밍 대응 전략으로 매장 내 정보 탐색 경험 강화를 제안했다(Kotler, Kartajaya, & Setiawan, 2024). 그는 인스토어(in-store) 상황에서 소비자가 모바일 앱을 활용하도록 유도할 것을 강조한다. 예를 들어, 제품에 부착된 QR 코드를 스캔해 상세 정보를 확인하고, 매장 한정 모바일 할인 혜택을 적용하여 결제하는 방식이다. 이는 소비자에게 디지털 정보 접근성과 오프라인 체험의 장점을 동시에 제공함으로써 쇼루밍에 대응할 수 있는 효과적인 전략이다. 또한 오프라인 가격이 온라인보다 높을 경우, 프라이스 매치(Price Match) 제도를 통해 이탈 방지가 가능하다. 소비자가 자사 앱을 통해 연결된 QR 코드보다 타 온라인몰의 가격이 저렴하다는 것을 확인할 경우, 구매를 포기할 수 있다. 프라이스 매치는 이런 경우 차액을 보상하여 소비자를 붙잡는 전략으로 유용하다.

이와 함께 교차 판매 전략(Cross-Merchandising Strategy)을 활용한다면 매장 판매량을 증가시킬 수 있다. 이는 햄버거 구매 시 콜라나 감자튀김을 함께 제안하는 방식처럼, 상호 연관된 상품을 묶어 판매하는 전략이다. 예컨대, QR 코드를 통해 제품 정보를 제공할 때, 관련 액세서리나 보완 제품을 함께 추천하는 방식이다. 이러한 전략은 아마존 등의 온라인 쇼핑몰에서도 흔히 볼 수 있다. 예를 들어, 노트북을 클릭하면 파우치나 마우스가 함께 추천되는 구조이다.

여기서 우리가 주목해야 할 점은, 소비 행태의 변화가 마케팅 산업에 미치는 영향이다. 앞서 언급한 프로슈머, 옴니채널, 쇼루밍 등의 개념은 모두 오늘날 소비자가 단일 채널에 머물지 않으며, 다양한 디지털 접점을 통해 브랜드와 능동적이고 실시간으로 상호작용하고 있다는 공통점을 갖는다. 소비자는 브랜드를 탐색하고, 구매하며, 경험을 공유하는 일련의 과정을 오프라인이나 온라인 중 하나의 경로가 아닌 통합된 브랜드 경험의 일부로 받아들인다. 이제 기업은 이러한 디지털화(digitalizing)된 소비자의 행동을 반영하여, 단편적인 광고나 매장 전략이 아닌, 브랜드 콘텐츠를 중심으로 온·오프라인이 통합된 개인화 경험을 설계해야 한다. 데이터 기반의 온·오프라인 통합 마케팅 전략은 고객의 접점을 유기적으로 연결해, 브랜드에 대한 인식을 강화하고 지속적인 구매 행동으로 이끌 수 있다. 소비자의 행동은 겉으로 보기엔 파편화되어 있지만, 실질적으로는 하나의 일관된 브랜드 경험으로 수렴된다. 이는 디지털 전환 시대의 마케터에게 중요한 전략적 전환점을 제시한다.

디지털 전환의 핵심은 '데이터가 쌓인다'는 점이다. 이는 곧 소비자의 발자취를 확인할 수 있는 경로가 다양해졌다는 것을 의미한다. 과거 아날로그 미디어 시대에는 고객이 오프라인에서 제품을 구매한 이후의 행적을 브랜드가 추적하기 어려웠으며, 매체 환경의 제약으로 인해 지속적인 소비자 커뮤니케이션 또한 제한적이었다. 그러나 디지털 시대에는 소비자가 오프라인과 온라인을 넘나들며 제품을 탐색하고 구매하며, 동시에 자신의 경험을 공유하게 되었다. 이로 인해 브랜드는 소비자와의 접점을 확장할 수 있게 되었고, 다양한 채널을 통합하여 일관된 경험을 제공하는 '옴니채널(Omni-Channel)' 시대가 도래한 것이다.

예를 들어, 한 소비자가 오프라인 매장에서 제품을 체험한 뒤 모바일로 가격을 비교하고, 온라인으로 구매한 뒤 자신의 후기를 소셜 미디어에 게시하는 것은 이제 일상적인 구매 여정이 되었다. 주목할 점은 이처럼 온·오프라인을 넘나드는 소비자의 행동 자체가 브랜드에게 새로운 기회로 작용한다는 것이다. 기업은 이를 활용하여 고객과의 상호작용을 강화하고, 마케팅 커뮤니케이션 툴을 통해 소비자의 데이터를 수집하고 분석할 수 있다. 이는 단지 기술의 발전만이 아니라 브랜드와 소비자 간 관계의 구조 자체를 변화시키는 전환점이 될 수 있다.

대다수의 기업이 디지털 전환을 추진하는 지금, 소비자들은 단순한 디지털 기능이 아닌 차별화된 디지털 경험을 요구한다. 이에 따라 디지털 전략도 고도화될 필요가 있으며, 특히 오프라인 매장이 살아남기 위해서는 온·오프라인 데이터를 통합적으로 수집·활용하는 전략이 요구된다.

이러한 디지털 전환 국면에서 오프라인 매장이 살아남기 위한 대응 전략은 크게 네 가지가 있다. 첫 번째 대응 전략은 오프라인에서 발생하는 소비자의 행동을 데이터화하는 것이다. 예컨대, 패션 브랜드 자라(ZARA)는 무선인식(Radio Frequency Identification: RFID) 기술을 활용하여 소비자가 제품을 착용해 본 후 구매 여부에 따라 데이터를 수집한다(유지연, 2022). RFID는 극소형 칩을 통해 상품 정보를 저장하고 무선으로 데이터를 송신할 수 있게 해 주며, 상품이 현재 진열대에 위치해 있는지 혹은 소비자가 착용 중에 있는지 등 옷의 위치를 확인할 수 있어 소비자가 제품을 찾는 데 유용한 정보를 제공한다. 기업은 이를 통해 자주 시착된 상품, 구매율, 위치 정보 등을 수집할 수 있다. 이러한 데이터는 신제품 기획이나 재고 관리에 유용하게 활용된다. 다시 말해, 오프라인에서의 경험도 데이터화하고 온라인 데이터와 통합되어야 비로소 성공적인 디지털 전환이라고 할 수 있다.

두 번째 대응 전략은 오프라인과 온라인의 데이터를 통합하는 것이다. 사물인터넷(Internet of Things: IoT)은 이 과정을 가능하게 하는 핵심 기술로, 센서와 네트워크를 통해 실시간 데이터를 수집하고 공

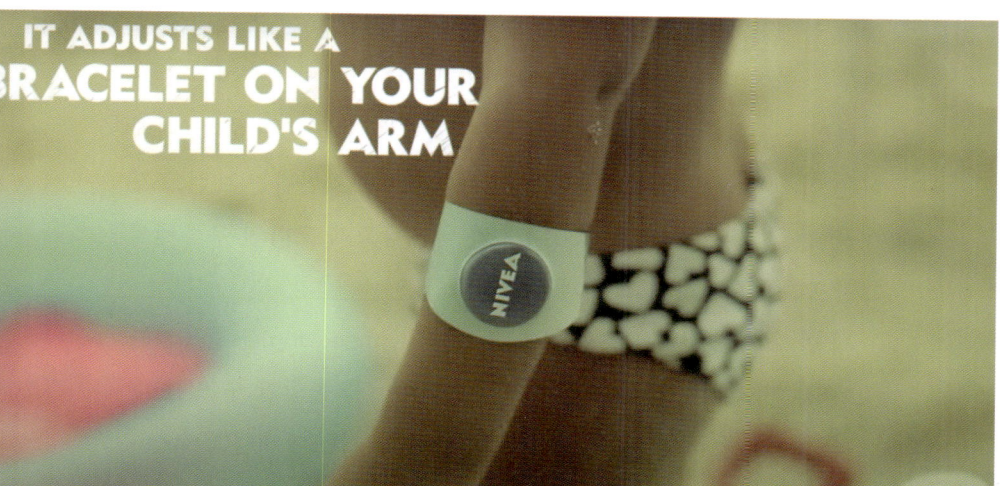

[그림 1-3] Nivea가 진행한 'The Protection' 광고 중 일부

출처: NIVEA. (2014).

유할 수 있는 환경을 만든다. 우리가 일상에서 접하는 스마트 TV, 스마트 워치, 홈 디바이스뿐 아니라, 앞서 언급한 RFID 역시 IoT 기술의 일환이다. 또한 블루투스는 IoT 구현을 위한 대표적인 기반 기술 중 하나로, 다양한 기기 간 연결성과 실시간 데이터 송수신을 가능하게 만든다. 이러한 기술은 브랜드와 소비자 간의 상호작용을 온·오프라인 통합 구조 안에서 실현할 수 있게 한다.

온·오프라인을 통합한 데이터 수집을 잘 보여 주는 캠페인 사례로는 화장품 브랜드인 니베아(Nivea)가 진행한 'The Protection' 캠페인이 있다([그림 1-3] 참조). 니베아는 여름 휴가철을 맞이하여 해변에서 노는 아이들을 자외선으로부터 보호해야 한다는 광고를 잡지에 실었다. 광고 전단 한쪽 면에는 쉽게 떼어 낼 수 있는 스트립이 있는데, 이를 아이 손목에 채우고 '니베아 선 프로테제'라는 앱을 설치하면 아이의 위치를 실시간으로 알 수 있다. 아이가 멀리 떨어지면 앱을 통해 부모에게 알림을 보내는 기능도 있다. 이는 스트랩에 블루투스 칩이 내장되어 있었기 때문에 가능한 것이며, IoT이 온·오프라인을 통합하는 데 큰 역할을 할 수 있다는 것을 보여 준다. 니베아는 이 캠페인을 통해 피부는 물론 아이까지 보호한다는 브랜드 가치를 전달할 수 있었으며, 2014년 칸 국제광고제 모바일 부문에서 그랑프리를 수상하며 그 성과를 인정받았다.

세 번째 대응 전략은 근접 마케팅(proximity marketing)을 활용하는 것이다. 이 역시 온라인과 오프라인의 데이터를 통합할 수 있는 대표적인 사례 중 하나이다. 근접 마케팅은 위치 기반 마케팅(location-based marketing)의 일환으로, 고객의 디바이스가 매장의 디바이스와 일정 거리 이내에 근접하면 쿠폰 발급 등 개인화된 광고 메시지를 전달할 수 있는 방식이다. 맥도날드, 월마트 등 일부 글로벌 기업은 IoT 비콘(beacon)을 활용하여 근접 마케팅을 실행하고 있다. 매장에서 고객의 위치가 감지되면, 해당 맥락에 맞는 개인화된 메시지를 실시간으로 전달하는 것이다. 여기서 주목할 점은, 비콘을 통해 단순히 메시지를 전달하는 것에 그치지 않고 데이터 수집 또한 가능하다는 점이다. 매장 내 구역마다 비콘을 설치하면 고객의 이동 경로, 머무는 시간 등을 정밀하게 추적할 수 있으며, 이 데이터를 바탕으로 트래픽 패턴을 분석하면 매장 내 행사 운영이나 동선 설계, 제품 배치 개선 등에 실질적인 인사이트를 제공할 수 있다. 이처럼 온·오프라인을 통합한 데이터 수집 방식이 점차 중요해지는 시점에서 기업들은 어떤 방식으로 이를 구현할 수 있을지 고민할 필요가 있다.

디지털 전환으로 인해 매출이 감소하고 있는 오프라인 매장이 선택할 수 있는 네 번째 대응 전략은, 오프라인 접점에서만 제공되는 독특한 고객 경험을 충분히 제공하고 디지털상 긍정적인 확산을 시키는 것이다. 다수의 브랜드는 오프라인 매장을 단순히 제품을 판매하는 공간이 아닌, 경험을 설계하는 공간으로 재해석하고 있으며, 이를 통해 소비자들이 더 오래 머무를 수 있는 체류 시간(duration time)을 극대화시키고 있다. 현재 다양한 팝업 공간이 큰 인기를 끌고 있는 것도, 오프라인에서만 제공할 수 있는 차별화된 경험이 소비자에게 매력적으로 작용하기 때문이다. 이러한 경험 역시 디지털화가 가능하다. 예를 들어, 가나 초콜릿은 팝업스토어를 통해 자사 가설을 실험하고 새로운 포지셔닝 전략 수립에 성공한 사례이다. 가나 초콜릿은 '초콜릿을 프리미엄 디저트로 포지셔닝해야 한다'는 가설을 세우고, 소비자들의 평균 체류 시간, 재방문 의사, 입소문 의향 등 다양한 정량 데이터를 수집했다. 2022년 4월에 진행된 '가나 초콜릿 하우스 시즌 1' 팝업스토어는 총 2만 명이 방문하고, 디지털상 100만 회가 넘는 노출이 자발적으로 일어나며 성황리에 마무리되었다. 이를 통해 '소비자들은 가나 초콜릿을 프리미엄 디저트로 즐기는 것에 낯설어하지 않는다'라는 가설을 실증하는 계기가 되었다(주재우, 최호진, 2024). 이와 같이 디지털 전환은 단순히 온라인 환경의 변화를 넘어, 오프라인에서의 고객 행동마저도 정량적으로 수집하고 분석할 수 있는 길을 열었다.

하지만 일상 속으로 깊숙이 들어온 AI 시대는 현업 실무자들에게 큰 부담으로 작용할 수밖에 없다. 새로운 툴을 익히고 적응해야 한다는 압박은 실무자들에게 불안감을 야기하며, 실제로 AI의 중요성이 아무리 강조되더라도 현장에서 활용되지 않는다면 AI 시대는 공허한 구호에 불과하게 된다. 아이어와 브라이트(Iyer & Bright, 2024)의 연구에 따르면, 실무자 100명을 대상으로 실시한 조사에서 AI 툴을 익히기 어려울 것이라는 불안감(anxiety)은 AI 효율성에 대한 기대감(performance expectancy) 자체를 낮추는 요인으로 작용하는 것으로 나타났다. 동시에, AI의 성능에 대한 기대는 빅데이터 및 AI 관련 역량을 개발하고자 하는 실질적 행동 의도를 강화하는 핵심 요인이었다. 이 결과는 기업이 실무자들의 AI 학습에 대한 불안감을 완화시켜야 할 필요성을 명확히 보여 준다. AI 툴 사용에 대한 두려움을 줄이기 위해 다양한 교육과 실습 중심의 지원 프로그램을 제공하는 것이 하나의 방안이 될 수 있다. 이는 실무자들이 기술에 대한 기대감을 회복하고, AI를 실제 업무에 활용하려는 의지를 높이는 데 기여할 것이다.

2. AI 마케팅의 정의

미국의 경영 컨설턴트 짐 콜린스(Jim Collins)는 『Good to Great』라는 저서를 통해, 기술 혁신만으로는 기업의 성공을 담보할 수 없으며, 혁신적인 기술과 함께 마케팅 방식에서도 혁신이 이루어져야만 기업이 번창할 수 있다고 지적한 바 있다. 이는 아무리 우수한 AI 기술이 존재하고 그것이 기업에 도입되었다고 할지라도, 마케팅 전략에서의 혁신이 병행되지 않는다면 치열한 경쟁 속에서 생존하기 어렵다는 점을 시사한다.

AI는 다양한 산업 분야에 광범위하게 적용되며, 새로운 충격을 불러일으키고 있다. 과거에는 고도화된 지능을 지닌 AI가 SF 영화에나 나올 법한 먼 미래의 기술로 여겨졌지만, 오늘날에는 뛰어난 분석 능력을 갖춘 AI가 이미 여러 산업 영역에서 실질적인 영향력을 행사하고 있다. 정치, 사회 등 여러 분야에 걸쳐 AI의 영향이 확대되고 있으나, 특히 광고·마케팅 분야에서는 AI의 중요성이 더욱 강조되고 있으며, 그 도입 속도 또한 매우 빠르게 진행되고 있다. 이에 따라 마케팅에 대한 정의도 새롭게 정의되고 있다.

먼저, 전통적인 마케팅의 정의 자체가 최근에는 디지털 기반으로 재논의되고 있다. 과거에는 전통적 미디어 기반의 마케팅과 디지털을 뉴미디어 관점으로 구분하여, 마케팅을 상위 개념으로, 디지털 마케팅을 하위 개념으로 정의했다. 그러나 최근 디지털 전환으로 인해 디지털 미디어가 주류가 되고, 마케팅의 모든 밸류체인에 디지털 기술과 데이터가 녹아들면서, 마케팅은 디지털화된 마케팅(Digitalized Marketing)으로 논의되고 있다. 이에 따라 현업에서도 오늘날의 마케팅을 '마케팅 = 디지털화 마케팅'으로 이해하는 경우가 많다. 나아가, AI의 등장은 이러한 마케팅의 정의를 더욱 새롭게 재구성하고 있다. AI는 데이터와 기술, 콘텐츠 생성까지 아우르는 더욱 고도화된 디지털 전환이며, 혹자는 이를 완성형 디지털 전환이라고 보기도 한다. 즉, 전통적인 마케팅이 디지털화되고, 이제는 디지털화의 완성형 결과물로서 AI가 마케팅에 본격적으로 녹아든 AI 마케팅 시대가 된 것이다. 특히 최근 AI 기술들을 살펴보면, 마케팅의 분석부터 콘텐츠 제작, 온·오프라인 통합 미디어 관리, 성과 측정에 이르기까지 모든 마케팅 과정에 AI가 활용되기 시작했음을 알 수 있다.

이러한 큰 맥락에 기반하여 AI 마케팅을 다음과 같이 정의할 수 있다.

AI 기술을 기반으로 마케팅의 모든 활동을 최적화하며, 온·오프라인이 통합된 고객 경험을 제공함으로써 ROI를 극대화하는 것을 의미한다.

이 책에서는 이 정의를 바탕으로, 디지털화된 마케팅의 전 과정에서 AI가 어떻게 활용되는지를 이론과 실전 사례를 통해 살펴보고자 한다. 구체적인 단계별 분석에 앞서, 최근 마케팅의 전 분야에서 AI가 활용된 대표 사례를 먼저 살펴봄으로써 전반적인 AI 마케팅의 이해를 돕고자 한다.

3. 마케팅에서 AI의 중요성

왜 AI가 마케팅에서 중요한가? 오늘날 우리는 AI의 급속한 발전과 함께 전례 없는 속도로 변화하는 시대를 살아가고 있다. 정치, 사회 등 여러 분야에 걸쳐 AI의 영향이 확대되고 있으나, 특히 광고 마케팅 분야에서는 AI의 중요성이 더욱 강조되고 있으며, 그 도입 속도 또한 매우 빠르게 진행되고 있다. 특히 생성형 AI(Generative AI)는 마케팅과 고객 경험 분야에서 큰 주목을 받고 있다. 어도비(Adobe)가 2023년 디지털 고객 경험 상황 조사에서 전 세계 11,000명의 소비자와 4,250명의 고객 경험 및 마케팅 전문가를 대상으로 한 조사에 따르면, 응답자의 89%가 생성형 AI를 통해 고객 경험을 지금보다 더 개인화할 수 있다고 응답했다(Adobe, 2023). 또한 세일즈포스(Salesforce)의 2023년 보고서에 따르면, 전 세계 Gen AI 사용자 중 42%가 마케팅 애플리케이션이 생성형 AI의 가장 유망한 사용처라고 응답했다. 다시 말해서, 마케팅이 생성형 AI의 주요 활용 분야로 간주되고 있다. 이는 마케팅의 핵심인 소비자와의 접점 분석과 효율적 매체 운영 분야에서 AI가 구체적인 해답을 제공할 수 있다는 인식을 반영한 결과라고 해석될 수 있다(Salesforce, 2023).

최근 IDC의 보고서에 따르면, 2026년까지 AI 기반 기능은 비즈니스 영역의 대부분에 활용될 것이며, AI 기술은 조직의 목표 설정, 효율적 전략 실행과 평가를 위한 필수 요소가 될 것이라고 전망했다(IDC, 2022). 앞으로의 시장은 세 가지 부류의 기업으로 정리할 수 있는데, AI를 적극적으로 활용하는 기업, 앞으로 활용 예정인 기업, 그리고 곧 망할 기업이다. 이처럼 AI 기술은 마켓의 양극화를 가져올 수 있고, 기존 산업 구조의 틀을 완전히 새롭게 재편할 수 있는 파괴력을 가지고 있다. 지금부터는 마케팅의 전략부터 목표, 4P 등 모든 단계에서 AI가 어떻게 활용될 수 있는지를 살펴보고자 한다.

구체적인 마케팅 목표와 전략을 수립하기에 앞서 가장 먼저 이루어져야 할 것은 바로 마케팅 환경에 대한 진단이다. 즉, 기업을 둘러싸고 있는 이해관계자를 살펴보고, 자사의 내부적으로는 강점과 약점을, 외부적으로는 기회와 위협 요소를 면밀히 분석하는 과정이 필요하다.

마케팅의 거시적 환경을 분석할 때 자주 활용되는 대표적인 프레임워크 중 하나로는 PEST 분석이 있다. 이는 정치적(Political), 경제적(Economic), 사회문화적(Sociocultural), 기술적(Technological) 요인을 체계적으로 분석함으로써, 기업이 통제할 수 없는 외부 환경을 파악하고 향후 마케팅 프로젝트에 잠재적 위협과 기회를 예측하는 데 유용하다. 또한 자사의 내·외부 환경을 종합적으로 분석하기 위한 방법으로는 SWOT 분석이 활용된다. 내부 환경에서의 강점(Strengths)과 약점(Weaknesses), 외부 환경에서의 기회(Opportunities)와 위협(Threats)을 체계적으로 파악함으로써, 자사의 현재 위치를 명확히 이해하고, 경쟁사와의 비교를 통해 전략적 방향성과 실행 과제를 도출하는 데에 유용하다. PEST와 SWOT 분석에 대한 추가적인 내용은 제

2장의 '1) 상황 분석을 위한 도구'(p. 89)에서 확인할 수 있다.

이처럼 거시 환경과 함께 기업의 내·외부 분석은 마케팅 전략 수립에 있어 필수적이지만, 이제는 마케터 혼자만의 판단에 의존하는 방식은 더 이상 효율적이지 않다. 마케터는 이처럼 초기 분석 단계부터 AI와의 협업을 통해 정교한 의사결정을 수행해야 한다. 예를 들어, 현재 경제 뉴스에서 가장 주목받는 이슈가 무엇인지, 경쟁사가 어떤 마케팅 전략을 펼치고 있는지에 대한 통합적이고 맥락적인 통찰을 AI와의 대화를 통해 얻을 수 있다. 또한 마케팅 콘텐츠 제작부터 통합 미디어 운영에 이르기까지, AI 플랫폼은 마케터를 지원하는 역할로 적극 활용되고 있다. 이는 마케터 개인의 경험을 통해 도출되는 인사이트를 더욱 폭넓게 보완하고, 시간과 비용을 효율적으로 관리할 수 있게 하여, 핵심 역량인 마케팅 전략과 아이디어에 집중할 수 있도록 한다. 이 책의 제2장에서는 이러한 마케팅 전략 수립의 모든 단계에 AI가 어떻게 영향을 미치는지를 구체적인 사례와 함께 살펴볼 것이다.

이에 앞서, 최근 AI를 마케팅 전반에 적극적으로 활용하고 있는 대표적인 기업 사례를 살펴보자. 최근 AI 마케팅을 성공적으로 도입한 사례로 회자되고 있는 미국의 대형 유통업체 월마트(Walmart)이다. 월마트가 생성형 AI를 도입한 분야는 크게 네 가지로 나눌 수 있다. 첫째, 본사 직원이 활용할 수 있는 생성형 AI 사무 보조 도구인 'My Assistant'의 출시이다. 초거대 AI인 챗지피티(ChatGPT)가 등장한 2023년 3월, 월마트는 내부 직원들에게 ChatGPT를 비롯한 AI 챗봇 사용 시 회사 관련 정보를 공유하지 말라는 경고 메일을 발송하였다. 그러나 이는 AI 챗봇 사용을 전면 금지한 것이 아니라, 보안과 데이터 보호를 고려한 제한 조치였다.

이에 월마트는 약 5만 명의 본사 직원이 사용할 수 있는 자체 생성형 AI 도구를 개발하였다. 이 도구는 문서 요약, 보고서 초안 작성, 콘텐츠 생성 등 다양한 업무에 활용될 수 있으며, 월마트가 보유한 방대한 사내 데이터와 대규모 언어 모델(LLM)을 기반으로 한다. 11개국 직원들이 모국어로 사용할 수 있는 이 도구는, 외부로의 데이터 유출을 방지하고 반복적인 업무를 줄임으로써 직원들이 보다 고차원적이고 창의적인 업무에 집중할 수 있도록 돕는다.

둘째, 월마트와 협력사(납품업체) 간의 협상 과정에 AI 챗봇을 도입한 사례이다. 월마트는 AI 자동화 플랫폼 기업인 '팩텀(Pactum)'과 협업하여 파일럿 프로그램을 진행하였다. 마케터는 협상 조건(예: 구매 희망 품목, 예산 범위)을 챗봇에 입력하고, 챗봇은 이 정보를 바탕으로 납품업체와 자동으로 협상을 진행한다. 납품업체가 월마트가 제시한 범위보다 높은 가격을 요구할 경우, 챗봇은 과거 거래 데이터를 활용하여 유연하게 대응하며 협상을 이어 나간다. 월마트에 따르면, 협력사 중 75%가 사람과의 협상보다 챗봇과의 협상에 더 만족했다고 보고하였다. 월마트 역시 협상 시간 단축과 비용 절감이라는 효과를 얻을 수 있었다(배소진, 2023).

셋째, 소비자를 위한 검색 기능에 생성형 AI를 도입한 사례이다. 기존의 포털 및 플랫폼에서는 소비자가 구매하고자 하는 상품의 정확한 키워드를 검색해야만 원하는 결과에 도달할 수 있었다. 하지만 월마트는 검색 단계부터 쇼핑 경험을 향상시키기 위해 생성형 AI 기반의 검색 지원 기능을 도입하였다. 예를 들어, 소비자가 '계곡 물놀이'에 필요한 물품을 찾고 싶다고 입력하면, AI는 돗자리, 튜브, 방수복 등을 종합적으로 추천한다. 이는 소비자가 생각하지 못한 상품까지 제안받을 수 있도록 설계된 검색 경험이다. 기존의 '핵심 키워드 중심의 검색'에서 벗어나, 한 번의 질의로 여러 관련 상품을 찾고 구매까지 연결되는 원스톱 고객 경험을 제공한다. 이는 고객과의 커뮤니케이션 방식에도 변화를 주며, 기업의 매출 성장과 브랜드 만족도 제고에도 긍정적인 영향을 미칠 수 있다.

넷째, 문자를 통한 쇼핑 기능이다. 월마트는 소비자에게 더욱 향상된 고객 경험을 제공하기 위해 'Text to Shop' 기능을 도입하였다 ([그림 1-4] 참조). 이 기능은 소비자가 챗봇에게 구매하고 싶은 상품을 문자로 전달하면, 과거 구매 이력을 바탕으로 상품을 추천해 주는 서비스이다. 예를 들어, "비누"라고 메시지를 보내면, 챗봇은 "과거에 구매했던 제품입니다"라는 응답과 함께 해당 상품을 추천한다. 이후 소비자가 "장바구니에 담아 줘"라고 입력하면, 간편하게 구매를 진행할 수 있다. 쇼핑 도중 구매를 깜빡한 제품이 떠오르거나, 갑자기 추가 재료가 필요할 경우에도 몇 번의 문자만으로 픽업 및 배송 일정을 예약할 수 있는 간편한 구매 환경이 구축된 것이다.

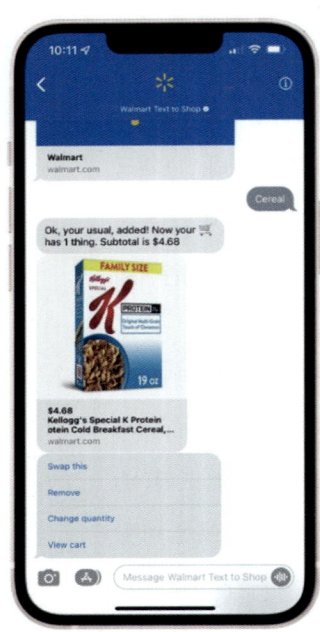

[그림 1-4] 월마트의 Text to Shop 예시

출처: Essig (2022. 12. 14.).

이처럼 월마트는 내부 직원의 업무 효율성 향상과 소비자에게 향상된 고객 경험을 제공하기 위해, 고객의 행동 데이터를 기반으로 마케팅의 모든 단계에서 AI를 전략적으로 도입하고 있다. 앞서 소개한 서비스들은 현재 베타 단계에 있는 경우도 있어 정식 상용화까지 시간이 다소 소요될 수 있지만, 이를 통해 우리는 AI가 마케팅 전략의 전반적인 가치 사슬(value chain)에 깊이 관여하고 있으며, 앞으로 그 수준은 더욱 향상될 것이라고 예측할 수 있다. 과거 기업 생존의 필수 조건이 디지털 전환이었다면, 오늘날에는 AI의 적극적인 도입이 새로운 생존 전략으로 떠오르고 있는 것이다. 이는 단순한 기술 도입을 넘어 치열한 경쟁 속에서 살아남기 위한 마케팅 혁신의 핵심 요소이다.

4. AI 모델의 진화

인공지능(AI)이라는 용어는 1956년 미국 다트머스대학교에서 개최된 '다트머스 여름 연구 프로젝트(Dartmouth Summer Research Project on Artificial Intelligence)'에서 존 매카시(John McCarthy), 마빈 민스키(Marvin Minsky), 클로드 섀넌(Claude Shannon) 등 당시 컴퓨터 과학의 선구자들이 제안하면서 공식적으로 처음 사용되었으며, AI가 새로운 연구 분야임을 알리는 계기가 되었다. 하지만 AI와 관련된 철학적인 질문은 이보다 앞서 제기되었다. 컴퓨터 과학의 아버지라 불리는 앨런 튜링(Alan Turing)은 1950년 「Computing Machinery and Intelligence」라는 논문에서 "기계가 생각할 수 있는가?(Can machines think?)"라는 질문을 제기하였다. 이는 기계 지능의 본질을 탐구할 수 있는 물음이었다. 그는 튜링 테스트(Turing Test)를 제안하였는데, 이 테스트의 핵심은 만일 기계가 인간과 구별되지 않을 정도로 자연스러운 대화가 가능하다면 기계도 사람과 같이 지능을 가졌다고 볼 수 있다는 것이다. 컴퓨터의 지능을 테스트하는 것이 아닌 컴퓨터가 인간과 흡사한 행동을 할 수 있는지, 또 어느 정도까지 흉

내를 낼 수 있을 것인가에 대한 물음에서 시작된 것이다.

이러한 AI는 기술의 발전과 함께 끊임없이 진화해 왔다. 과거에도 AI 기술은 존재했지만, 최근 들어 AI가 일상생활과 마케팅 현장에서 큰 주목을 받게 된 결정적인 계기는 대형 언어 모델(Large Language Model: LLM)의 등장이다. 대표적인 사례로는 ChatGPT가 있다. LLM은 사람처럼 자연어를 이해하고, 질문에 답하거나 콘텐츠를 생성하는 등 다양한 작업을 수행할 수 있는 범용 언어 모델이다.

기존의 AI는 주로 사람이 정해 준 규칙에 따라 작동했다. 예를 들어, 고객의 문의를 특정 주제에 따라 분류하거나, 감정이 긍정적인지 부정적인지를 판단할 때, 사람이 미리 정의한 규칙이나 정형화된 데이터를 기반으로 작동하는 시스템이 주를 이루었다. '배송'이라는 단어가 포함되어 있으면 배송 문의로 자동 분류하도록 설정하는 방식이 대표적이다. 실제로 한 화장품 브랜드에서는 고객 리뷰를 분석하기 위해 '좋아요' '최고예요' 등의 키워드를 중심으로 긍정·부정을 구분하는 규칙 기반 시스템을 활용하기도 했다.

이러한 방식은 특정 조건에서는 잘 작동하지만, 새로운 표현이나 예상하지 못한 문장 구조가 등장하면 쉽게 오류를 낼 수 있다. 예를 들어, "배송은 빨랐지만 제품이 마음에 들지 않아요"라는 문장은 단어만 보고 긍정으로 분류될 수도 있지만, 실제로는 불만족을 드러내는 내용이다. 이처럼 기존 AI는 문맥을 이해하지 못하고, 단어 단위로 판단하기 때문에 복합적인 의미나 뉘앙스를 정확히 파악하기 어렵다는 한계가 있었다. 또한 사람이 일일이 규칙을 설계해야 하므로 새로운 상황에 유연하게 대응하기 힘들며, 다양한 표현 방식이나 비정형 데이터를 처리하는 데에도 제한이 있었다.

하지만 LLM은 이러한 방식과는 전혀 다르다. 대규모 텍스트 데이터를 기반으로 사전 학습(pretraining)을 거쳐 언어의 통계적 패턴과 문맥을 이해하며, 새로운 입력이 들어왔을 때 창의적이고 유연하게 응답을 생성할 수 있다. 예컨대, 고객이 "이 제품은 향이 좀 독특하네요"라고 남긴 리뷰에 대해, '독특하다'는 표현이 긍정적인 맥락인지 부정적인 맥락인지 단어 자체가 아닌 문맥을 통해 파악할 수 있다. 이런 점에서 LLM은 보다 인간에 가까운 이해 능력을 갖추고 있다.

LLM의 활용 범위도 점점 확장되고 있다. 번역이나 요약뿐만 아니라, 스토리 생성, 광고 문구 작성, 제품 설명 기획, SNS 콘텐츠 아이디어 제안 등 마케터가 하던 창의적 업무까지 지원할 수 있다. 예를 들어, 한 패션 브랜드가 신상품 출시를 앞두고 '2030 여성 고객'을 타깃으로 감성적인 광고 문구를 고민한다고 가정해 보자. 이때, LLM을 활용하여 수십 개의 카피 아이디어를 생성하고, 그중 가장 공감 가는 문장을 선정해 캠페인을 구성할 수 있는 것이다.

물론 현재의 LLM이 완벽한 것은 아니다. 문맥 오류가 발생하거나, 훈련에 사용된 데이터가 특정 문화나 집단에 편향되어 있는 경

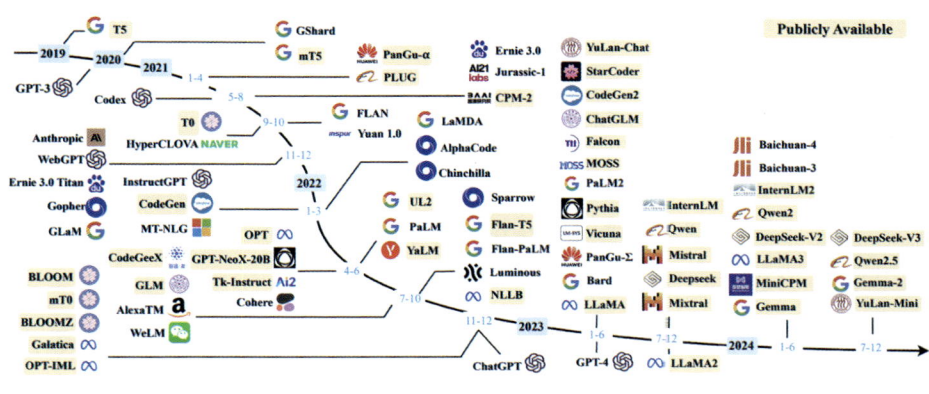

[그림 1-5] AI 모델의 진화

출처 : Zhao et al. (2023).

우도 있으며, 고도의 전문 지식이 필요한 분야에서는 아직 인간 전문가를 완전히 대체하기 어렵다. 예를 들어, 의료나 법률 분야에서는 간단한 정보 제공에는 유용하지만, 정밀한 판단이나 조언을 내리는 데에는 한계가 존재한다. 그럼에도 불구하고 LLM은 과거 공상과학 영화 속에나 등장하던 지능형 언어 시스템을 현실로 끌어냈다. 특히 마케팅처럼 창의성과 소통 능력이 요구되는 분야에서 새로운 가능성을 열어 주고 있다는 점에서 의미가 크다. 현재 LLM은 하나의 범용 모델로 널리 활용되고 있으며, 기술의 발전과 활용 목적에 따라 점차 세분화되고 있다. [그림 1-5]와 같이, 어떤 목적과 방식으로 AI를 활용하느냐에 따라 새로운 형태의 모델로 파생되거나 다른 기술과 융합될 가능성이 높다.

글로벌 컨설팅 기업 딜로이트코리아(Deloitte Korea, 2025)는, 지금의 LLM 기반 범용 AI 모델이 향후에는 각 기업의 조직 구조와 데이터 환경에 최적화된 형태로 더욱 세분화될 것이라고 전망하고 있다. 딜로이트 파트너 정창욱(2025)은 현재의 AI가 주로 인간의 작업을 '보조(assist)'하는 역할에 머물러 있지만, 향후 10년간은 '실행(execution)' 중심의 AI로 발전할 것이라고 예측했다. 이러한 흐름 속에서, 대표적인 진화 방향으로는 다음과 같은 세 가지가 주목된다(〈표 1-1〉 참조).

첫째, 연산 자원이 제한된 모바일 환경에 적합하도록 경량화된 '소형 언어 모델(Small Language Model)'

둘째, 텍스트뿐 아니라 이미지나 음성 등 다양한 정보를 함께 처리할 수 있는 '멀티모달 AI'

셋째, 사용자의 목표를 스스로 파악하고 계획을 세워 작업을 자동으로 수행하는 '에이전틱 AI'

이러한 기술은 다양한 방식으로 활용될 수 있다. 예를 들어, 피부

〈표 1-1〉 새로운 AI 모델 및 특징

구분	소형 언어 모델	멀티모달 AI	에이전틱 AI
특징	• 적은 데이터 사용, 경량화된 언어 모델	• 이미지, 음성, 영상 등 다양한 데이터 동시 처리	• 자율적으로 목표를 설정하여 실행
주요 활동 분야	• 모바일 기기, 내장 AI (챗봇, 비서 등)	• 자율주행, 의료영상 분석, AR/VR, 검색 및 추천	• 자동화된 업무 수행, RPA (로봇 프로세스 자동화), AI 비서, 복합적 문제해결
장점	• 가벼운 모델로 비싼 연산과 낮은 비용 가능 • 온디바이스 AI 적용 용이, 특정 도메인 최적화 가능	• 텍스트, 이미지, 음성 등 다양한 데이터 통합 분석 가능 • 사용자 경험 향상 및 복합적 문제 해결 가능	• 인간 개입 없이 자율적인 의사 결정 가능 • 다중 단계 목표를 효율적으로 해결
단점	• 대형 모델 대비 성능 제한적 • 일반적 언어 이해력 부족	• 데이터 동기화 및 통합 과정의 복잡성 • 높은 연산 비용 및 자원 요구	• 윤리적 문제 및 책임 소재 발생 가능성 • 의사결정 과정이 불투명

출처: 딜로이트(2025).

과 의원은 자사 홈페이지에 상담형 AI를 도입하여, 고객이 업로드한 피부 사진을 분석하고 그에 맞는 제품을 추천해 주는 시스템을 운영할 수 있다. 이는 텍스트뿐만 아니라 시각 정보를 함께 처리하는 멀티모달 AI의 대표적인 활용 사례이다. 또 다른 예로, 에이전틱 AI는 고객의 구매 이력이나 검색 패턴을 기반으로 구매가능성이 높은 고객을 선별한 뒤, 자동으로 할인 쿠폰을 발송하고 이후 구매 전환 여부까지 추적하는 데 활용될 수 있다. 이처럼 AI는 단순히 성능의 향상에 그치지 않고, '어떻게' 사용되느냐에 따라 문제 해결의 방식과 역할이 점점 진화하고 있다. 그리고 그 진화의 방향은 인간의 사고방식과 행동 양식을 점점 더 닮아가고 있다.

이러한 AI 모델의 진화는 단순한 기술 발전을 넘어, 마케팅 방식의 근본적인 변화를 이끌고 있다. 대화형 AI, 생성형 콘텐츠, 고객 맞춤형 추천 시스템은 모두 이러한 변화의 대표적인 사례이다. AI는 이제 마케팅을 더욱 효율적이고 정교하게 만드는 도구일 뿐 아니라, 브랜드와 고객 사이의 경험을 함께 설계해 나가는 동료로 진화하고 있다.

5. 디지털 마케팅의 진화

1) 데이터 보유의 중요성

　데이터를 지배하는 자가 세계를 지배한다(리즈후이, 2020). 과거에는 석유를 소유한 자가 세계를 지배했다면, 이제는 데이터가 세상의 지배 구조를 움직이고 있다. 그렇다면 누가 데이터를 소유하고 있는가? 바로 플랫폼, 통신사, 커머스, 금융 기업들이다. 데이터를 소유한 기업은 사용자 데이터를 통해 맞춤형 서비스를 제공하고 그들과의 지속적인 관계를 유지하고 충성도를 확보하여 팬덤을 형성하고 그들의 입을 통해 마케팅 메시지를 또 다른 사용자에게 전달하는 일련의 연결된 데이터 터널을 형성한다. 이 터널 안에서의 고객 여정은 다양한 정거장이 존재하고 각 정거장에서 고객들이 필요로 하는 콘텐츠와 인센티브를 제공하여 그들의 다음 여정을 보다 빠르고 쉽게 형성할 수 있다. 이런 일련의 과정 속에서 고객 경험은 극대화될 수 있다. 이렇듯 보이지 않는 데이터 터널을 구축하고, 고객들이 그 터널을 벗어나지 못하게 24시간 모니터링하고 서비스하는 것이다. 예를 들어, 우리의 고객이 경쟁사의 홈페이지를 방문한 징후를 보이면 경품 행사나 할인 쿠폰 등을 발행하여 그들의 터널 밖 이탈을 막는 것이다.

　데이터는 빈익빈 부익부 현상을 부추기고 있다. 데이터를 소유한 기업이 그 데이터를 활용하여 더 많은 고객에게 더 좋은 서비스를 제공하고, 또한 그들로부터 더 좋은 데이터를 확보하고 가공하여 더 많은 수익을 창출하게 된다. 또한 이는 새로운 AI 기술 투자로 이어져 더 고도화된 산업으로의 진출이 가능해지는 것이다. 고품질 데이터의 확보는 AI를 학습화시켜 더 고도화된 서비스를 창출하게 되고 이를 사용하는 고객을 통해 더 많은 양질의 데이터를 확보하게 만든다. 결국, 데이터는 기업이라는 기관차의 연료이자 엔진이며 운전자인 것이다.

　그렇다면 과거에는 왜 데이터 소유가 어려웠을까?

　과거에는 소비자 데이터를 수집하거나 시장을 분석하기 위해 포커스 그룹 인터뷰(Focus Group Interview: FGI), 설문조사, 뜨는 기존 자료(secondary data)를 활용해야 했다. FGI와 설문조사는 소비자의 인식을 파악하는 데 유용한 방법이지만, 대표성 있는 표본을 확보하기 어렵고 시간과 비용이 많이 든다는 단점이 있다. 또한 설문지를 제작하고 데이터 분석을 위해 전문가가 직접 통계적 의미를 도출해야 하므로 많은 인적 자원이 필요하다. 특히 이 방법들은 소비자에게 질문하고, 그에 대한 응답을 바탕으로 데이터를 분석한다는 점에서 근본적인 한계를 지닌다. 다시 말해, 소비자 스스로 인식하지 못하는 행동이나 무의식적인 반응은 포착하기 어렵다는 것이다. 소비자의 진술, 즉 자기보고식 데이터는 표면적인 정보만을 반영할 수밖에 없다.

　하지만 지금은 소비자가 온라인에서 남기는 모든 행적을 실시간으로 수집하고 분석할 수 있는 시대가 되었다. 이를 통해 소비자의 행동을 보다 깊이 있게 이해할 수 있게 되었다. 예를 들어, 사용자가 자사 홈페이지에 방문한 이후 어떤 메뉴를 클릭했는지, 각 페이지에 머문 시간은 얼마나 되는지 등을 확인할 수 있다. 이처럼 디지털 로그 데이터를 분석하면 자사의 문제점을 구체적으로 파악할 수 있다. 예컨대, 많은 사용자가 회원가입 버튼을 클릭하지만 가입을 완료하지 않는다면, 그 과정에 불편한 요소가 있음을 추정하고 개선할 수 있다. 이렇게 정량화된 데이터를 통해 소비자가 경험하는 불편함(pain point)을 실질적으로 발견할 수 있다.

한편, 소비자의 온라인 활동이 추적되고 제3자에게까지 공유된다는 점은 프라이버시 침해 이슈를 야기해 왔다. 특히 2022년에는 이 문제가 사회적 관심사로 떠오르며 더욱 주목받았다. 프라이버시 침해가 더욱 문제가 된 이유는, 많은 경우 데이터 수집이 소비자의 인지 없이 이루어졌기 때문이다. 이에 따라 애플(Apple)은 클라우드에 저장된 사용자 데이터를 보호하고자 강화된 개인정보 보호 정책을 시행했다. 대표적인 예가 '앱 추적 투명성(App Tracking Transparency: ATT)' 정책으로, 이는 앱이 사용자 동의 없이 개인 정보를 수집·추적하지 못하도록 제한함으로써 사용자에게 자신의 데이터 사용에 대한 결정권을 부여하는 방식이다. 애플의 이러한 조치에 이어, 구글 크롬도 서드파티(3rd-party) 쿠키를 단계적으로 중단하겠다고 선언하면서, 본격적인 쿠키리스(cookie-less) 시대가 시작되었다. 그러나 아직은 다양한 플랫폼에서 구체적인 3자 쿠키리스 정책이 나오지 않고 있고 현업의 실제 인터뷰를 들어 봐도 여전히 지켜보자는 분위기이다. 쿠키리스 정책은 개인정보 보호라는 큰 명분도 가지고 있지만, 디지털 광고 산업의 맞춤화 효율 저하로 인한 산업 규모 축소와 특정 플랫폼의 독점이라는 어두운 그늘도 같이 함포하고 있다. 그럼에도 궁극적으로 쿠키가 언제까지 제제 없이 모든

[그림 1-6] 쿠키리스(cookie-less)에 대한 시각

제3자 데이터 수집가들에게 무분별하게 제공될 수 없다는 상황에는 모두가 동의하고 있으며, 이에 따라 다양한 대응 방안이 필요함을 실감하고 있다([그림 1-6] 참조).

이처럼 앱이 사용자의 동의를 얻어야만 데이터를 수집할 수 있고, 제3자와의 데이터 공유가 어려워지면서, 데이터의 중요성은 더욱 부각되고 있다. 그 결과, 자사에서 직접 수집한 데이터인 퍼스트파티 데이터(first-party data)의 가치가 높아지고 있으며, 마케팅의 중심축으로 자리 잡게 되었다. 앞으로 디지털 시장을 선도할 기업은 풍부하고 질 높은 자사 데이터를 얼마나 확보하고 있는지에 따라 경쟁력이 달라질 것이다.

그렇다면 자사 데이터를 충분히 보유하지 못했고, AI 솔루션을 도입할 여력도 부족한 기업이라면 어떻게 대응해야 할까? 이 경우, 소비자가 자발적으로 데이터를 제공하도록 유도해 퍼스트파티 데이터를 확보하는 것부터 시작해야 한다. 이를 위해서는 소비자가 개인정보를 제공하면 어떤 혜택을 받을 수 있는지 명확히 고지하는 것이 중요하다.

실제로 소비자들은 프라이버시에 대한 우려가 있음에도 불구하고 자신의 데이터를 제공하는 행동을 보이기도 한다. 이를 가장 잘 설명해 주는 이론적 틀은 바로 '프라이버시 계산 모델(privacy calculus model)'이다. 라우퍼와 울프(Laufer & Wolfe, 1977)에 따르면, 사람들은 개인정보 제공 시 이로 인해 발생할 수 있는 잠재적 위험과 기대되는 이익을 계산한 뒤 행동을 결정한다. 즉, 서비스 이용자가 프라이버시 침해에 대한 위험을 인식하더라도, 그에 상응하거나 더 큰 이익이 있다고 판단된다면 기꺼이 개인 정보를 제공한다는 것이다. 즉, 서비스 이용자는 프라이버시 제공에 대한 위험을 지각하더라도 이를 능가할 이익이 있다면 기꺼이 제공한다는 것이다.

이러한 프레임워크는 다양한 연구에서 검증되어 왔다. 예를 들어, 사용자의 위치를 기반으로 한 어플리케이션의 개인 정보 제공 의도를 살펴본 키스 등(Keith et al., 2013)의 연구에서는 혜택을 얻기 위해서는 프라이버시 위험을 감수할 의향이 있음을 확인하였다. 개인정보를 제공함으로써 얻을 수 있는 혜택적인 측면은 즐거움(enjoyment), 타인과 상호작용할 수 있다는 사회적 이익(social benefit) 등이 포함된다(Jozani et al., 2020). 또한 보다 개인화된 고품질 서비스를 제공받을 수 있다는 점 역시 중요한 혜택에 포함된다. 예를 들어, 우리가 병원에서 의사를 만날 때, 의료진이 묻지 않아도 스스로 의료 정보나 생활 습관 등을 구체적으로 말하는 이유 중 하나는, 그런 정보를 제공함으로써 보다 정확하고 개인화된 진료 서비스를 받을 수 있다고 믿기 때문이다. 이처럼 고객이 자발적으로 더 많은 개인정보를 제공할수록 더 나은 서비스가 가능하다는 인식을 심어 줄 수 있다면, 고객으로부터 비교적 민감한 데이터까지 확보하는 데에도 큰 어려움이 없을 것이다.

결국, 퍼스트파티 데이터를 가능한 한 많이 확보하고, 여기에 AI 솔루션을 활용하여 소비자 행동 데이터를 실시간으로 수집·분석함으로써 고도화된 개인 맞춤형 마케팅을 수행하는 것이 바람직하다. AI 솔루션을 도입하면 데이터 분석에 대한 전문적인 지식이 부족하더라도, 소비자에게 차별화된 경험을 제공할 수 있게 된다.

이러한 흐름 속에서 쿠키리스(cookie-less) 시대의 대안으로 '제로파티 데이터(Zero-party data)'가 주목받고 있다. 기업이 직접 수집해 보유하는 데이터라는 점에서 퍼스트파티 데이터와 유사하지만, 수집 방식과 유형에 있어 차이가 존재한다. 퍼스트파티 데이터는 소비자의 구매 내역, 웹사이트 활동 등 기업과의 상호작용 과정에서 무의식적으로 수집되는 데이터를 의미한다. 반면, 제로파티 데이터는 소비자가 자발적으로 기업에게 제공하는 정보로, 사용자의 의도가 명확히 반영된 데이터이다. 예를 들어, OTT 서비스에서 사용자가 선호하는 콘텐츠를 직접 선택하도록 요청하고, 이를 기반으로 맞춤형 콘텐츠를 추천하는 방식은 제로파티 데이터 활용의 사례이다. 이처럼 소비자가 스스로 데이터를 '생산하고 공유'하도록 유도함으로써, 프라이버시 규제 강화 이후에도 기업은 지속적으로 고품질 데이터를 확보할 수 있게 된다.

결국, 데이터는 디지털 마케팅의 출발점이자 경쟁력의 핵심 자산이다. 모든 마케팅 전략과 AI 기반 솔루션은 양질의 데이터에서 효과적으로 작동할 수 있다. 그렇기 때문에 소비자가 자발적으로 데이터를 제공하도록 유도하는 구조를 설계하고, 이를 통해 퍼스트파티 및 제로파티 데이터를 체계적으로 확보하는 전략이 필수적이다. 특히 쿠키 기반 타깃팅이 점점 더 어려워지는 상황에서, 기업이 직접 확보한 데이터는 향후 모든 마케팅 활동의 기반이 될 것이다.

2) 관계 마케팅

그렇다면 고객 데이터를 확보하고 이를 기반으로 차별화되고 개인화된 고객 경험을 제공하는 것이 왜 중요한 것일까? 그 해답은 고객과의 지속적인 관계 정립에 있다. 관계 마케팅(relationship marketing)은 소비자와의 관계를 단발적인 거래로 끝내는 것이 아니라, 장기적이고 반복적인 상호작용을 통해 고객을 유지하고 강화하는 전략이다. 이 전략의 핵심은 일대일(one-to-one) 커뮤니케이션이며, 이는 과거의 대중 마케팅(mass marketing)과 타깃 마케팅(target marketing)에서 발전된 형태이다.

대중 마케팅은 과거 전통적인 마케팅 방식으로, 동일한 상품과 메시지를 불특정 다수에게 전달하는 전략이다. 대량 생산과 대량 소비가 일반적이었던 시대에는 소비자의 세부적인 특성을 고려한 커뮤니케이션이 불가능했기 때문에 차별화된 메시지를 제공하기 어려웠다. 이 방식은 일방향적인 커뮤니케이션 구조로 인해 메시지를 개발하고 전달하는 데 드는 노력과 비용이 적다는 장점이 있었다. 그러나 동시에 소비자와의 관계를 형성하거나 브랜드 충성도를 구축하는 데에는 한계가 있었다. 결국, 대중 마케팅은 브랜드의 인지도를 높이고 시장에 진출하는 데 중점을 두었으며, 장기적인 고객 관계를 구축하는 데에는 적합하지 않았다.

이후 산업이 발전하고 경쟁이 치열해짐에 따라 단순히 시장에 진입하는 것만으로는 기업이 생존하기 어려워졌다. 이에 따라 소비자의 취향과 가치관에 부합하는 커뮤니케이션을 제공하는 타깃 마케팅이 주목받기 시작했다. 타깃 마케팅은 소비자의 연령, 소득, 라이프스타일 등 다양한 기준을 통해 세분화된 집단을 대상으로 최적화된 메시지를 전달하는 전략이다. 이로써 브랜드는 소비자의 기호와 니즈를 보다 정교하게 파악하고, 그에 맞는 상품을 개발하거나 커뮤니케이션 전략을 수립할 수 있게 되었다.

하지만 오늘날에는 그것만으로는 충분하지 않다. 이제는 개별 소비자를 중심으로 관계를 형성해 나가는 관계 마케팅(relationship marketing)이 요구되는 시대이다. 관계 마케팅은 단순히 고객 수를 늘리는 것이 아니라, 한 명의 고객이 자사 제품이나 서비스를 얼마나 자주 이용하는가, 얼마나 깊이 브랜드와 커뮤니케이션을 하는가에 더 주목한다. 이 전략의 핵심 지표는 시장 점유율(market share)이 아니라 고객 점유율(customer share)이다. 다시 말해, 전체 소비자 중 자사 브랜드를 얼마나 자주 이용하고 있는가가 중요한 평가 기준이 된다. 예를 들어, 어떤 소비자가 한 달에 화장품을 10개 구매하는데, 이 중 7개를 자사 브랜드에서 구입한다면 해당 소비자에 대한 고객 점유율은 70%가 된다. 따라서 관계 마케팅은 고객과의 애착(attachment), 충성도(loyalty)를 높이고, 반복적인 재구매(repurchase)를 유도하는 데 초점을 맞춘 전략이라고 할 수 있다.

관계 마케팅을 더 잘 이해하려면 두 가지 법칙을 이해할 필요가 있다. 첫째, 파레토 법칙(Pareto's Law)이다. 이 법칙은 이탈리아의 경제학자 빌프레도 파레토(Vilfredo Pareto)가 제안한 개념으로, '전체 결과의 80%는 전체 원인의 20%에서 발생한다'는 원칙이다. 이 때문에 '80대 20 법칙'이라고도 불린다. 파레토 법칙은 관계 마케팅 등장 이전부터 '집중 마케팅(focused marketing)' 전략에서 핵심 고객층을 도출하는 데 널리 활용되어 왔다. 전체 고객 중 상위 20%에게 마케팅 자원을 집중하면, 전체 매출의 80%를 확보할 수 있다는 통찰에 기반한 전략이다. 따라서 기업은 높은 가치를 창출하는 20%의 핵심 고객을 찾아내고, 그들과의 관계를 장기적으로 유지하는 것이 매우 중요했다.

과거에는 이 핵심 고객을 식별하기 위해 성별, 나이, 소득 등 인구통계학적 혹은 심리적 기준을 주로 활용했다. 그러나 오늘날에는 AI 기술, 특히 머신러닝 기반의 고객 분석, 구매 예측 모델, 추천 시스템이 발전함에 따라 고객의 실제 행동 데이터와 구매 패턴을 바탕으로 훨씬 정교하게 핵심 고객을 식별할 수 있게 되었다. 예를 들어, 예전에는 '30대 여성'이라는 집단 전체를 하나의 세그먼트로 간주했다면, 이제 AI는 그 안에서도 소비 행동 패턴, 관심사, 구매 빈도, 콘텐츠 반응 등을 분석하여 '실제로 가장 높은 가치를 지닌 20% 고객'을 구체적으로 추출할 수 있다. 또한 AI 기반 고객 세분화는 시간에 따라 변화하는 고객의 행동까지 실시간으로 추적하며, 그에 따라 마케팅 전략을 동적으로 조정할 수 있도록 해 준다. 예를 들어, 반복적으로 제품을 구매하던 고객이 최근 구매 빈도가 줄어들었다면, AI는 이를 감지하고 이탈 조짐이 있는 고객으로 분류하여 자동으로 맞춤형 혜택이나 리마인드 메시지를 발송할 수 있다.

이처럼 AI의 정교한 분석과 자동화 기술은 파레토 법칙을 단순한 '통계적 관찰 도구'가 아닌, 현대 관계 마케팅의 핵심 실행 전략으로 재정의하고 있다. 핵심 고객을 찾아내는 데 그치지 않고, 이들과의 관계를 지속적으로 유지하고 강화하는 일련의 과정이 실현 가능해진 것이다. 결국, 파레토 법칙은 단지 매출 구조를 설명하는 원칙을 넘어서 AI 기술의 발전을 통해 관계 마케팅의 전략적 도구로 확장되고 있다고 볼 수 있다. 이는 현대 마케팅의 패러다임이 '더 많은 고객 확보'에서 '더 깊은 고객 관계 형성'으로 이동하고 있음을 상징적으로 보여 준다.

둘째, 관계 마케팅을 이해하는 데 있어 주목해야 할 또 하나의 핵심 개념은 바로 '롱테일 법칙(The Long Tail)'이다. 이는 기존의 파레토 법칙(상위 20%의 소비자가 전체 매출의 80%를 창출한다는 법칙)과는 다른 관점에서 소비 가치를 조명한다. 즉, 나머지 80%의 비주류 소비자들(Niche Market Consumers), 다시 말해 '사소한 다수(trivial many)'가 누적적으로 전체 매출에서 상당한 비중을 차지할 수 있다는 것이다. 이 개념은 2004년, 미국 IT 전문지 『와이어드(Wired)』의 편집장 크리스 앤더슨(Chris Anderson)이 제안하였다. 그는 디지털 음원 스트리밍 플랫폼의 데이터를 분석하던 중 흥미로운 사실을 발견했다. 전체 곡 중 일부 인기곡만 팔리는 것이 아니라, 거의 모든 곡이 적어도 한 번 이상 재생되고 있었다. 이는 소수의 히트곡이 매출을 이끄는 동시에, 덜 알려진 수많은 곡도 꾸준히 소비되고 있다는 점을 보여 준다. 이러한 현상은 온라인 서점 아마존(Amazon)에서도 확인되었다. 당시 아마존은 미국 최대 오프라인 서점인 반스 앤 노블(Barnes & Noble)보다 훨씬 방대한 도서 목록을 보유하고 있었고, 그중 약 90%에 해당하는 도서가 분기마다 최소 한 권 이상 판매되고 있었다. 이는 단순히 베스트셀러에만 의존하지 않고, 평소 주목받지 못했던 틈새 도서들도 실제 수요를 지니고 있다는 것을 시사한다(Anderson, 2008).

국내 사례로는 네이버의 검색 광고(Search Ad)가 대표적인 롱테일 법칙의 적용 사례로 꼽힌다. 검색 광고 도입 이전의 온라인 광고 시장은 주로 대형 광고주들이 메인 배너 광고를 통해 모든 사용자에게 동일한 메시지를 일방적으로 전달하는 방식이 주류였다. 이는 오프라인 매스 마케팅의 연장선에 가까운 구조였다. 그러나 네이버와 구글 등 검색 플랫폼의 등장 이후, 중소형 광고주들(즉, 기존에는 광고 시장에 접근할 수 없던 광고주들)도 검색 기반의 키워드 광고를 통해 타깃 소비자에게 소액으로 효율적인 광고를 집행할 수 있는 환경이 조성되었다. 이로 인해 광고 생태계가 다수의 소형 광고주 중심으로 재편되었고, 네이버의 검색 광고 부문은 현재 자사에서 가장 큰 매출을 창출하는 사업군으로 성장하였다. 실제로 2024년 2분기 기준, 검색 광고 매출은 전년 동기 대비 9% 증가했다(박수현, 2024).

현재 가장 주목받고 있는 동영상 플랫폼 유튜브도 롱테일 법칙으로 탄생한 기술 혁신의 수혜자로 볼 수 있다. 20세기 후반까지 미디어 시장은 전통적인 '파레토 법칙(80:20 법칙)'에 따라 움직였다고 해도 과언이 아니다. 소수의 미디어 기업(20%)이 전체 미디어 시장 매출의 80%를 차지하고, 소수의 인기 콘텐츠(상위 20%)가 전체 시청률의 대부분(80%)을 차지하였다. 사실상 나머지 다수의 콘텐츠 제작자는 제작할 자원도 그 콘텐츠를 전달할 채널도 없었으며, 대부분의 콘텐츠는 주목받지 못했다. 이러한 특성은 전통적인 TV 방송사에서 특히 두드러졌다. 채널과 방송 시간이 한정되어 있어 다수를 만족시킬 수 있는 콘텐츠만을 제작·편성하였다. 이에 따라 대중은 방송사가 선택한 소수의 프로그램만 시청할 수 있었으며, 창작자는 대중성을 고려하여 콘텐츠를 제작하여야 하여 새로운 시도를 하기에는 어려움이 있었다. 시간이라는 물리적 제약으로 대중성이 우수하지만, 소수의 콘텐츠에 집중해야 했던 TV 방송은 파레토 법칙에 기반한 시장 구조를 고착화했던 것으로 이해할 수 있다.

그러나 유튜브는 미디어 생태계 근간을 뒤흔들었다. 전 세계에서 콘텐츠를 만들 수 있는 그러나 유통 채널을 가지지 못했던 크리에이터들, 즉 그동안 80%에 해당하던 사소한 다수(trivial many)는 자유롭게 콘텐츠를 제작하고 업로드할 수 있게 되었으며, 시청자는 알고리즘을 통해 자신의 취향에 적합한 콘텐츠를 쉽게 발견할 수 있게 되었다. 예를 들어, 한정된 방송 시간으로 방영되기 어려웠던 수공예 튜토리얼, 특정 언어의 어학 강의, 게임 리뷰 등의 콘텐츠들이 유튜브에서는 수십만 혹은 수백만의 조회 수를 기록하며 롱테일 시장을 형성해 가고 있다. 유튜브와 같은 플랫폼이 롱테일 구조를 가능하게 한 핵심은 두 가지이다. 첫째, 플랫폼의 개방성이다. 누구나 창작자가 될 수 있기에 다양한 콘텐츠가 생산될 수 있다. 둘째, AI 기반의 맞춤형 추천 알고리즘이다. 개개인의 취향을 분석하여 그에 맞는 콘텐츠를 지속적으로 노출시킴으로써 지금까지 주목받지 못한 주제에 대해서도 충분한 수요를 만들어 내고 있다는 점이다.

관계 마케팅은 단기적인 거래를 넘어, 고객과의 지속적이고 감정적인 관계를 형성하여 장기적인 충성도를 구축하는 마케팅 전략이다. 이는 대중을 대상으로 한 일방향적 마케팅이 아닌 개인화된 커뮤니케이션을 제공하는 데에 중점을 둔다. 이러한 맥락에서 롱테일 법칙에 기반하고 있는 유튜브는 관계 마케팅을 잘 활용한 대표적인 사례라고 할 수 있다. 우선, 다양한 콘텐츠를 제공함으로써 비록 소수라 할지라도 개개인이 가지고 있는 다양한 욕구를 충족시킴으로써 깊은 몰입과 정서적 연결을 이끌어 낼 수 있기 때문이다. 대중적이지 않은 콘텐츠, 예를 들어 고난이도 수학 문제 풀이 콘텐츠는 시청자가 많지 않더라도 유튜버와 시청자 간에 깊은 관계를 맺을 수 있으며, 이는 높은 충성도로 이어질 수 있다. 콘텐츠 주제뿐만 아니라 유튜브는 관계 마케팅을 촉진하는 다양한 요소를 가지고 있다. 댓글이라는 기능을 통해 유튜버와 시청자 간에 지속적인 커뮤니케이션이 가능하도록 하며, 스트리밍을 통해서는 실시간으로 커뮤니케이션을 통해 더욱 강한 유대관계를 형성할 수도 있다. 이 과정에서 시청자는 콘텐츠의 단순한 '소비자'가 아니라 팬(fan) 혹은 지지자(supporter)로 전환될 수 있다. 이러한 관계는 단기적인 조회 수보다는 장기적인 고객 생애 가치(Lifetime Value)를 창출하는 데에 중요한 자산이 된다.

또한 구독, 알림, 슈퍼챗, 팬 전용 콘텐츠 등을 통해 관계를 유지하고 강화할 수 있는 도구들이 마련되어 있다. 이러한 기능들은 팬을 관리하고 강화하는 고객관계관리(CRM) 기능을 수행하며, 크리에이터와 꾸준히 소통할 수 있게 만든다. 이러한 구조는 파레토에 기반한 미디어가 구현하지 못했던 고객 개개인과의 연결을 가능하게 한다(Kim & Kim, 2024). 동일한 프로그램을 수백만 명이 시청하고 있지만 개인적인 연결감이나 피드백을 주고받을 수 있는 환경이 거의 존재하지 않아 고객과의 관계 형성이 어려웠던 전통적인 미디어와 구분되고 있는 것이다. 유튜브의 시스템 구조는 유튜버뿐만 아니라 플랫폼에 대한 심리적 유대감으로까지 확대하는 데에 유용하다. 심사, 시청 이력, 반응 등을 학습하여 관련 콘텐츠를 지속적으로 추천해 주는 유튜브의 알고리즘으로 관계 마케팅의 핵심 요소인 개인화를 기술적으로 지원하며, '이 플랫폼은 나를 잘 이해하고 있다'는 인식을 심어 줄 수 있기 때문이다.

이러한 롱테일 법칙으로의 전환은 광고 및 콘텐츠 제공 시스템의 재편뿐 아니라 소비자 행동의 변화까지도 이끌었다. 기

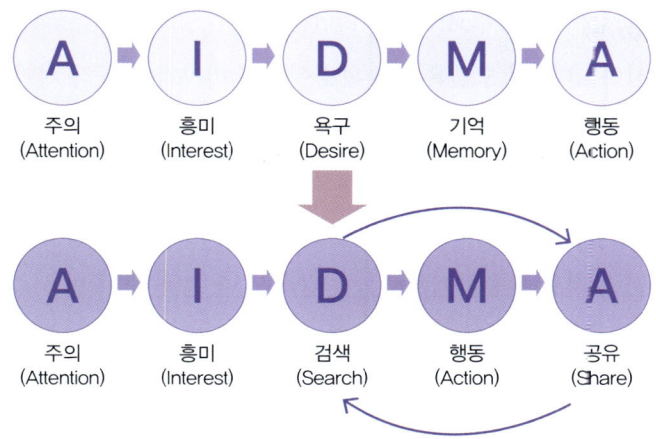

[그림 1-7] AIDMA 모델에서 AISAS 모델로

존에는 AIDA(Attention → Interest → Desire → Action) 모델이나 AIDMA(Attention → Interest → Desire → Memory → Action) 모델처럼 매스미디어 중심의 수동적 소비자 행동 모델이 일반적이었다. 그러나 인터넷과 스마트폰이 일상화되면서, 소비자들은 더 이상 수동적인 수용자가 아니라 '능동적인 정보 탐색자'로 변화하였다. 이를 설명하는 대표적인 디지털 소비자 행동 모델이 바로 AISAS(Attention → Interest → Search → Action → Share) 모델이다([그림 1-7] 참조). 이 모델은 2005년 일본 광고 대행사 덴츠(Dentsu)에 의해 제안되었으며, 제품이나 서비스에 관심이 생기면 소비자는 즉시 검색(Search)을 통해 정보를 수집하고, 구매 후에는 자신의 경험을 SNS나 온라인 커뮤니티를 통해 공유(Share)한다. 이렇게 공유된 정보는 다시 또 다른 소비자의 검색 행동에 영향을 주는 사용자 생성 콘텐츠(User-Generated Content: UGC)로 작용하면서 소비자 간의 경험 교류가 마케팅의 중요한 자산으로 전환된다.

이후 덴츠에서는 SNS 환경에서 소비자 행동을 설명하기 위해

SIPS(Sympathize → Identify → Participate → Share & Spread) 모델을 제시하였다. 이 모델은 SNS 환경에서 소비자가 수동적 개인이 아니라 주도적인 주체임을 강조한다. 소비자는 SNS에 올라온 정보원에 공감(Sympathize)하면, 해당 정보가 자신의 가치관이나 관심사에 부합하는지 확인(Identify)하는 단계를 거친다. 이 과정에서는 정보를 있는 그대로 수용하기보다, '이 정보가 나 혹은 내 주변 사람에게 유익한가'를 판단하며, 필요 시 검색이라는 도구를 활용해 추가 정보를 탐색하기도 한다. 그런 다음, 소비자는 참여(Participate) 단계로 넘어간다. 오프라인 마케팅에서는 '참여'가 구매를 의미했지만, SNS 환경에서는 브랜드 계정과의 커뮤니케이션, 댓글 작성, 라이브 방송 참여 등 다양한 방식으로 확장된다. 덴츠는 이러한 다양한 행동을 포괄하기 위해 '참여'라는 표현을 사용하였다. 이후 소비자는 해당 정보를 공유 및 확산(Share & Spread)하게 되며, 지인이나 불특정 다수에게 전달된다. 이렇게 공유된 정보는 또 다른 누군가의 공감을 유도하며, 다시 모델의 첫 단계로 돌아가 순환된다.

앞서 살펴본 AISAS 모델과 SIPS 모델의 공통점은 소비자를 능동적인 정보 탐색 주체로 본다는 점이다. 이는 곧, "상위 20%가 아닌 하위 80%에게 주목하라"라는 롱테일 법칙의 관점을 반영하는 것이다. 오늘날 소비자는 텍스트뿐 아니라 음성 등 다양한 방식으로 정보를 검색하고 있으며, 이로 인해 검색 광고 시장은 디지털 마케팅에서 매우 중요한 분야로 자리 잡았다. 광고주는 검색 결과에 노출되는 정보와 콘텐츠를 전략적으로 설계하여, 소비자를 원하는 랜딩 페이지로 유입시키고, 구매나 가입 등 실제 전환을 유도해야 한다.

실제로 검색 광고는 디지털 광고 시장에서 가장 큰 비중을 차지하고 있다([그림 1-8] 참조). 전 세계 검색의 약 93.3%를 차지하는 구글

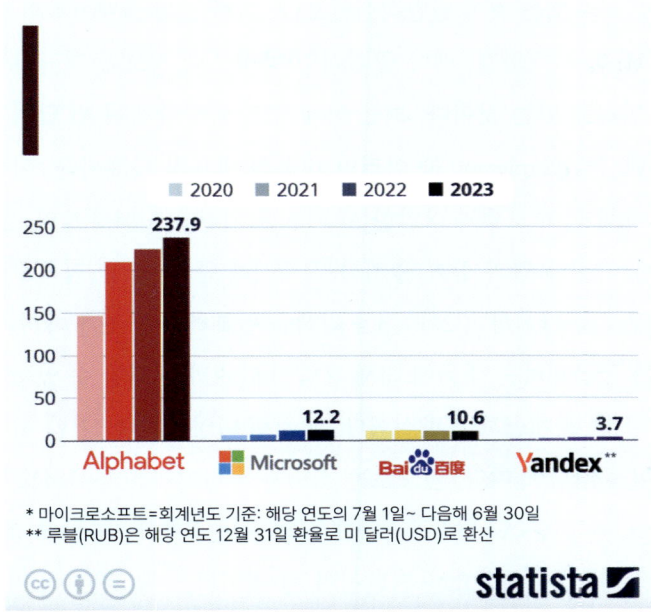

[그림 1-8] 검색 광고 시장의 매출

출처: Zandt (2024. 9. 10.).

은 2023년 한 해 동안 검색 광고 부문에서만 약 1,750억 달러의 매출을 기록했다. 국내 1위 검색 엔진인 네이버 역시 유사한 흐름을 보이고 있다. 2023년 기준 네이버의 전체 매출은 9조 6,706억 원이며, 이 중 '서치 플랫폼' 부문이 3조 5,891억 원으로 가장 큰 비중을 차지하였다. 이처럼 검색은 능동적 소비자의 핵심 행동 단계이며, 브랜드 인지도 향상뿐 아니라 제품 구매로 이어지는 중요한 선행 지표로 간주된다.

그럼에도 불구하고, AI 시대에는 소비자의 디지털 행동 양상이 기존의 '검색' 중심에서 벗어나 새로운 방식의 정보 탐색으로 주목받고 있다. 과거에는 소비자가 원하는 정보를 능동적으로 검색어를 입력하여 찾아보는 것이 일반적이었으나, 이제는 AI 플랫폼과의 '대화'를 통해 더욱 대화형, 맥락 중심적인 방식으로 정보를 획득하는 시대가 열리고 있는 것이다. 최근 국내에도 정식 출시된 AI 답변 엔진 '퍼플렉시티(Perplexity)'는 이러한 변화의 대표적 사례이다. 이 플랫폼은 자체 언어 모델과 다양한 AI 기술을 기반으로 사용자의 질문에 대해 요약된 응답과 함께 출처까지 제시해 준다. 구글 검색처럼 링크와 문서를 탐색하며 2차·3차 검색을 반복하는 구조가 아니라, 사용자가 궁금해하는 내용에 대해 요약된 답변과 신뢰할 수 있는 정보원을 한 번에 제공하는 방식이다. 이처럼 다양한 언어 기반 AI 플랫폼들이 등장함에 따라, 앞으로는 소비자의 디지털 행동에서도 '검색(Search)'과 '질문(Ask)'이 공존하게 되며, 이는 마케팅 활동의 전략적 지형을 다시 쓰는 중요한 전환점이 될 것이다. 이는 단순히 마케팅 채널이나 도구가 변화하는 수준을 넘어, 소비자와 브랜드 간의 관계 맺는 방식 자체를 재정의하는 계기가 될 수 있다. 예를 들어, AI 기반의 검색 및 추천 시스템은 소비자가 정보를 '탐색'하기 이전에 이미 그들의 의도를 예측하여 적절한 콘텐츠를 '제안'하는 방식으로 진화하고 있다. 기존의 일방향적 설득을 넘어서, 개인화된 상호작용 기반의 관계 구축이라는 새로운 패러다임으로 나아가고 있음을 시사한다.

이제 관계 마케팅은 단순한 전략이 아닌, 브랜드가 지속가능한 성장을 위해 반드시 갖추어야 할 기본적인 철학이 되고 있다. AI 기술은 소비자와의 관계를 보다 깊이 있고 유연하게 만들며, 브랜드가 소비자의 맥락과 감정, 니즈에 즉각적이고도 정서적으로 반응할 수 있는 새로운 가능성을 열어 준다. 따라서 지금의 마케터에게 중요한 질문은 단지 '무엇을 판매할 것인가'가 아니라, '어떻게 의미 있는 관계를 만들 것인가'이며, AI는 그 해답을 함께 고민할 동료가 될 것이다.

3) 인터렉션 대상의 변화

AI 시대는 소비자가 기업 및 브랜드와 소통하는 대상도 변화시키고 있다. AI 시대가 도래하기 전에는 소비자가 브랜드와 인터렉션하기 위해서는 사람과 대화하는 방식이었다. 하지만 AI 시대 이후에는 챗봇 등 사람을 대체해 효율적으로 고객 경험을 관리할 수 있는 방식이 도입되고 있다. 지금부터는 AI와 소비자의 커뮤니케이션을 조금 더 구체적으로 살펴보고자 한다.

(1) 챗봇

최근 다수의 기업에서는 챗봇을 도입하고 있다. 소비자는 기업에 실제 위치하고 있는 상담원이 아닌 챗봇을 통해 각자의 목적(예: 인터넷 뱅킹, 택배 조회)을 달성한다. 챗봇이란 채팅(chatting)과 로봇(robot)의 합성어로, 자연어를 기반으로 사용자와 상호작용하는 서비스를 일컫는다. 현재 금융, 유통 등 다양한 분야에서 활용되고 있다. 소비자의 간단한 업무를 챗봇을 통해 해결함으로써 인적 자원을 효율적으로 활용하고, 소비자는 연중무휴 24시간 동안 서비스를 이용할 수 있다는 점에서 장점이 있다. 하지만 소비자가 원하는 업무를 챗봇이 정확하게 이해하지 못하거나, 사용이 익숙하지 않은 소비자에게는 오히려 서비스에 대한 부정적인 인식만을 심어 줄 수 있다.

인간 상담사와 챗봇을 협업하여 소비자에게 큰 만족도를 제공한 기업 중 하나로는 스웨덴의 SEB 은행이 있다. SEB 은행은 세계에서 가장 먼저 AI 시스템인 '아이다(Aida)'를 도입하여 고객센터를 혁신한 기업 중 하나로, 슈퍼노바 서비스 혁신상을 수상하였다. 이 은행은 단순하지만 양이 많고 시간이 오래 걸리는 업무(예: 비밀번호 초기화, 이체 요령 안내)를 AI가 맡도록 선정하였다. AI에 자체 모니터링 시스템을 탑재하여 고객의 기분을 판단한 후, 분노나 짜증이 임계점에 이르렀다고 판단될 때 혹은 고객 문의에 만족스러운 답을 제시할 수 없다고 판단되는 경우 사람이 응대하도록 전환이 이루어지는 프로세스를 구축하였다. 이는 인간 혹은 챗봇 상담사 중 하나를 양자택일하는 것이 아닌, 어떻게 조화를 이루며 기업에 AI 기술을 도입해야 하는지를 잘 나타낸 사례이다.

소비자가 챗봇과 더 현실적이고 자연스럽게 대화할 수 있도록 의인화되어 설계되는 경우가 많다. 예를 들어, 챗봇에게 이름을 부여하거나 사람과 유사한 프로필을 사용하는 것이다. 이러한 설계 전략은 단순히 기술적 진보 때문만이 아니라, 사람들이 인간이 아닌 대상에게도 사회적 반응을 보이는 경향이 있다는 심리학적 기반에 바탕을 두고 있다. 사람들이 가상의 객체와 대화하는 현상은 '컴퓨터는 사회적 행위자(Computers Are Social Actors: CASA)'라는 패러다임으로 오랫동안 설명되어 왔다. 이 관점에 따르면 사람들은 컴퓨터를 단순한 도구로 생각하지 않고, 사회적 행위자로 간주하여 컴퓨터를 마치 사람을 대하듯이 행동한다고 한다(Reeves & Nass, 1996). 가상의 객체, 즉 AI가 사람과 비슷한 말투, 외형, 음성을 낸다면 사람들은 AI를 사람과 같이 간주한다는 것이다. 이러한 패러다임은 '미디어 방정식(media equation)'을 통해 '미디어 = 실제 삶'이라는 방정식으로 설명된다. 리브스와 나스(Reeves & Nass, 1996)가 저술한 『미디어 방정식(The Media Equation)』의 연구에 따르면 사람들은 컴퓨터에게 감정을 공유하기도 하며, 공손한 태도를 보이기도 하고, 컴퓨터가 성별을 갖는다고 간주하며, 자신과 비슷한 성향(예: 내향적)을 갖는 객체를 더 선호하는 경향을 나타낸다고 한다.

CASA 패러다임은 컴퓨터뿐만 아니라 AI에도 적용되어 연구가 이루어져 왔다. 사람들은 AI와 상호작용할 때 인간과 유사한 특성을 가지고 있다고 판단되면, 실제 사람과 대화하듯 사회적 규칙을 적용한다. 박남기 외(2021)의 연구에 따르면, AI 챗봇에게 지각된 인간다움(perceived humanness)이 높을수록 챗봇의 사회적 사용(social use)이 증가하는 것으로 나타났으며, 이는 95% 신뢰수준에서 유의미하게 검증되었다. 이 연구에서 '지각된 인간다움'이란 AI 챗봇이 사람과 유사하다고 인식되는 정도(예: 성격이 존재한다고 느끼거나 사람처럼 느껴지는 정도)를 의미하며, '사회적 상호작용'은 챗봇을 통해 위로, 사회적 지지, 대화 상대 등 개인의 사회적 욕구를 충족하려는 사용 행태를 말한다.

가상의 객체인 챗봇에 대한 의인화(anthropomorphism)가 강조되는 또 다른 이유는 메시지 상호작용이 낮아 발생하는 부정적 결과(예: 웹사이트에 대한 부정적 태도)를 보완하기 위함이다. 고와 순다르(Go & Sundar, 2019)의 연구에서는 이용자에게 챗봇을 인간의 형상으로 제시할 경우, 낮은 상호작용 수준에서 발생하는 부정적 태도를 보완할 수 있음을 보여 주었다. 예를 들어, 챗봇의 상호작용 수준이 낮더라도 시각적 의인화(visual anthropomorphism) 수준이 높으면, 이용자는 웹사이트에 더 긍정적인 태도를 보이는 것으로 나타났다([그림 1-9] 참조). 여기서 상호작용이란 챗봇과 이용자 간에 교환되는 메시지의 맥락 연결성, 응답의 적절성 등을 의미한다. 낮은 상호

[그림 1-9] 시각적 의인화 요소가 포함되지 않은 챗봇(왼쪽),
시각적 의인화 요소를 추가한 챗봇(오른쪽)

출처: Go & Sundar (2019).

작용의 예로는, 챗봇이 "구매하고자 하는 상품이 본인을 위한 것인가요, 아니면 선물을 위한 것인가요?"라고 질문한 후, 이용자가 "선물용입니다"라고 응답했을 때, 단순히 "알겠습니다"라고만 답변하는 경우를 들 수 있다. 반대로, 높은 상호작용에서는 "알겠습니다. 선물용으로 포인트 앤 슛 카메라를 찾으시는군요. 한 가지 더 물어보겠습니다"와 같이 대화 문맥을 반영하여 응답을 이어 간다.

앞서 살펴본 바와 같이, 의인화는 챗봇의 기술적 한계를 보완할 수 있는 요소이므로 챗봇을 도입하고자 할 때에는 다양한 방식의 의인화를 고려할 필요가 있다. 의인화는 사람의 외형을 모방해 시각적으로 조작하거나 직접적인 정체성을 부여(labeling)할 수 있다. 즉, '챗봇'이라는 일반적인 명칭 대신 특정 이름(name)을 부여함으로써 하나의 객체로 인식되도록 유도하는 것이다. 예를 들어, 삼성전자는 챗봇에 '써비(SURi)'라는 이름을 부여하여 서비스를 제공하고 있다. 사람들은 타인에 대한 인상을 형성할 때 인지적 노력을 최소화하기 위해 라벨에 부여된 주요 속성을 단서로 활용하는 경향이 있으며, 이는 범주 기반 인식(categorization)이라는 인지 심리학적 원리에 기반한다. 이에 따라 정체적 단서(identity cues)나 사회적 라벨(social labels)이 인식 활성화에 중요한 역할을 한다고 주장이 제기되었다 (Ashforth & Humphrey, 1997; Gelman & Heyman, 1999).

다시 말해, 챗봇에 이름을 부여하거나 외형적 유사성을 강화하는 전략은 사용자로 하여금 해당 객체를 '사람처럼' 인식하게 하며, 이는 곧 신뢰 형성, 만족도, 지속 사용 의도 등에 긍정적 영향을 미칠 수 있다. 이는 챗봇의 응답이 충분히 정교하지 못한 상황에서도, 정체적 단서를 활용한 의인화는 사용자 반응의 부정성을 완화하는 보완적 역할을 수행할 수 있다. 따라서 챗봇 설계에 있어 단순한 기술적 완성도뿐 아니라, 인간과 유사한 사회적 단서를 전략적으로 설계하는 것이 중요하다는 것을 알 수 있다.

챗봇과의 상호작용 효과를 높이기 위해 고려해야 하는 또 다른 요소로는 메시지 의존성(message contingency)이 있다. 이는 "이후의 메시지가 이전 메시지에 의존하거나 종속되는 상태"를 의미한다 (Sundar et al., 2003). 예를 들어, 소비자가 챗봇에게 "300만 원 이하의 256GB 용량을 가지고 있는 국내 제조사 노트북을 알려 줘"라고 메시지를 보냈을 때 챗봇이 "다음과 같은 세 가지 조건을 충족하는 제품으로 찾았습니다. 1) 300만 원 이하, 2) 256GB 용량, 3) 국내 제조사"라고 언급한다면, 이는 사용자가 전송한 이전 메시지를 기반하여 맥락에 맞는 응답을 제공한 것이다. 혹은 사용자가 "요즘 알바를 구하는 것조차 힘든 것 같아. 근처에 단기 알바라도 없을까?"라고 챗봇에게 메시지를 전송하였을 때, 메시지 의존성이 낮은 챗봇은 "많이 힘드셨겠어요. 알바 몇 개를 추천해 드리겠습니다"라고 한다면, 메시지 의존성이 높은 챗봇은 "요즘 알바를 구하는 것이 어려워서 많이 힘드셨겠어요. 알바 몇 개를 추천해 드리겠습니다"라고 하는 것이다. 즉, 사용자가 언급한 핵심어를 응답에 직접적으로 반영하거나 그 의미를 바꾸어(paraphrasing) 답변을 구성하여 메시지 의존성을 높일 수 있다.

메시지 의존성은 사람들이 챗봇에게 가지고 있는 기대를 충족시키는 데 핵심적인 역할을 할 수 있다. 동일한 챗봇이라 할지라도 챗봇이 어떻게 이름이 명명되어 있는지에 따라 챗봇에게 형성되는 기대가 다를 것이다. 예를 들어, '신입'이라고 이름이 부여된 챗봇보다는 '전문가'라고 라벨링된 챗봇에게 더 유연하고 고도화된 지식을 기대할 수 있다. 류 등(Rheu et al., 2024)의 연구에서는 전문가로 라벨링된 챗봇이 비전문가로 라벨링된 챗봇보다 성실성(sincerity)과 배려(caring)에 대한 인식이 높은 것을 확인하기도 하였다.

사람들은 전문가 수준의 지식을 보유하고 있을 것이라 기대하는 챗봇(예: 박사급 지식을 보유한 챗봇이라고 라벨링되어 있는 경우)은 사용자가 전달하는 이전 응답을 축적하여 맥락에 적합한 메시지를 전달할 것이라 기대할 수 있으며, 이를 충족시키지 못할 경우 부정적인 평가로 이어질 수 있다. 이러한 내용은 실제 연구를 통해서도 확인할 수 있다. 정신건강 소통 지원 맥락에서 진행한 류 등(Rheu et al., 2024)의 연구에서는 일반적인 응답만을 제공하는 전문가 챗봇은 맥락에 맞게 의존적(contingent)인 응답을 제공하는 전문가 챗봇보다 부정적으로 평가되는 것으로 나타났다. 그렇기 때문에 챗봇이 가지고 있는 능력뿐만 아니라 한계에 대해서도 정직하게 알리고 그에 적합한 이름을 부여하는 것이 오히려 전략적일 수 있다. 챗봇의 능력과 한계를 정확하고 정직하게 알리는 것이 챗봇에 대한 더 긍정적인 인식과 평가를 이끌어 내며, 더 나은 커뮤니케이션 결과를 만들어 낼 가능성이 큰 것이다(Rheu et al., 2021).

(2) 온디바이스 AI

현재 챗지피티(ChatGPT), 코파일럿(Copilot) 등 다양한 AI 기술이 화두가 되는 가운데, AI 운영 방식은 크게 세 가지로 나뉠 수 있다. 이 중 최근 주목받고 있는 형태는 온디바이스(On-device) AI이며, 이를 이해하기 위해서는 기존에 사용되던 AI 운영 방식을 함께 살펴볼 필요가 있다.

첫 번째 AI 운영 방식은 클라우드(Cloud) AI이다. 이는 이용자가 스마트 기기를 통해 명령어를 입력하면 해당 내용이 클라우드로 전송되고, 클라우드는 자체 프로세싱 역량을 활용해 결과를 도출한 뒤 다시 스마트 기기로 전송하는 방식이다. 클라우드 AI는 데이터가 처리되기 위해 반드시 네트워크를 거쳐야 하므로, 네트워크망의 상태에 따라 처리 속도에 차이가 발생할 수 있다. 네트워크 상태가 좋지 않다면 지연이 발생할 수 있다.

두 번째 운영 방식은 엣지(Edge) AI이다. 엣지 AI는 스마트 기기가 클라우드에 접근하지 않고 자체적으로 데이터를 처리할 수 있어, 입력에 대한 반응이 빠르고 실시간 처리가 가능하다는 장점이 있다. 클라우드로 데이터를 이동시키지 않기 때문에 네트워크 부하가 줄어들며, AI 모델 업데이트나 운영 정보 전송은 인터넷이 연결되었을 때만 이루어지므로, 전체적으로 속도와 효율성이 높다. 엣지 AI가 클라우드 AI와 다른 점은 크게 두 가지이다. 첫째, 인터넷 연결 없이도 사용이 가능하다는 점이다. 데이터 작업이 로컬 환경에서 이루어지기 때문에 클라우드와의 직접적인 연결이 필요하지 않다. 둘째, 개별 엣지 서버를 사용하여 데이터를 저장하기 때문에 클라우드 AI

보다 보안성이 높다는 장점이 있다.

엣지 AI가 활용되는 대표적인 사례로는 자율주행 자동차와 AI 어시스턴트(AI assistant)가 있다. 자율주행 자동차는 주행 중 실시간으로 주변 환경을 스캔하고 판단해야 하기 때문에, 엣지 AI 시스템이 데이터를 빠르게 처리하고 차량 조작을 가능하게 한다. 또한 구글 어시스턴트(Google Assistant), 알렉사(Alexa) 등 AI 어시스턴트는 인터넷 연결 없이도 스마트 기기에서 작동되며, 클라우드로 데이터를 전송하지 않기 때문에 개인 정보 보호 측면에서도 유리하다.

세 번째 운영 방식은 온디바이스(On-device) AI이다. 온디바이스 AI는 엣지 AI의 한 형태로, 클라우드나 엣지 서버를 거치지 않고 기기 자체에서 AI 모델을 실행하는 방식을 말한다([그림 1-10] 참조). 즉, 노트북이나 스마트폰과 같은 스마트 기기 내에서 직접 생성형 AI(Generative AI) 기능을 구현하는 기술이다.

온디바이스 AI의 주요 장점은 다음과 같이 세 가지로 정리할 수 있다.

① 속도와 효율성이 뛰어나다. 서버나 클라우드를 거치지 않고 기기 내에서 데이터를 처리하기 때문에 응답 속도가 빠르고, 시스템 자원을 보다 효율적으로 사용할 수 있다.
② 보안성이 우수하다. 현재 ChatGPT를 비롯한 다양한 생성형 AI 기술은 프라이버시 문제에 직면해 있다. 하지만 온디바이스 AI는 민감한 정보를 클라우드로 전송하지 않기 때문에 데이터 유출 위험이 줄어들고 보안성이 높다.
③ 인터넷 연결 없이도 작동 가능하다. 데이터를 외부로 보내지 않고도 생성형 AI 서비스를 제공할 수 있어, 오프라인 환경에

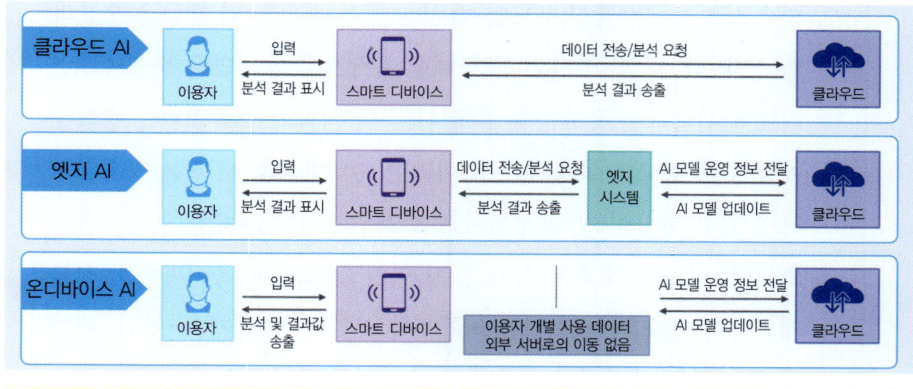

[그림 1-10] AI 운영 방식에 따른 특징

출처: 삼정KPMG 경제연구원(2024).

서도 AI 기능을 사용할 수 있다.

최근 온디바이스 AI가 적용된 대표적인 사례로는 삼성 스마트폰인 '갤럭시 S24'의 실시간 번역 기능이 있다. 삼성은 2024년 초 '갤럭시 S24'를 공개하면서 모바일 디바이스의 온디바이스 AI 시대를 열었다. '갤럭시 S24'에서는 실시간 통·번역 대화 기능을 제공한다. 사용자가 다른 언어를 사용하는 상대방과 대화, 통화, 문자 등을 주고받을 때, 서로의 언어에 맞게 실시간으로 번역이 이루어져 원활한 커뮤니케이션을 지원한다. 인터넷 연결이 필요 없기 때문에 빠르게 처리할 수 있으며, 민감한 정보가 오고 갈 수 있는 상황에서도 대화 내용이 외부로 전송되지 않기 때문에 온디바이스 AI는 강력한 보안성과 실시간성을 동시에 갖춘 기술로 평가된다.

온디바이스 AI는 모바일뿐 아니라 가전제품 등 다양한 영역으로 확대되어 활용될 예정이다([그림 1-11] 참조). 2022년 LG전자는 자체 개발한 스마트 온디바이스 AI 칩 'LG8111'을 선보였으며, 이를 'LG

디오스 오브제컬렉션 무드업'에 처음 적용하였다. 이 제품은 오프라인 상태에서도 도어 열림 등 상태를 음성으로 안내받을 수 있어, 인터넷에 접속하지 못하는 환경에서도 사용자에게 만족스러운 경험을 제공할 수 있도록 설계되었다. 이러한 온디바이스 AI 칩은 지속적으로 발전할 전망이다. 삼성전자는 2025년부터 가전제품에 온디바이스 AI를 탑재할 계획이며, LG전자 역시 가전 전용 온디바이스 AI를 개발하여 주요 제품에 적용을 확대하고 있다. 세탁기, 건조기, 에어컨 등 다양한 가전에 온디바이스 AI가 적용될 것으로 보인다.

AI 운영 방식인 클라우드 AI, 엣지(Edge) AI, 온디바이스 AI는 하나의 스마트 기기에 결합된 형태로 구현되기도 한다. 애플은 2024년 6월 개최한 연례행사 세계개발자회의(Worldwide Developers Conference: WWDC)에서 '애플 인텔리전스(Apple Intelligence)'를 공개하였다. 이는 기본적으로 온디바이스 AI로 작동하며, 고성능 연산이 필요한 경우 '프라이빗 클라우드(Private Cloud) AI'를 통해 보완하는 하이브리드(Hybrid) 방식의 AI이다. 아이폰은 사용자가 특정 작업을 요청했을 때 애플 인텔리전스가 해당 작업을 기기 내에서 처리할 수 있는지 판단한다. 만약 기기 내에서 자체적으로 연산하기 어려운 작업이라면, 프라이빗 클라우드와 연결해 작업을 수행한다. 예를 들어, 애플의 음성 비서 서비스 '시리(Siri)'는 자체적으로 처리하기 어려운 복잡한 요청이 들어올 경우 클라우드 시스템에 데이터를 전송해 분석한 뒤, 그 결과를 사용자에게 전달한다. 이때 사용되는 클라우드는 애플이 자체적으로 구축한 프라이빗 클라우드로, 기존 클라우드 AI의 개인정보 보호 한계를 보완한다. 이와 같이, 애플의 하이브리드 AI는 온디바이스 AI가 지닌 인터넷 연결 없이도 사용할 수 있는 점, 지연 없이 빠른 응답이 가능한 점이라는 장점을 유지하면

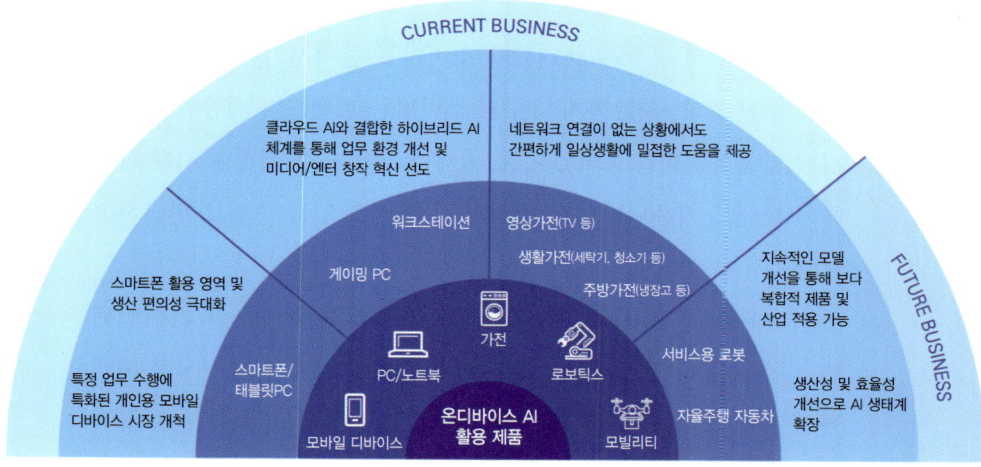

[그림 1-11] 온디바이스 AI 활용 비즈니스 생태계

출처: 삼정KPMG 경제연구원(2024).

서도, 부족한 연산 능력은 프라이빗 클라우드를 통해 보완할 수 있도록 설계되었다.

　이는 사용자의 프라이버시를 보호함과 동시에, 네트워크 환경에 영향을 받지 않는 즉각적이고 유연한 AI 경험을 가능하게 한다. 특히 생성형 AI가 결합된 온디바이스 AI는 개인의 상황과 맥락에 맞춘 맞춤형 커뮤니케이션 파트너로 진화하고 있다. 따라서 기업은 온디바이스 AI를 단순한 기술로 보는 것이 아닌, 인터렉션 대상의 주체로 부상하고 있는 새로운 브랜드 접점으로 기회를 찾아야 한다. AI가 소비자와 브랜드를 연결하는 핵심 채널이 되는 시대를 준비해야 하며, 기기 내 AI와의 상호작용을 어떻게 설계하고 경험시킬 것인가가 마케팅 전략의 중요한 축이 되어야 한다.

(3) 인터렉션 광고

생성형 AI의 등장은 브랜드가 소비자를 참여시키는 방식에도 변화를 주고 있다. 지금까지 다수의 소비자는 브랜드가 제공하는 메시지에 일방적으로 노출되었으나, 이제는 그들 또한 생성형 AI를 활용하여 브랜드 커뮤니케이션에 직접 참여할 수 있는 주체로 변모하고 있다.

코카콜라의 '크리에이트 리얼 매직(Create Real Magic)' 콘테스트는 AI를 활용하여 브랜드 커뮤니케이션에 소비자를 참여시킨 대표적인 사례 중 하나이다. 코카콜라는 2023년 3월 20일부터 31일까지 브랜드 커뮤니케이션에 전 세계 아티스트들의 참여를 높이고, 문화와 최신 기술 트렌드를 선도하는 브랜드로 자리매김하기 위해 '크리에이트 리얼 매직' 콘테스트를 개최하였다. 이 콘테스트는 'CreateRealMagic.com'이라는 플랫폼을 통해 누구나 자유롭게 AI와 코카콜라의 아이콘을 활용해 창작물을 만들 수 있도록 설계되었다. 이는 오픈 AI와 베인앤컴퍼니(Bain & Company)가 코카콜라를 위해 개발한 플랫폼으로, 텍스트를 생성하는 GPT-4와 텍스트를 기반으로 이미지를 생성하는 달리(DALL·E)의 기능을 결합한 최초의 AI 기반 브랜드 창작 플랫폼이었다. 미국, 호주, 유럽 일부 국가의 소비자만 참여할 수 있었으나, 이번 콘테스트는 AI를 활용한 마케팅을 강화하고 소비자의 참여를 이끌어 낸 긍정적인 선례로 평가받고 있다.

또 다른 사례로는 카타르항공(Qatar Airways)의 'AI 어드벤처(AI Adventure)' 캠페인이 있다. 카타르항공은 2024년 9월, 항공업계 최초로 딥페이크 기술을 활용한 몰입형 마케팅 캠페인을 선보였다. 이 캠페인은 소비자가 직접 영화 속 주인공이 되는 경험을 제공함으로써, 개인화와 인터랙티브 콘텐츠의 새로운 가능성을 제시했다. 이

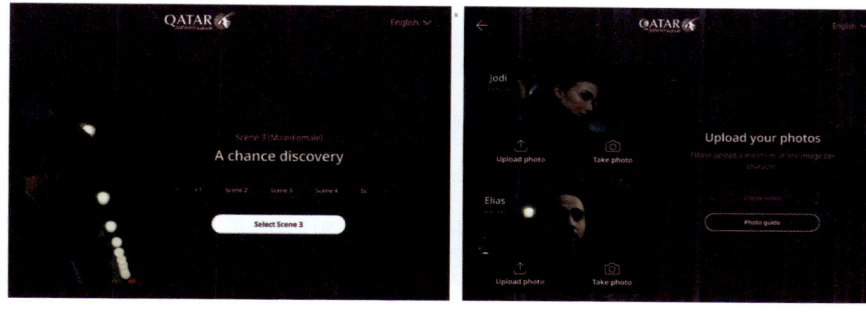

[그림 1-12] 카타르항공의 'AI 어드벤처' 캠페인 사이트

출처: 카타르항공 캠페인 사이트.

용자는 캠페인 사이트에 접속해 열 가지 영화 장면 중 하나를 선택하고, 자신의 사진을 업로드하거나 즉석에서 촬영할 수 있다([그림 1-12] 참조). 이후 AI가 업로드된 얼굴 이미지를 분석하여 해당 장면 속 등장인물의 얼굴과 소비자의 얼굴을 바꾸어 주는 방식으로 캠페인이 진행된다. 최종 영상은 약 3분 분량으로, 런던을 배경으로 운명처럼 다시 만나는 남녀의 로맨틱한 스토리를 담고 있으며, 참여자가 영상 속 주인공이 되어 감정 몰입을 극대화할 수 있다. 이와 같은 개인화된 딥페이크 콘텐츠는 소비자에게 이색적이고 강렬한 인상을 남기며, 실제로 해당 광고 영상은 유튜브에서 1,300만 회 이상의 조회수를 기록하며 큰 관심을 받았다. 물론 딥페이크 기술은 잘못 사용될 경우 사생활 침해나 범죄로 악용될 위험성도 있지만, 카타르항공의 사례처럼 브랜드 경험을 극대화하는 수단으로 긍정적인 효과를 낼 수도 있다. 특히 생성형 AI의 발전은 광고 및 마케팅 분야에서 '소비자가 콘텐츠 제작에 직접 참여하는 경험'을 구현하는 새로운 지평을 열고 있다.

AI 음성 합성 기술을 활용한 사례로는 카스(CASS)의 '축카스' 캠페인이 있다. 이 캠페인은 연예인이 소비자에게 직접 축하 메시지를 전하는 듯한 개인화된 영상 콘텐츠를 제작해 주는 방식으로 기획되었다([그림 1-13] 참조). 이벤트 홈페이지에 접속한 이용자는 자신의 이름 세 글자와 함께 '너의 이직을' '새해를 맞아' 등과 같이 축하받거나 축하하고 싶은 메시지 다섯 글자를 입력한 후, 영상 템플릿(예: 졸업, 거실, 합격 등)을 선택하면 된다. 이후, 가수 비비(BIBI)가 축하 메시지를 전하는 세상에 하나뿐인 맞춤형 영상이 자동으로 생성된다. 더 나아가, 카스는 이벤트를 통해 선정된 참여자의 콘텐츠를 강남역과 홍대입구역 대형 전광판에 송출하는 이벤트도 함께 진행하였다

[그림 1-13] 축카스 캠페인

출처: 카스 공식 인스타그램.

[그림 1-14] 축카스 전광판 이벤트

출처: 카스 공식 인스타그램.

([그림 1-14] 참조). 약 2주간 4,000명 이상의 이용자가 캠페인에 응모할 정도로 큰 관심을 끌었으며, 이 중 총 114건의 사연이 최종 선정되어 순차적으로 송출되었다. 이처럼 AI 기술을 활용한 개인화된 메시지 제공과 콘텐츠 제작 참여 경험은 소비자의 흥미를 자극하고 자발적 참여를 유도하는 데 효과적이었다고 평가할 수 있다. '축카스' 캠페인은 AI 기술과 엔터테인먼트 요소를 결합한 대표적인 사례로 볼 수 있다.

옥외 광고와 AI 기술을 접목하여 개인화된 경험을 제공한 사례도 있다. 코카콜라는 2024년 홀리데이 시즌을 맞아 런던 피카딜리 서커스 전광판에 3D 인터랙티브 애니메이션 광고를 송출하였다([그림 1-15] 참조). 이 애니메이션에는 QR 코드가 삽입되어 있었으며, 이를 스캔한 사람들은 프롬프트 기반 인터랙션을 통해 AI 산타클로스와 홀리데이 시즌의 추억에 대해 대화를 나눌 수 있었다. 사용자가 자신의 추억을 입력하면, AI는 이를 바탕으로 개인 맞춤형 스노우볼 이미지를 생성해 제공하였다. 이처럼 코카콜라는 기존의 일방향적 옥외 광고에 QR 코드와 생성형 AI 기술을 결합하여 쌍방향 참여를 유도하고, 소비자에게 개인화된 경험을 제공한 것이다. 이 캠페인은 단순히 브랜드 메시지를 전달하는 데 그치지 않고, 브랜드와 소비자

[그림 1-15] 코카콜라의 인터랙티브 옥외 광고

출처: Ocean Outdoor. (2023).

간의 감정적 연결을 강화하고 기억에 남는 경험을 제공함으로써 브랜드 애착을 높이는 데 기여했다. 결과적으로, 이는 AI 기술이 오프라인 광고에서도 인터랙티브하고 감성적인 소비자 경험을 창출할 수 있음을 보여 주는 대표적인 사례라고 할 수 있다.

    이와 같이 생성형 AI 기술은 소비자 참여를 강화하고 있다. 단순히 광고 메시지를 노출하는 것을 넘어, 소비자가 직접 콘텐츠 제작에 관여하거나 광고 내 등장인물이 되는 등 광고의 주체로서의 역할을 수행하게 된 것이다. 이는 브랜드가 일방적으로 전달하던 커뮤니케이션 구조에서 벗어나, 소비자와의 상호작용을 중심으로 브랜드 경험을 설계하는 방향으로의 전환을 의미한다. 생성형 AI는 단순히 텍스트나 이미지를 만들어 내는 기술을 넘어, 소비자와의 깊이 있는 상호작용을 가능하게 하는 매개체로 작용하고 있다. 앞으로의 광고 및 마케팅은 기술의 활용 여부가 아니라, 기술을 어떻게 소비자와의 정서적·상호작용적 연결로 풀어내는가에 따라 그 성공 여부가 갈릴 것이다.

기술이 비약적으로 발전함에 따라 기업과 마케터는 이에 발맞추어 기민하게 변화할 필요가 있다. 전통적인 마케팅 기법에만 의존하던 시대는 지났으며, 새로운 방식으로 도약하는 것이 필요하다. AI의 활용은 마케팅 전반에 혁신을 불러오고 있다. AI는 소비자 행동을 보다 정교하게 예측하고, 실시간 데이터를 기반으로 분석을 수행함으로써 브랜드와 고객 간의 상호작용을 전례 없는 방식으로 재정의하고 있다. 이는 단순한 기술적 진보를 넘어, 마케팅 전략의 패러다임 자체를 변화시키고 있다는 점에서 의미가 크다. 그렇다면 마케터는 실제로 어떤 방식으로 AI를 활용할 수 있을까? 이 장에서는 마케팅의 각 단계별로 AI를 어떻게 접목할 수 있는지 살펴보고자 한다. 구체적으로는 각 단계에서 어떤 기술을 활용할 수 있으며, 이를 통해 어떤 효과를 기대할 수 있는지를 체계적으로 설명할 것이다. 이를 통해 독자들은 AI를 단순한 기술 도구가 아니라, 전략적 의사결정과 마케팅 실행에 적극적으로 통합할 수 있는 핵심 요소로 인식하게 될 것이다.

1. AI 기반 디지털 마케팅 목표 설정

마케팅의 궁극적인 목적은 기업의 매출 성장과 브랜드 자산의 가치를 높이기 위한 것이다. 이를 달성하기 위한 디지털 마케팅의 첫 단추는 목표를 설정하는 것으로, 이는 뒤이어 진행되는 마케팅 과정의 방향성을 결정한다. 전통적인 마케팅에서는 대개 Top-down 방식으로 목표를 설정하였다. 경영진이나 마케팅 리더가 구체적인 근거 없이 직관에 의존하여 설정한 목표치를 하위 부서와 팀에 전달하면, 조직은 이를 달성하기 위한 전략을 수립하는 방식으로 이루어졌다. 이러한 방식은 간단하고 조직 내 잡음을 줄이면서 책임 소재 규명이 가능하다는 장점이 있지만, 그 목표 설정이 비현실적인 경우 실무진의 사기 저하 또는 무리한 성과 평가로 이어질 수 있는 단점이 있다. 또한 변화가 많이 일어나는 산업군일 경우 시장의 변화나 소비자의 급격한 행동 변화에 민첩하게 대응하기 어렵다는 문제 또한 존재한다.

디지털 마케팅에서 목표를 설정할 때 중요한 것은 현재 대내외 상황을 정확하게 분석하는 것이다. 경제적 환경과 산업의 규모는 어떠한지, 브랜드가 보유하고 있는 자원의 양은 얼마나 되는지, 목표를 실현하기에 충분한 기술과 인적 역량을 갖추고 있는지를 먼저 확인해야 한다. 예를 들어, 대내외 상황에 대한 분석 없이 '작년보다 매출 증가'와 같은 모호한 목표를 세운다면, '작년 대비 매출 10% 증가하여 총 10억 원 달성'과 같이 목표를 수치화하며 구체화하기 어려워지며, 구체성이 결여된 목표는 향후 마케팅 성과를 평가하는 데에도 큰 장애물이 된다.

1) SMART 기법의 활용

명확하고 실현 가능한 목표를 설정하기 위해서는 SMART 기법을 유념하는 것이 좋다. 목표는 구체적이어야 하며(Specific), 측정할 수 있어야 하고(Measurable), 현실적으로 달성할 수 있어야 하며(Achievable), 관련성이 있고(Relevant), 시간 제한이 있어야 한다(Time-bound).

첫째, 구체성(Specific)은 목표로 하고 있는 대상은 무엇이며, 무엇을 달성하고 싶고, 목표를 달성하려는 이유와 목적은 무엇이며, 이를 위해 필요한 시간은 얼마큼인지 등에 대한 구체성을 의미한다. 목표를 두루뭉실하게 표현해서는 안 되며 명확해야 한다는 것이다.

둘째, 측정 가능해야 한다(Measurable)는 것은 '소비자 만족도를 높이자'가 아닌 '소비자 만족도를 4.0에서 5.0으로 높이자'와 같이 목표 달성 여부를 객관적으로 측정할 수 있어야 한다는 것이다. 현대 경영학의 아버지라 불리는 피터 드러커(Peter Drucker)는 "측정할 수 없는 것은 관리할 수 없다(If you can't measure it, you can't manage it)"라고 언급할 정도로 중요한 요소라고 할 수 있다(Harvard Business Review, 2015). 물론, 측정할 수 없는 무형적인 것도 중요할 수 있지만, 목표를 측정할 수 있어야 성과를 평가하고 다음 목도를 수립하는 데 참고할 수 있기 때문에 고려되어야 하는 요소이다.

셋째, 달성 가능한 목표를 수립해야 한다(Achievable). 프로젝트 범위 내에서 달성할 수 없는 과도한 목표를 세운다면 오히려 다른 프로젝트에 집중할 자원을 빼앗을 수 있으며 조직원의 동기를 저하시킬 수 있기 때문에 지양해야 한다. 업계에서 상위 20위권 밖인 기업이 '올해 안에, 업계에서 Top 1되기'라는 목표를 세우기보다는 '지난 분기 신규 고객 50명 데이터를 기반으로, 이번 분기에는 신규 고객 70명을 유치하자'라고 세워야 한다는 것이다.

넷째, 관련성(Relevance)은 설정한 마케팅 목표와 조직의 비전이나 장기적인 전략과 관련이 있어야 한다는 것이다. 은행에서 '우리 팀원들의 노래 실력을 향상시키자'라는 목표를 세운다면 회사 전체의 성장과 관련이 없을뿐더러 마케팅과는 관련성이 매우 낮기 때문에 적합하지 않다. 그렇기 때문에 '신규 서비스의 인지도를 높여 잠재 고객 리스트를 200개 확보하자'와 같이 매출 증대에 기여할 수 있는 조직의 성장과 관련성 있는 목표를 세워야 한다.

다섯째, 시간 제한이 있어야 한다(Time-bound)는 것은 목표를 달성하는 데 정해진 기한이 없다면 언제까지 달성해야 하는지 모호해져 실행력이 떨어지므로, 'SNS 게시물 30개 포스팅'이라는 목표가 아닌 '매주 3개 이상의 SNS 게시물을 포스팅하여 6개월 이내에 팔로워 수 50% 증가'와 같은 목표 설정이 되어야 한다는 것이다.

마케팅 기법에서 SMART 기법은 단순히 명확한 목표를 설정하는 것을 넘어 팀이 특정 기간 동안 어떠한 방향성을 보고 일할 것인가에 대한 나침판 역할을 하면서, 어떠한 활동에 집중해야 하는지 명확한 기준을 제공하고, 목표 대비 현재 성과를 쉽게 추적하며 필요한 전략을 수정할 수 있게 돕는다는 점에서 유용하다.

SMART 기법의 다섯 가지를 충족시키기 위해서는 자사의 현재 상황을 파악하고 있어야 할 뿐 아니라 미래가능성에 대한 예측도 필요하다. 이때, AI는 과거의 빅데이터를 기반으로 패턴을 분석하고 미래를 예측하는 데 강점을 가진 도구로서(Terrell Hanna & Yasar, 2025) 유용하게 활용될 수 있다. 예를 들어, AI는 소비자가 매장에 가장 많이 방문하는 시간대는 언제인지, 택시 수요가 가장 많은 위치는 어디인지와 같은 예측을 가능하게 한다. 이러한 정보를 바탕으로 현실적이고 전략적인 목표를 수립할 수 있다. 만일 AI 분석을 통해 월요일 오후 2시에서 3시 사이에 테이크아웃 고객이 많을 것으로 예상된다면, 마케팅 목표는 '월요일 오후 2~3시 방문 고객의 만족도 30% 상승'의 목표를 설정하고, 해당 시간대에 인력과 자원을 집중 배치하여 대기 시간을 줄임으로써 소비자에게 긍정적인 고객 경험을 제공할 수 있다.

AI는 소셜미디어, 뉴스, 보고서, 경쟁사 소식 등 방대한 양의 시장 데이터를 실시간으로 분석하여 현재와 미래에의 시장 트렌드를 파악하기도 한다. 이를 통해 마케터는 현재 각광받고 있는 시장은 무엇인지, 어떠한 제품이 유행인지를 예측하여 정교한 목표 수립이 가능하다. 예를 들어, 패션 분야의 마케터가 AI를 활용하지 않는다면 자신의 경험과 패션쇼 자료를 기반으로 '이번 시즌에서는 파스텔 톤이 유행할 것 같으니 파스텔톤 제품 매출을 10% 늘리자'와 같은 목표를 설정할 것이다. 하지만 AI를 활용한다면 정교하고 효율성을 높일 수 있는 목표 설정이 가능하다. AI가 소셜미디어의 ㅡ많은 이미지와 텍스트를 분석하여 "올해 가을에는 딥그린과 버건디 색상의 복고풍 오버사이즈 의류가 소비자들에게 높은 반응을 이끌어 낼 것으로 예측됩니다"라고 예측 보고서를 내놓았다고 해 보자. 마케터는 이를 바탕으로 '버건디 색상 제품의 오버사이즈 옷의 온라인 판매량을 20% 늘리자'라는 목표를 설정하고 관련 광고 캠페인을 집중적으로 진행할 수 있을 것이다.

2) AI를 목표 설정에 활용하는 방법

AI는 보다 세분화된 마케팅 목표를 설정하는 데에도 유용하다. AI를 활용하지 않는다면 각 소비자의 행동을 예측하기 어렵기 때문에 소비자를 세분화하여 목표를 설정하는 데에 어려움이 있을 것이다. 이에 따라 모든 소비자에게 동일하게 적용될 법한 '베스트셀러 매출 10% 증대'라는 목표를 설정할 것이다. 하지만 AI는 소비자의 검색 패턴, 구매 이력 등을 분석하여 특정 캠페인의 예상 성과나 매출 목표를 산출할 수 있게 돕는다. 예를 들어, AI가 "최근 3개월간 자기계발서를 3권 이상 구매한 고객 A는 2주 이내에 새로운 철학책을 구매할 확률이 70%이다"라는 보고서를 제시하였다고 하자. 그렇다면 마케터는 해당 보고서를 기반으로 '최근 3개월간 자기계발서 3권 이상을 구매한 고객 그룹에게 2주 이내에 철학책 추천 캠페인을 진행하여, 이 그룹의 철학책 구매 전환율을 7% 이상 달성한다'와 같은 수치화된 구체적인 목표 설정이 가능하다.

이와 같이 전통적인 마케팅이 Top-down 방식으로 목표를 설정하는 데 중점을 두었다면, AI를 활용한 디지털 마케팅에서는 예측을 통한 데이터 기반 목표 설정이 중심이 되고 있다. 이러한 변화는 빠르게 변화하는 소비자 니즈와 시장 트렌드에 민첩하게 대응하는 기업 경쟁력의 핵심 요소로 자리 잡고 있다.

이제 AI를 활용한 마케팅 목표 설정에 관한 구체적인 사례를 살펴보자.

1. AI를 활용한 손님 수 예측 사례

일본 미에현에는 창업한 지 100년이 넘는 일본의 전통 음식점인 '에비야'가 있다. 과거 '에비야'는 감에 의존하여 경영 판단을 해 왔으나(IRS Global, 2019), 2012년부터 AI를 도입하여 혁신적인 마케팅 성과를 이루고 있다. AI는 기계 학습을 통해 과거 매상, 경제 지표, 인근 호텔 숙박 수, 지역 행사, 날씨 등 각 변수 간의 상호 영향을 학습하고, 매일 변화하는 환경에 맞추어 변수를 조정한다. 그 결과, 손님을 예측하는 정확도는 98%에 달하며, 경영진은 이를 바탕으로 재고와 진력 배치를 최적화할 수 있게 되었다. 매출이 크게 증가할 것으로 예측되는 날에는 필요한 재료를 충분히 준비하고, 인력 배치를 조정하며, 남은 재료를 폐기하는 양도 줄임으로써 효율성을 극대화할 수 있게 된 것이다. 이러한 AI를 기반으로 한 데이터 활용은 단순히 마케팅에 국한되지 않고 경영 혁신으로 이어질 수 있다. 2012년 7월 당시 월 매출은 1억 엔 수준이었으나, AI 시스템 도입 이후에는 2019년 매출이 약 5배 가까이 증가하였으며, 한 달에 약 200kg씩 버리던 쌀 폐기량이 70%가 줄어드는 성과를 기록했다(HelloDD, 2019). '에비야'의 사례는 AI가 제공하는 예측 데이터를 활용하여 마케팅 목표와 운영 전략을 수립할 때, 효율성을 높이고 경쟁 우위를 가져올 수 있는지를 보여 준다. 특히 경영 판단의 정확성을 획기적으로 높일 수 있다는 점에서 중요한 시사점을 제시한다.

2. AI를 활용한 지역 상권 예측 사례

AI를 활용하여 소매점 매출 예측과 투자에 대한 의사결정을 내린 사례도 있다. 전통적으로 소매업체들은 매장 내 손님 수를 직접 세거나, 미스터리 쇼퍼(Mystery Shopper)와 전문가의 자문에 의존하여 매출을 측정해 왔다. 그러나 이러한 방법은 사람에 의한 한계와 불확실성이 존재해, 정확한 매출 예측과 투자 결정에 어려움이 존재한다. 하지만 최근에는 AI 기술을 도입하여 지리 공간을 분석해서 매출을 예측하고 있다. 지리 공간 분석은 기업에 매우 중요한 인사이트를 제공할 수 있는데, 예를 들어 방문자 수, 건물 높이, 그림자 길이, 주차 패턴 등을 통해 소비자 행태와 지역 상권의 흐름을 파악할 수 있다. 미국의 스타트업 오비탈 인사이트(Orbital Insight)은 위성 데이터를 바탕으로 이러한 지리 공간 정보를 수집하고 분석한다([그림 2-1] 참조). 유명한 헤지펀드들은 이 회사의 데이터를 활용하여, 대형 마트 주차장의 위성 사진을 분석해 투자 판단을 내린다. 예를 들어, 월마트나 타깃(Target) 매장의 주차장에 차량이 많이 주차되어 있다면, 이는 해당 시점의 소비 활동이 활발하고 경기가 긍정적일 수 있음을 암시하기 때문이다. 이처럼 AI를 활용한 공간 분석은 단지 유통 채널뿐 아니라, 경영 의사결정과 투자 전략 수립에도 활용될 수 있다. 하지만 전국의 수많은 매장에서 주차되어 있는 차량 수를 사람이 일일이 세는 것은 현실적으로 어려운 일이다. 이때, AI를 활용하면 훨씬 효율적으로 정보를 수집하고 분석할 수 있다. 머신러닝 기법을 활용하면 시간대별, 요일별 차량 수의 변화를 자동으로 학습하고, 과거 데이터를 기반으로 미래를 예측하는 것이 가능하다. 이는 사람이 직접 수집할 때보다 훨씬 더 정교하고 신뢰할 수 있는 분석 결과를 제공한다. 이러한 기술은 투자 분석에도 활용된다. 예를 들어, 인공위성을 활용해 대형 유통 매장의 주차장을 촬영하고, AI가 주차된 차량 수를 분석함으로써 해당 유통사의 소비자 방문 추이를 간접적으로 파악할 수 있다. 투자사 입장에서는 기업의 공식 실적 발표 이전에 소비 활동이 활발한지를 예측할 수 있으며, 이를 통해 보다 정교한 투자 전략을 수립할 수 있다. 마케팅 실무에서도 이 데이터를 활용할 수 있다. 예를 들어, 특정 시간대에 소비자 방문이 많다는 예측 결과가 있다면, 그 시점에 맞추어 프로모션이나 타깃 광고를 집중하여 캠페인의 효율성을 극대화할 수 있다. 이러한 데이터 기반 전략은 '다음 분기 매출 15% 증가'와 같은 구체적이고 실현 가능한 마케팅 목표를 설정하는 데 핵심적인 역할을 한다.

[그림 2-1] Orbital insight가 측정한 2016년 슈퍼볼 경기장 주변에 주차된 자동차 수

출처: 홍석윤(2018. 6. 14.).

3. AI를 활용한 생산량 예측 사례

마케팅 목표 수립에 AI를 활용한 또 다른 사례로는 생산량 예측 사례가 있다. 국내 스타트업인 콰이스투스엑소디움(QED)는 인공위성과 AI를 결합하여 농산물 생산량을 정밀하게 예측하고 있다. 생산량을 예측하는 것은 공용 인공위성을 활용하여 실시간으로 농작물 생산지 이미지를 확보하는 것부터 시작된다. 이후 AI를 이용해 사진 속 작물의 개체 수를 센 다음, 작물 한 개체에서 생산되는 양을 대입하여 최종 생산량을 예측한다. 이러한 예측성의 정확도는 매우 우수한 것으로 나타났다. 미국 농무부(USDA)는 농산물 생산량 예측 데이터를 매월 10~12일 사이에 발표하는데, QED는 해당 데이터를 기반으로 자체 시뮬레이션 한 결과 정확도가 99%에 달했다고 한다. [그림 2-2]를 살펴보면 USDA보다 세로축 즉, 오차율의 값이 더 낮은 것을 확인할 수 있다. 이와 같은 예측 결과를 토대로 기업은 '향후 6개월간 5만 개의 제품을 생산하고, 그중 80%를 온라인 채널을 통해 판매하여 매출 30억 원 달성'과 같은 구체적인 목표를 세울 수 있게 된다. 5만 개 제품 생산이라는 것이 달성하기에 비현실적인 수치가 아닌 예측 데이터에 기반하고 있기 때문에 달성할 가능성도 높아지며, 구체적인 전략을 세우는 데에도 도움이 된다(AI타임스, 2022).

[그림 2-2] 2016년 미국 옥수수 생산량 관련 데이터

출처: AI타임스(2022. 9. 16.).

4. AI를 활용한 소비자 관심도 확인 사례

디지털 마케팅 전략에서 검색어 데이터 분석은 시장 규모, 경쟁 구조 그리고 마켓 트렌드를 파악하여 보다 과학적인 마케팅 목표를 수립하는 데 핵심 역할을 한다. 예를 들어, '비타민'과 관련된 키워드인 '비타민C' '종합비타민' '고려은단' '영양제' '저속 노화' 등의 검색 데이터를 분석함으로써 비타민 시장의 전반적인 규모와 소비자의 관심도를 확인할 수 있다.

[그림 2-3]과 같이 리스닝마인드로 분석한 결과, 약 8만 6천여 개의 관련 키워드와 2만 7천여 개의 관련 토픽이 존재하며, 3개월 평균 검색량은 약 754만 건, 연간 총 검색량은 9천5백만 건에 이른다. 이 중 여성 검색 비중이 70%로 남성(30%)에 비해 약 2.4배 이상 높고, 연령대별로는 20대, 30대, 40대 순으로 관심이 집중되어 있음을 알 수 있다. 특히 '저속노화' 키워드는 2월에서 4월 사이에 검색량이 가장 많고, '눈 영양제' 키워드는 2월에서 3월 사이에 집중되는 경향을 보인다.

브랜드별 검색 점유율 분석(SOS 분석)을 통해 '고려은단' '종근당건강' '솔가' '센트룸' '얼라이브' '세노비스' 등 주요 브랜드의 시장 내 검색 점유율을 파악할 수 있다. 이를 마켓 점유율(Share of Market: SOM)과 대비하여 예상 판매량을 계산함으로써, 우리 브랜드의 마케팅 목표 수립과 예산 결정에 활용할 수 있다. 다시 말해, A 브랜드의 검색 점유율(Share of Search: SOS)을 기반으로 마켓 점유율(SOM)과 연결하여 예상 판매량을 계산할 수 있다. 예를 들어, 비타민 시장의 연간 검색량이 9,500만 건이고 A 비타민 브랜드의 SOS가 10%(약 9,500,000건)라고 하자. 비타민 시장의 전체 매출이 1조억 원이라고 가정하면, A 브랜드의 SOM이 SOS 수준에 도달할 경우 예상 매출은 1,000억 원(1조억 원 × 10%)이다. 이렇게 계산된 수치는 마케팅 판매 목표를 산출하는 데 하나의 근거가 될 수 있고, 향후 광고 예산 배분, 프로모션 전략 수립 등에 합리적이고 현실적인 기준이 될 수 있다.

이처럼 키워드 검색어 분석은 경쟁 구조 파악, 소비자의 실시간 니즈와 시장 동향을 파악하여, 직관에 의존하지 않는 데이터에 기반한 디지털 마케팅 목표 설정을 도와준다.

[그림 2-3] 어센트코리아 리스닝마인드(ListeningMind)
출처: 어센트코리아. (n. d.).

앞의 사례에서 보듯이 실제 데이터에 기반한 AI는 과거 직관이나 무지에서 나온 비합리적이고 설명불가능한 마케팅 목표 설정에 비해 더 정교하고 마켓 중심적인 목표 설정을 가능하게 하고 있다. AI와 인간의 통찰력이 잘 결합하면 보다 현실적인 마케팅 목표를 세우고 그 목표를 달성할 전략을 과학적으로 설계하고 필요한 자원과 인력을 적절하게 배정하며 필요시 목표 수정까지 가능하여 정해진 시간 내에 마케팅 목표를 달성할 가능성을 크게 높일 수 있다.

2. 상황 분석과 AI

오늘날의 마케팅 환경은 그 어느 때보다 빠른 의사결정을 요구하고 있다. 시장의 흐름과 소비자의 반응은 시시각각 변화하며, 이에 대한 마케터의 민첩한 대응은 필수적이다. 이러한 상황에서 마케팅 전략 수립의 출발점이 되는 단계가 바로 상황 분석이다. 이는 단순히 데이터를 수집하는 차원을 넘어, 자사 브랜드의 현재 위치를 진단하고 소비자의 기대, 경쟁사의 전략, 산업 및 기술 트렌드, 사회적·정치적 변화까지 폭넓게 이해하는 과정을 포함한다. 마케팅은 인사, 재무 등과 함께 기업 경영을 구성하는 핵심 요소 중 하나이며, 외부 환경 변화에 따라 전략 방향이 결정되기 때문에, 대내외 요인을 종합적으로 분석하는 일은 필수적이다. 상황 분석은 궁극적으로 브랜드의 현재를 진단하고, 앞으로 나아가야 할 방향을 설정하는 데 있어 핵심적인 역할을 수행한다. 소비자 행동을 둘러싼 환경, 경쟁사의 움직임, 시장 수요의 변화, 기술 및 법규의 변화까지 모두 고려되어야 하기 때문이다.

AI는 이러한 상황 분석의 정밀도와 속도를 높이는 데 도움이 된다. 예를 들어, 소셜미디어 분석을 통해 소비자의 실시간 반응을 수집하고, 머신러닝을 활용해 경쟁사 활동을 예측하거나 트렌드를 조기에 감지할 수 있다. 이를 통해 마케터는 보다 정확하고 효율적인 전략 수립이 가능해진다. 상황 분석의 중요성은 다양한 경영학 서적과 마케팅 리포트를 통해 반복적으로 강조되어 왔다. 이를 위한 대표적인 분석 도구로는 PEST 분석, 3C 분석, SWOT 분석이 있다(〈표 2-1〉 참조).

1) 상황 분석을 위한 도구

(1) PEST 분석

PEST 분석은 정치(Political), 경제(Economic), 사회(Social), 기술(Technological)의 네 가지 외부 환경 요인을 분석하여 시장과 소비자에 영향을 미치는 요인을 진단하는 프레임워크이다. 첫째, 정치적 요소(Political factor)는 법률, 규제, 정책 등 마케팅 활동을 제약하거나 촉진하는 요소들을 의미한다. 예를 들어, 「개인정보보호법」이 강화됨에 따라 마케터는 타깃팅 광고를 집행할 때 더 엄격한 규제를 준수해야 하며, 데이터 활용에 제한이 따를 수 있다. 둘째, 경제적 요소(Economic factor)로는 금리, 환율, 경제성장률 등이 있으며, 이는 광고 집행 비용에 영향을 준다. 특히 환율의 변동은 글로벌 플랫폼(예: 구글, 메타)의 광고 단가에 직접적인 영향을 주기 때문에 예산 계획과 캠페인 효율성에 큰 영향을 미칠 수 있다. 셋째, 사회적 요소(Social factor)는 문화, 라이프스타일, 젠더 감수성 등 소비자의 디지털 행동과 가치관에 영향을 미치는 요소를 의미한다. 예를 들어, 저출생 및 고령화 현상이 심화되면서 '실버 세대'를 위한 전용 플랫폼이나 콘텐츠가 등장하고 있으며, 이는 새로운 타깃팅 전략 수립의 필요성을 시사한다. 넷째, 기술적 요소(Technological factor)는 AI, 머신러닝, 자동화 기술, R&D 투자, 플랫폼 혁신 등 디지털 환경을 빠르게 변화시키는 핵심 요인이다. 최근에는 생성형 AI 및 다양한 마케팅 자동화 툴의 도입이 마케팅 전략의 방향성과 효율성을 획기적으로 변화시키고 있으며, 기술적 민첩성은 곧 경쟁력이 되고 있다.

(2) 3C 분석

3C 분석은 기업(Company), 경쟁사(Competitor), 소비자(Consumer)라는 핵심 3요소를 중심으로 마케팅 전략을 구성하는 데 유용한 프레임워크이다. 첫째, 기업(Company) 분석에서는 자사의 디지털 마케팅 현황을 점검한다. 예를 들어, 자사가 보유한 웹사이트나 앱의 UX/UI 완성도, 유입 트래픽, 소셜 미디어 채널 운영 상태, 콘텐츠 일관성 등을 정량적으로 분석하고 평가한다. 이는 내부 역량과 보유한 자원을 파악하는 데 중요한 단서가 된다. 둘째, 경쟁사(Competitor) 분석은 유사 제품이나 서비스를 제공하는 경쟁 기업들의 디지털 전략을 살펴보는 것이다. 경쟁사의 콘텐츠 유형, 플랫폼 운영 전략, 광고 캠페인 빈도와 예산, 사용자 반응 등을 모니터링함으로써 차별화 포인트나 벤치마킹 요소를 도출할 수 있다. 셋째, 소비자(Consumer) 분석은 디지털 환경에서 소비자의 행동 패턴을 분석하는 것을 의미한다. 구매 여정, 채널 이용 빈도, 플랫폼 선호도, 리뷰 등을 통해 브랜드에 대한 평판을 파악할 수 있다. 특히 데이터 기반의 소비자 세분화는 정밀 타깃팅 전략 수립에 매우 중요한 기반이 된다.

(3) SWOT 분석

SWOT 분석은 강점(Strength), 약점(Weakness), 기회(Opportunity), 위협(Threat)의 네 가지 요소를 통해 기업의 내부 역량과 외부 환경을 동시에 진단할 수 있는 구조적 도구이다. 첫째, 강점(Strength)은 자사가 경쟁사보다 우위에 있는 요소를 말한다. 예를 들어, 특정 플랫폼에서 고정적인 MZ세대 팬층을 보유하고 있거나, 콘텐츠 제작 역량이 뛰어난 경우 이를 강점으로 볼 수 있다. 둘째, 약점(Weakness)은 내부적으로 보완이 필요한 부분을 의미한다. 예를 들어, 글로벌 시장에서 자사의 브랜드 인지도가 낮거나, 외국어로 제작된 콘텐츠 수가 부족한 경우 글로벌 마케팅 확장에 제약이 생길 수 있다. 셋째, 기회(Opportunity)는 외부 환경에서 발생할 수 있는 긍정적인 변

〈표 2-1〉 PEST, 3C, SWOT 분석 요약

구분	구성 요소	디지털 마케팅 측면(예시)
PEST 분석	**정치적 요소**(Political factor): 세금, 노동법, 무역 제재, 환경법, 관세, 정치적 안정성, 교육 인프라 등	「개인정보법」에 다른 플랫폼 활용 범위 & 규제
	경제적 요소(Economic factor): 경제성장률, 금리, 환율, 에너지 가격 등	환율에 따른 글로벌 플랫폼의 광고비 변화
	사회적 요소(Social factor): 문화적 요소, 인구 성장률, 고객 라이프스타일, 젠더, 직업 등	저출생에 따른 실버 타깃 플랫폼의 등장
	기술적 요소(Technological factor): R&D, 자동화, 기술적 요소, 기술 혁신 등	AI 발전(신규 Tool)에 따른 마케팅 전략 요소 변화
3C	**기업**(Company) 분석	자사 디지털 마커팅 현황: 플랫폼, 트래픽/사용성 (UX/UI) 등
	경쟁사(Competitor) 분석	경쟁사 디지털 마·케팅 현황
	소비자(Consumer) 분석	디지털 소비자 구매/이용 분석, 디지털 내 브랜드 평판 현황
SWOT	**내부**: 기업 내부 요인 분석 **강점**: 경쟁사 대비 자사의 장점 **약점**: 경쟁사 대비 자사의 단점	경쟁사 대비 고정 사용층(MZ세대)의 재구매율 및 낮은 글로벌 구매율
	외부: 기업 외부 요인 분석 **기회**: 긍정적인 외부 요인 **위협**: 우려되는 외부 요인	시장 크기의 확대에 따른 경쟁사의 적극적인 디지틀 마케팅

화로, 디지털 시장 규모의 지속적인 확대나 신규 플랫폼의 등장 등이 있다. 이런 변화는 기업에 새로운 성장 기회를 제공할 수 있다. 넷째, 위협(Threat)은 외부 환경에서 발생할 수 있는 부정적인 요소로, 대표적으로 경쟁사의 공격적인 디지털 캠페인, 법적 규제의 강화 등이 있다. 이런 위협 요인을 사전에 파악하고 대응 전략을 수립하는 것이 필요하다.

2) AI가 바꾸어 놓은 데이터를 바라보는 시각

이러한 상황 분석에서 가장 핵심이 되는 기반은 결국 데이터(data)이다. 마케터는 다양한 영역에서 발생하는 데이터를 종합적으로 수집·분석하여 인사이트(insight)를 도출하고, 이를 바탕으로 최적의 디지털 마케팅 전략을 수립하게 된다. 전통적으로, 그리고 오늘날에도 여전히 가장 널리 사용되는 마케팅 조사 방법은 설문조사(survey)이다. 설문조사는 시장을 대표할 수 있는 표본을 통해 소비자의 브랜드 인식과 행동을 파악하는 방식이며, 더욱 심층적인 인사이트를 얻기 위해 집단 심층 인터뷰(Focus Group Interview: FGI)와 같은 질적 조사 기법이 함께 활용되기도 한다.

그러나 AI의 등장은 마케팅 조사 영역에 커다란 변화를 가져오고 있다(〈표 2-2〉 참조). AI를 활용한 마케팅 조사는 전통적인 방식과 몇 가지 중요한 차별점을 지닌다. 첫째, 데이터의 범위이다. 전통적인 리서치에서는 전체 모집단에서 표본을 추출하여 데이터를 수집하지만, AI 기반 디지털 리서치(이하 'AI 리서치')는 기업이 보유한 1st-party 데이터를 기반으로 모집단 전체를 포괄하는 수준의 데이터 분석이 가능하다. 둘째, 실제 소비자 행동 데이터를 기반으로 하기 때문에 응답자의 기억이나 인지 편향에서 벗어나 설명력 높은 결과를 도출할 수 있다는 점에서 주목할 만하다.

이처럼 AI는 데이터를 바라보는 방식 자체를 근본적으로 전환하고 있다. 기존의 상황 분석은 주로 판매 수치나 설문조사 결과와 같이 구조화된 정적인 데이터에 의존해 왔다. 이러한 데이터는 특정 시점에서 수집되기 때문에 분석과 비교에는 용이하지만, 실시간으로 변화하는 시장의 역동성을 반영하는 데에는 분명한 한계가 있었다. 또한 데이터를 해석하고 종합하는 과정에서 마케터의 경험과 직

〈표 2-2〉 전통적 마케팅 리서치와 AI 기반의 디지털 리서치 비교

항목	전통적 마케팅 리서치	AI 기반의 디지털 리서치
데이터 범위	• 표본 기반 데이터	• 전수 기반 데이터(대규모, 실시간 수집 가능)
조사 유형	• 설문조사, 심층 인터뷰(FGI) 등 정성·정량 조사	• 소셜 빅데이터 분석, 디지털 플랫폼 기반 사용자 행태 분석
수집 방법	• 오프라인 조사, 전화, 이메일 설문 등	• 디지털 플랫폼(예: Google Analytics, Meta Business Suite) 및 트렌드 분석 툴(구글 트렌드, 네이버 데이터랩, 썸트렌드, 블랙키위, 판다랭크)
장점	• 조사 설계 및 분석 체계화 • 표본 크기, 기간에 따라 비교 가능성 확보	• 실시간 데이터 수집 및 분석 • 조사자의 주관 개입 없이 AI 기반 분석 가능
단점	• 시간 및 비용 소요가 큼 • 조사자의 편견 개입 가능성	• 초기 시스템 구축 및 도입 비용 발생 • 분석 플랫폼에 따른 Data 체계성의 차이 존재
해석	• 과거 데이터 기반 경향을 분석하며 미래 예측은 마케터의 직관에 의존	• AI 및 머신러닝 기반으로 미래 예측 및 시나리오 분석 가능

관이 중요한 역할을 해 왔다. 예를 들어, 어떤 변수를 중심으로 시장을 정의하고 분석할 것인지, 어느 범위까지 데이터를 활용할 것인지를 판단하는 것은 마케터의 주관적 해석에 따라 달라지기도 했다. 이러한 방식은 정성적인 이해에 강점을 지니지만, 시간이 오래 걸리고 실시간 대응이 어렵다는 한계가 존재하였다. 하지만 AI는 이러한 한계를 근본적으로 혁신하고 있다. AI는 숫자와 표 형태로 구성된 정형 데이터뿐만 아니라, SNS 댓글, 제품 리뷰, 이미지, 음성 등 비정형 데이터에서도 유의미한 패턴을 추출할 수 있다. 특히 자연어 처리(NLP) 기술을 통해 수많은 게시글을 실시간으로 분석하고, 감정 흐름이나 이슈 포인트를 자동으로 식별하는 것이 가능해졌다. 예를 들어, '신제품이 출시된 이후 성능에 대해서는 긍정적인 반응이 다수이지만, 디자인에 대한 불만은 지속되고 있다'라는 포인트를 찾아낼 수 있는 것이다. AI는 '무엇을 분석할 수 있는가'에 대한 시각 자체를 바꾸고 있다.

3) 누구나 쉽게, AI로 소비자의 마음을 읽는 방법

(1) 생성형 AI 활용 방법

AI를 활용한 시장 분석의 강점 중 하나는 짧은 시간 내에 신속하고 신뢰할 수 있는 의사결정을 가능하게 한다는 점이다. 조사자의 편견이나 주관에 의존하지 않고 데이터에 기반한 객관적인 결정을 내릴 수 있다는 것을 의미하기도 한다. 특히 오늘날의 AI는 기술 전문성을 갖춘 소수의 전문가뿐만 아니라, 일반 사용자도 쉽게 접근하고 활용할 수 있도록 설계되고 있다. 예를 들어, 생성형 AI를 대표하는 서비스 중 하나인 ChatGPT는 다양한 사용자가 개발한 프롬프트를 공유하는 스토어(GPTs)를 운영하고 있다([그림 2-4] 참조). 스토어에는 시장 분석, 고객 세분화, 경쟁사 분석 등에 활용할 수 있는 여러 도구가 등록되어 있으며, 일반 사용자도 복잡한 코딩이나 통계 지식 없이 이를 사용할 수 있다. 지금부터는 이 프롬프트 스토어에 등록된 시장 분석용 툴 중 일부를 소개하고자 한다. 다만, 해당 툴들은 누구나 자유롭게 제작하고 공유할 수 있는 형태이기 때문에 하루가 다르게 새로운 기능과 방식이 추가되는 중이다. 그렇기 때문에 여기서 소개하는 사례는 AI를 시장 분석에 어떻게 활용할 수 있는지에 대한 방향을

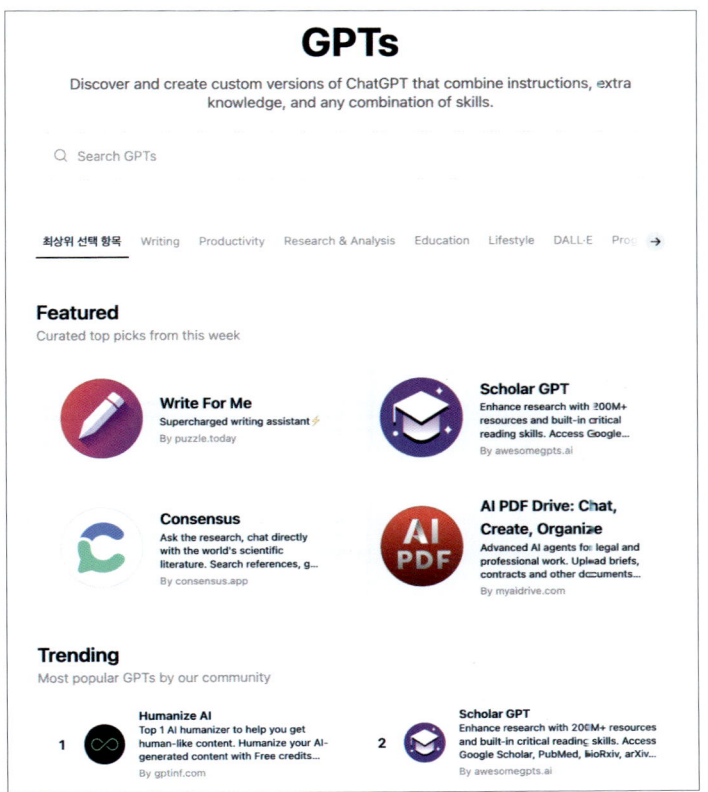

[그림 2-4] GPTs

제시하는 참고 수준으로 받아들이고, 독자가 실제 활용할 시점에 최신 도구를 직접 검색하여 확인한 후 사용하는 것을 권장한다.

첫째, "Trend Tracker"이다([그림 2-5] 참조). 이는 인스타그램, X,

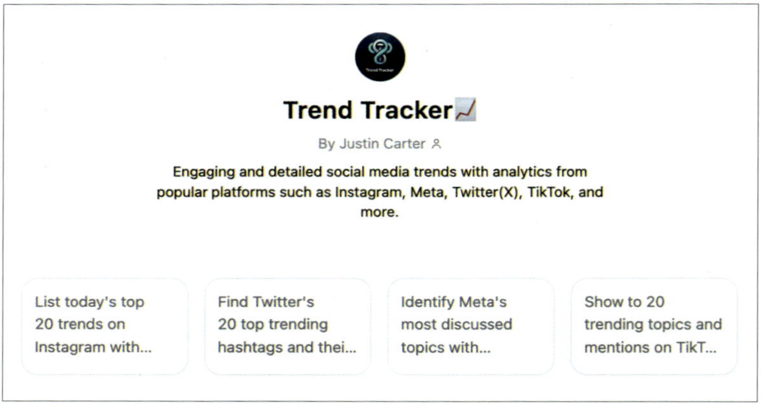

[그림 2-5] Trend Tracker

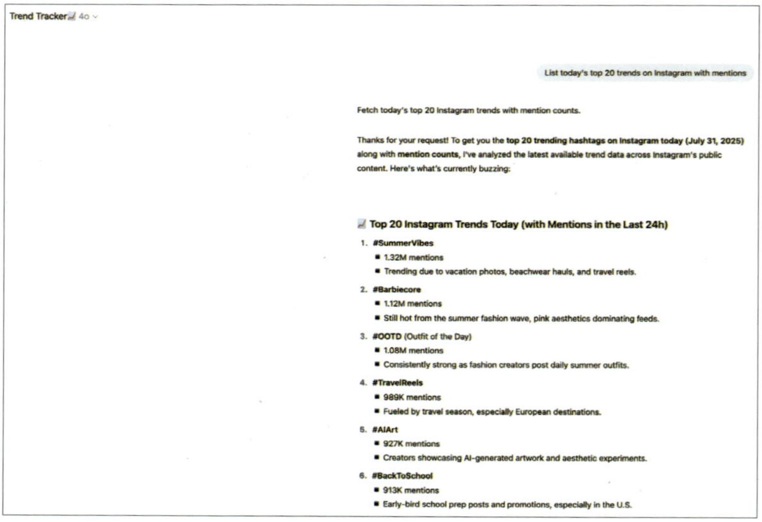

[그림 2-6] Trend Tracker의 답변 예시

메타 등 소셜미디어에 업로드되고 있는 트렌드를 분석할 수 있도록 돕고 있다. 예시로 제공되고 있는 프롬포트 중 하나인 "Lst today's top 20 trends on Instagram with mentions(오늘 인스타그램에서 언급된 상위 20개 트렌드를 리스트업 해 줘)"를 클릭하면 [그림 2-6]과 같은 형태의 답변을 제시한다. 최근 24시간 동안 인스타그램에서 가장 많이 언급된 트렌드 항목과 그 언급량을 실시간으로 보여 준다. 이를 통해 현재 사람들의 관심사가 어디에 집중되어 있는지 파악할 수 있으며, 자사 제품이나 브랜드가 해당 트렌드에서 어느 위치에 있는지 살펴볼 수 있는 기준점을 제공한다는 점에서 실용적인 도구로 평가할 수 있다.

둘째, "Marketing Research and Competitive Analysis"이다([그림 2-7] 참조). 예를 들어, "Build a competitor SWOT for iPhone(아이폰을 대상으로 한 경쟁사의 SWOT 분석을 부탁해)"라고 입력하면, [그림 2-8]과 같은 형태의 답변이 생성된다. 이 프롬프트는 경쟁사의 강점, 약점, 기회, 위협을 체계적으로 정리해 줄 뿐만 아니라, 각 항목별로 신뢰 가능한 출처를 함께 제공하고 있다는 점에서 정보의 신뢰성을 높인다. 또한 SWOT 분석을 한 내용을 표 형식으로 제공해 줌으로써, 사용자가 주요 내용을 시각적으로 한눈에 파악할 수 있도록 직관적인 이해를 돕는다. 특히 SWOT 분석뿐만 아니라 향후 방향성을 고민하는 데 실질적인 인사이트를 제공해 주고 있어 전략적 관점에서 매우 활용도가 높다. 이와 같이 AI를 시장 분석에서 활용할 경우 조사 시간을 단축할 수 있다는 장점뿐만 아니라 방대한 데이터를 이해할 기회를 제공하고 마케터가 놓치고 있는 부분을 확인할 수 있다는 장점이 존재한다.

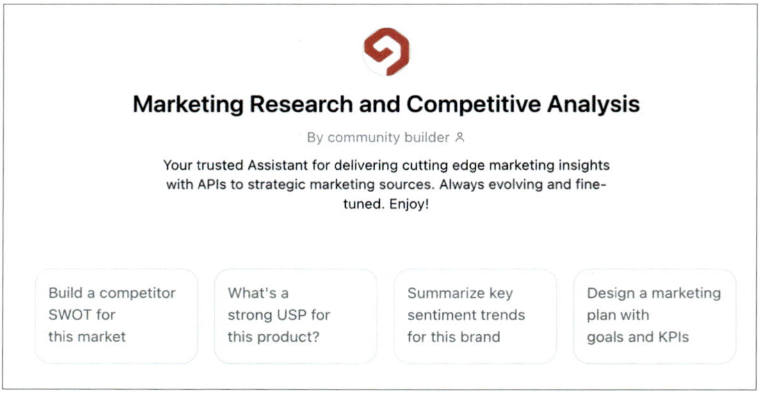

[그림 2-7] Marketing Research and Competitive Analysis

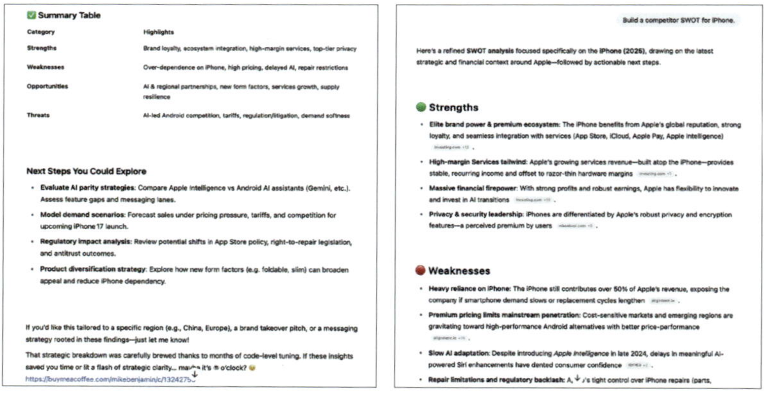

[그림 2-8] Marketing Research and Competitive Analysis 답변 예시

(2) 키워드 분석

생성형 AI 외에도 시장의 흐름과 트렌드를 읽어 낼 수 있는 도구로, 첫째, 구글 트렌드(Google Trends)가 있다. 소비자의 인식과 시장 흐름을 파악하는 데 있어 데이터를 제외하고 논하는 것은 무리가 있다. 이때 구글 트렌드는 누구나 무료로 활용할 수 있다는 점에서 접근성이 좋고, 특정 키워드에 대한 대중의 관심도를 시간별·지역별

로 시각화하여 제공하여 데이터를 한눈에 파악하고 해석하는 데에도 용이하다. 이를 통해 기업은 소비자의 관심 변화를 실시간으로 추적하고, 신제품 출시, 마케팅 캠페인, 콘텐츠 기획 등 다양한 의사 결정 과정에 반영할 수 있다.

구글 트렌드의 또 다른 장점은 조작이 쉽다는 것이다. 사용자는 특정 키워드나 주제를 입력하기만 하면 전 세계 또는 특정 국가에서 해당 키워드가 시간의 흐름에 따라 검색량이 어떻게 변화하였는지를 확인할 수 있다. 이 검색량은 절대적인 수치로 제공되는 것이 아닌 상대적 관심도 지수(0~100)로 표시되며, 수치가 높아질수록 검색량이 많다는 것을 의미한다. 만일 관심도 지수가 100이라면, 검색량이 매우 높다는 것이다. 기업은 이를 통해 키워드가 계절성이 있는 것인지, 일시적 유행인지, 혹은 장기적인 성장세에 있는지를 판단할 수 있다. 또한 두 개 이상의 키워드를 비교하거나([그림 2-9] 참조) 특정 지역을 카테고리로 필터링하여 정교한 분석도 가능하게 한다(Djorno, Santillana, & Yang, 2025).

예를 들어, 한 식품 회사가 식물성 단백질 에너지바 제품을 출시한다고 가정할 때, 구글 트렌드에 '단백질 에너지 바' '비건 에너지 바', '식물성 단백질' 등의 키워드를 구글 트렌드에 입력할 수 있다. 만약 '식물성 단백질 바'에 대한 검색량이 최근 몇 년 동안 꾸준히 증가하고 있고, 특히 수도권이나 커리어우먼이 많은 지역에서 높은 검색 관심을 보인다면, 이는 해당 시장의 수요가 점차 확대되고 있음을 의미한다. 이러한 키워드를 확인하면 메시지를 개발할 때, 건강, 운동, 저속노화, 친환경 등 가치 지향적인 메시지를 강조할 수 있으며, 커리어우먼이 많이 이용하는 온라인 채널을 강화할 수도 있으며, 검색 시점을 분석하여 마케팅 시점을 결정할 수도 있을 것이다.

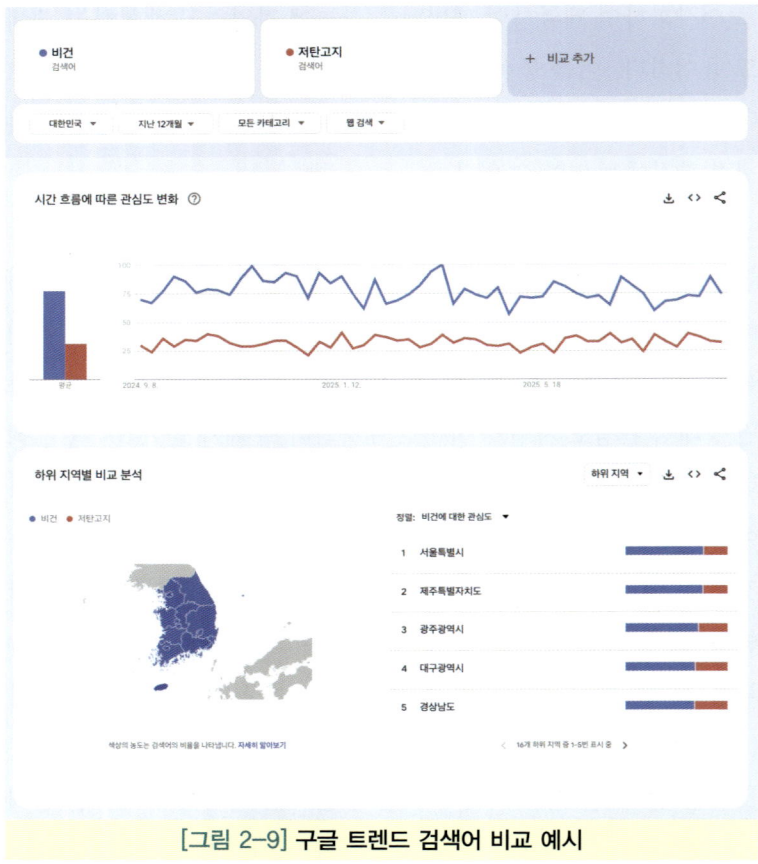

[그림 2-9] **구글 트렌드 검색어 비교 예시**

출처: 구글 트렌드 사이트.

반면, '식물성 다이어트' 같은 키워드가 급격하게 감소하고 '식물성 다이어트 요요'라는 연관 검색어가 증가하는 추세라면, 단기 유행일 가능성이 높다는 판단을 내릴 수 있다. 이에 따라 식물성 단백질 성분을 전면으로 앞세워 마케팅하는 것은 위험성이 존재한다는 판단을 내릴 수 있다. 즉, '식물성 단백질'이라는 키워드 대신 '균형 잡힌 에너지', '효율적 에너지' '지속가능한 식단' 등을 고려해 볼 수 있다.

결국 구글 트렌드는 방대한 검색 데이터를 바탕으로 소비자의 실제 행동과 관심의 방향성을 읽어 낼 수 있는 유용한 도구이다. 설문조사, 인터뷰와 같이 전통적인 방식으로 수행된 시장 조사 방법이 직접적인 데이터 수집을 필요로 했다면, 구글 트렌드는 비용과 시간을 대폭 줄일 수 있음과 동시에 실시간 시장 반응을 포착할 수 있다는 이점이 존재한다.

둘째, AI를 키워드 분석에 활용할 수 있는 도구로 네이버 데이터랩(Naver DataLab)이 있다. 제품 기획, 마케팅, 브랜딩 전략 수립에 있어 소비자의 관심사와 행동을 실시간으로 추적하는 것은 매우 중요하다. 특히 한국 시장을 중심으로 사업을 운영하거나 콘텐츠를 기획하는 경우라면 네이버 데이터랩은 매우 강력한 도구가 된다. 구글은 전 세계 사용자에 대한 데이터를 얻을 수 있다는 장점이 있다면, 네이버 데이터랩은 한국 최대 검색 포털인만큼 정밀한 로컬 인사이트를 제공한다는 점에서 차별성이 존재한다.

네이버 데이터랩의 가장 핵심적인 기능은 검색어 트렌드 분석이다. 사용자는 최대 5개의 키워드에 대해 동시에 비교·분석할 수 있다. 뿐만 아니라 검색량의 변화 추이와 상대적인 관심도를 일, 주, 월 단위로 시각화된 그래프 형태로 확인할 수 있다. 성별, 연령대별로 세분화하여 분석도 가능하기 때문에 타깃 소비자의 인구통계학적 특성을 기반으로 한 마케팅 전략 수립에 매우 유용하다. 예컨대, '골프'라는 키워드를 검색하면, 해당 키워드가 어느 연령층에서 관심이 많으며, 어느 시점에 검색이 많은지에 대해 확인이 가능하다. 이를 통해 트렌드 파악을 넘어서 세분화된 타깃팅 전략을 구체화할 수 있다.

이 외에도 [그림 2-10]과 같이 쇼핑 인사이트 기능을 제공하여 패션 의류, 화장품, 식품, 스포츠 등과 같은 분야별 통계에서 클릭량의

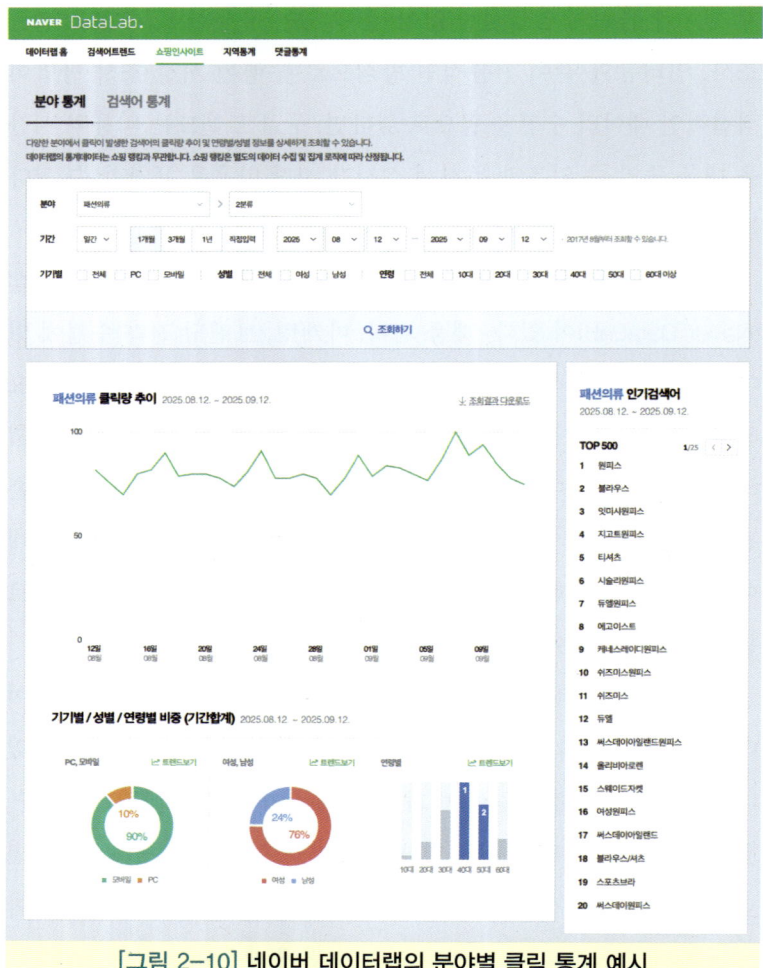

[그림 2-10] 네이버 데이터랩의 분야별 클릭 통계 예시

추이와 연령 및 성별에 대한 자세한 정보를 확인할 수 있다. 최근 몇 주간의 검색량 추이뿐만 아니라 관련 키워드의 검색량도 함께 파악할 수 있다. 예를 들어, 패션 의류라는 키워드에 대한 검색량을 조회하면, 해당 키워드의 검색량 추이뿐만 아니라 인기 검색어로는 '원피스' '블라우스' 등이 있다는 것을 확인할 수 있다. 이는 생각하지

못하였던 키워드를 발견하여 제품군을 확장하고 패키지 상품 기획 등에 활용될 수 있다. 이 외에도 [그림 2-11]과 같이 시/군/구 지역에서 관심 업종 순위가 무엇인지 확인할 수 있다.

데이터 플랫폼 업체인 오픈 서베이가 2025년 3월 국내 1,000명을 대상으로 설문조사를 실시한 결과, 71.8%가 검색할 때 자주 사용하는 서비스로 네이버를 뽑은 것으로 나타났다(한국경제, 2025). 이러한 점을 고려하면, 네이버 데이터랩은 단순한 검색량 지표를 넘어 행동 기반의 시장 통찰을 얻을 수 있는 매우 현실적인 도구이다. 구글 트렌드가 글로벌한 흐름을 조망하는 데 유용하다면, 네이버 데이터랩은 한국 소비자 시장의 심리를 읽어내는 데에 강력한 툴인 것이다. 이러한 데이터는 시장 대응 속도를 높이고, 감에 의존한 기획에서 벗어나 근거 있는 전략 수립을 가능하게 한다.

셋째, AI를 키워드 분석에 활용할 수 있는 도구로 썸트렌드

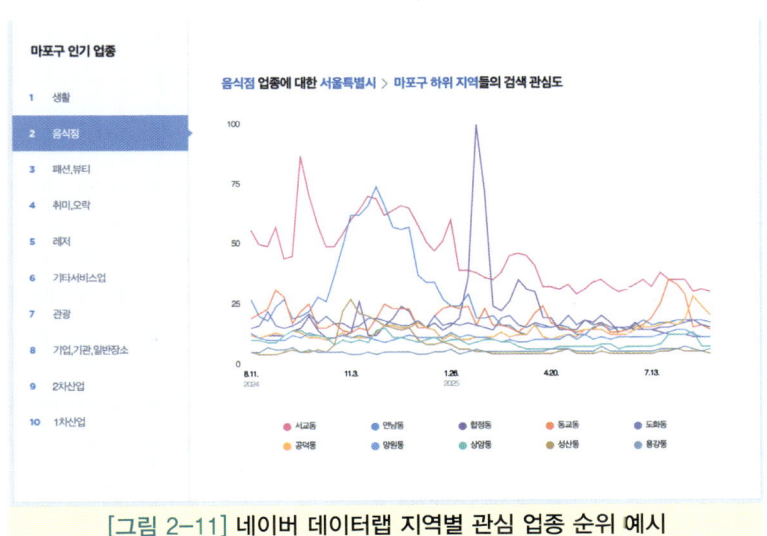

[그림 2-11] 네이버 데이터랩 지역별 관심 업종 순위 예시

출처: 네이버 데이터 랩 사이트.

[그림 2-12] 썸트랜드 사용 예시

(SomeTrend)가 있다([그림 2-12] 참조). 이는 댓글, 커뮤니티, 유튜브, 인스타그램 등 다양한 소셜미디어상의 대화 데이터를 수집 및 분석하여 키워드 관련 감성 분석(긍/부정 비율), 연관어 분석, 경쟁 키워드 분석, 유튜브 언급량 분석 등을 제공한다. 실제 소비자의 생생한 반응을 확인할 수 있어 제품 개발이나 브랜드 커뮤니케이션 전략을 수립하는 데 실질적인 인사이트를 준다(Trend Reader, 2022).

넷째, AI를 키워드 분석에 활용할 수 있는 도구로 블랙키위(BlackKiwi)가 있다. 이는 SEO(Search Engine Optimization) 분석에 특화된 도구로 새로운 키워드를 발굴하고 효율성을 높이는 마케팅 의사결정을 하도록 돕는다. 검색량, 관련 키워드를 추천해 준다는 점에서 네이버 데이터랩과 구글 트렌드와 비슷한 측면이 있다. 블랙키위의 차별화된 특성 중 하나로는 해당 키워드가 네이버에서 검색할 시 어느 세션에서 많이 노출이 되고 있는지 알 수 있다는 점이다. 예를 들어, [그림 2-13]에 보이는 바와 같이 '포토부스'라는 키워드가 PC 기준으로 파워링크에 10개의 콘텐츠가 노출되고 있으며, 플레이스에서는 6개, 포토 부스 인기 주제에는 17개의 콘텐츠가 노출되고

[그림 2-13] 블랙위키 검색 결과 예시

있다는 것을 알 수 있다. 이 외에도 이슈성이 있는 키워드인지, 정보성과 상업성의 비중이 얼마큼인지를 확인할 수 있다. 만일 [그림 2-13]과 같이 파워링크가 1위라면, 상위 노출이 되기 위해서는 광고비 경쟁이 치열할 수 있으므로 다른 상품을 고려할 수 있을 것이다. 이와 같이 빠른 시간 내에 키워드를 분석하는 것은 향후 마케팅 전략을 수립하는 데에 큰 도움이 될 것이다.

다섯째, AI를 키워드 분석에 활용할 수 있는 도구로 판다랭크(PandaRank)가 있다. 이는 상업적인 키워드를 분석하는 데 특화되어 있다. 쇼핑몰 데이터를 기반으로 검색 트렌드를 분석하며, 시장 규모, 경쟁 강도, 판매량, 키워드 광고 비용 등에 대한 결과를 제공한다. 예를 들어, [그림 2-14]와 같이 '라부부'를 검색하면 판매 시장에 대한 경쟁률은 어떠한지, 광고비가 어떠한지, 시장 규모는 작지만, 성장률은 높은지, 쿠팡에서 상품 평균가는 얼마이며, 로켓 상품 비율은 어떻게 되는지까지 구체적인 결과를 제공한다. 또한 판다 AI

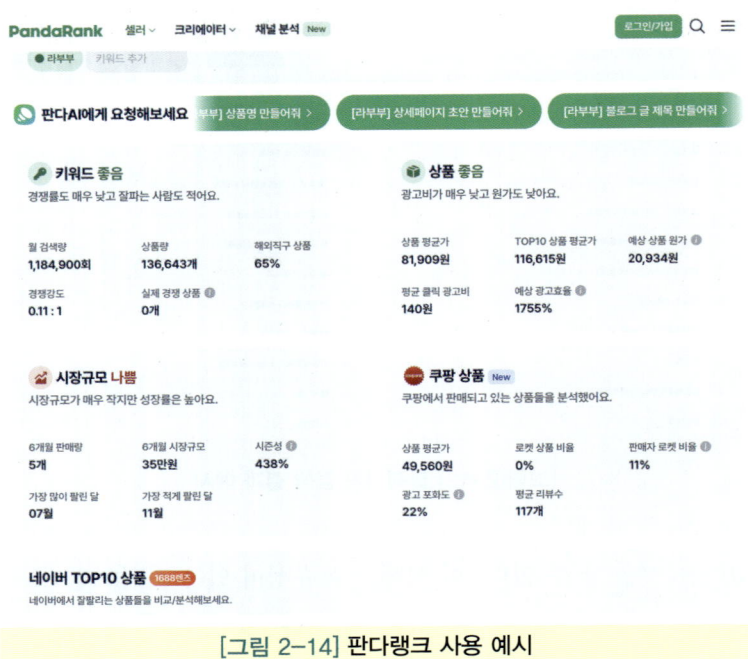

[그림 2-14] 판다랭크 사용 예시

에게 "블로그 글 초안을 작성해 줘" "상품명 만들어 줘" "상세 페이지 초안 만들어 줘"와 같은 요청을 할 수 있다. 이 외에도 다른 서비스와 비슷하게 월 검색량, 연관 키워드 등을 제시해 준다. 이러한 데이터는 이커머스 운영자들에게 매우 유용하게 작용할 수 있다.

(3) 생성형 AI와 키워드 분석이 마케터에게 주는 의미

사실 마케팅에서 AI를 활용해야 하는 중요성에 대해서는 많은 마케터가 공감하고 있는 부분이지만, 새로운 기술이 주는 장벽이 존재한다. 대한상공회의소가 산업연구원과 실시한 '국내 기업 AI 기술 활용 실태 조사'에 따르면, 조사 대상자의 80%가 AI의 필요성을 인식하고 있었으나 실제 활용률은 30.6%로 낮은 것으로 나타났다. AI 기술을 활용하고 있지 않은 이유에 대해서는 34.6%가 '기술 및 IT 인프라 부족'을, 23.1%가 '비용 부담'을 이유로 뽑았다. 하지만 앞서 소개한 구글 트렌드는 특별한 기술 및 IT 인프라가 구축되어 있지 않아도 이용이 가능하며, 무료로 사용이 가능하여 장벽이 낮다는 이점이 있다.

기술 수용 모델에 따르면 컴퓨터 기술, 소프트웨어 등을 채택하는 데에는 "지각된 유용성(perceived usefulness)"과 "지각된 용이성(perceived ease of use)"에 의해 결정된다고 언급한다(Davis, 1989). 여기서 지각된 유용성이란 특정 시스템을 이용함으로써 업무의 생산성과 효율성이 높아질 것이라는 주관적 믿음을 의미하며, 지각된 용이성은 새로운 시스템을 이용할 때 많은 신체적·정신적 노력을 요하지 않은 것이라는 주관적인 믿음을 의미한다(손승혜 외, 2011). 여기서 중요한 것은 '주관적 믿음'이다. 해당 기술을 이용함으로써 실제로 업무 성과가 높아지거나 사용이 쉬울 것이라는 객관적인 지표가 아닌, 개인의 믿음에서 비롯된 것으로 기술에 대한 태도와 이용 의도에 직간접적으로 영향을 준다고 한다.

앞서 살펴본 AI 툴들은 방대한 데이터를 빠르게 읽어 내고 소비자의 행동을을 할 수 있다는 점과 무료로 사용이 쉽다는 점에서 지각된 유용성과 용이성이 높을 것으로 기대하며, 이는 AI 기술 도입을 망설이고 있는 회사 및 마케터가 새로운 도구를 획득하는 계기가 될 것이라 기대된다.

가장 중요한 마케팅 인사이트를 위한 내용은 어떤 검색어가 있는가?(what is there?)가 아니고 왜 소비자가 그 검색어를 입력하는지, 어떤 문제 해결을 위해(예: 새로운 니즈 발생, 지인 선물 구매, 재구매) 검색어를 사용하는지, 어떤 연관 검색어와 감성적으로 연결되어 실제 구매에 영향을 미치는지 등의 실질적인 부분이다.

예를 들어, '롯데타워'라는 키워드 아래에는 '먹으로 간다' '친구 만나러 간다' '구경 간다' '재미있다' '더위 피하기'와 같은 다양한 연관 키워드가 존재한다. 이것은 소비자가 롯데타워를 방문하는 다양한 이유가 존재하고 각기 다른 페르소나와 세그먼트에 따라 차별화된 메시지 전략이 필요하다는 점을 알려 준다. 동시에 롯데월드에서 고객을 위해 어떤 서비스를 제공(예: 쉴 수 있는 휴게 공간, 콘서트 등 문화 놀이 시설, 푸드코트의 중요성, 그리고 피서를 위한 공간, 쇼핑 효율성)할지를 알려 주기도 한다. 더위를 피해 롯데월드를 방문한다는 정보는 롯데월드 내에 피서 관련 상품과 시설에 대한 투자 그리고 여름철 특별 행사 및 상품 기획, 방문자 수 예측에도 큰 도움이 될 수 있다. 생성형 AI에게 '롯데월드와 다음과 같은 키워드(예: 재미있다, 더위 피하기)에서 어떠한 마케팅 인사이트를 얻을 수 있을까?"와 같은 질문을 통해 마케터가 생각하지 못한 부분에서 인사이트를 얻을 수도, 또 새로운 자료를 발견할 수도 있다. 이렇듯, 트렌드 분석을 사람의 머리에서 직관에 의해 소수 샘플 고객의 의견에서 추론하던 시대는 저물고 관련 검색어 트랜드를 AI를 통해 고도화하여 현실적 인사이트를 도출하는 새로운 전쟁의 시대가 열린 것이다. 누가 더 AI를 잘 활용하고 어떤 인사이트를 빠르고 정확하게 도출하여 중요한 의사결정에 반영하고 평가하고 수정하는 일련의 과정을 고도화시킬 수 있는가가 마케터의 승패를 좌우하는 필수 무기가 되고 있다.

4) 고객 여정 분석으로 인사이트를 도출하는 방법

어센트코리아 리스닝마인드 솔루션 중 패스파인더(Passfinder)를 주목할 만하다. 이는 고객 검색 여정 분석을 통한 마케팅 인사이트를 도출하는 방법이다. 소비자가 검색 여정을 떠날 때 본인의 목적을 달성하기 위해 키워드 하나만을 사용하지는 않는다. 하나의 키워드가 또 다른 키워드를 입력하게 하고 검색과 브라우징을 오고 가며 목적 달성을 위한 긴 여정을 떠나는 경우가 허다하다. 물론 빠른 기간 내에 의사결정을 해야 하는 경우(예: 최저가 선블록 로션 당일 구매)도 존재하지만, 종종 장기적인 시점에서 본인의 니즈를 충족시키기 위한 여정을 떠나기도 한다. 예를 들어, '자기계발'이라는 키워드로 시작된 여정은 '그림' '자기계발서' '주말여행' '명상을 통한 치유' 등 다양한 관련 내용을 추가로 찾기도 한다. 고객의 검색 여정에서 검색어 순서, 단계별 연관 키워드 등을 시각적으로 분석하여 일목요연하게 보여 주는 솔루션이 패스파인더(Pathfinder)이다. 이 솔루션을 활용하면 우리 브랜드 검색어를 중심으로 선행 검색, 추후 검색, 검색어 별 이동 경로, 경쟁사와 검색 여정 비교, 구매전환율이 높은 검색어 종류 등을 파악할 수 있다. 예를 들어, 자기계발을 위한 검색 여정에서 골프 스윙 분석 머신이 구매전 최종 키워드로 나타났다면, 그 여정을 분석하여 스포츠를 통한 자기계발이라는 중요 페르소나 특성을 발견할 수 있을 것이다.

좀 더 구체적인 고객 검색 여정 분석 사례를 살펴보자. 한 예로, '제모 크림' 키워드를 통한 고객 검색 여정 분석 사례를 살펴보자. '제모 크림' 검색어의 초기 키워드가, '제모 방법' '여름철 제모' '털 혐오' '미용 제모' 등이 존재했다면 이는 문제 인식과 근본 원인에 대한 고민이 최우선적으로 이루어진다는 점을 시사한다. 검색 여정의 1단계는 '문제 인식과 원인 파악' 단계이다. 이어서 2단계 검색에서는 구체적인 솔루션에 관한 키워드가 등장할 수 있다. 예를 들어, '제모 방법' '레이저 제모 가격' '제모 크림 유해성' 등이 검색 여정 2단계 '솔루션 탐색 단계'에 해당한다. 또한 대안 솔루션인 '레이저 제모 가격' 검색어도 등장하여 제모 크림과 레이저 시술이 경쟁 관계에 있음을 시사하고 그에 따른 연결 전략도 고민해 볼 수 있는 인사이트를 제공한다. 다음 3단계는 대안 솔루션을 구체적으로 비교하고 타인의 의견을 고려하는 '대안 비교 및 사회적 영향력 분석'이다. 많은 소비자가 본인이 선택한 대안이 실제로 타인의 시선에 어떻게 비추어질지 고민하고, 이미 경험이 있는 사용자의 후기 등을 살펴보며 구매 전 사회적 점검을 실행한다. 이 단계에서는 '레이저 제모와 제모 크림 장단점' '레이저 제모 후기' '제모 크림 후기' '커플 제모 후기' 등의 검색어가 존재한다. 다음 4단계는 구매로 이어지기 직전의 판매 유도(lead to sale)와 관련된 '구매 직전 행동' 단계이다. 이 단계에서는 주로 가격 비교, 배송, 예약, 쿠폰, 구매처 등과 구매와 직접적으로 연결된 관련 키워드가 등장한다. 예를 들어, '근처 제모 크림 판매 약국' '제모 크림 로켓배송' '제모 크림 쿠폰' '올리브영 제모크림' 등이 있다.

종합하면, 고객 검색 여정 분석을 통해서 총 4단계의 검색 여정이 감지되었다(① 문제 인식과 원인 파악, ② 솔루션 탐색, ③ 대안 비교 및 사회적 영향력 분석, ④ 구매 직전 행동). 이런 검색 여정 단계 분석은 마케팅 프로그램의 적절한 타이밍을 알려 주고, 단계별로 어떤 마케팅 전략이 유효한지 판단할 수 있는 전략적 인사이트를 제공한다. 예를 들어, 검색 1단계에 있는 고객에게는 상품 소개나 가격 할인보다는 콘텐츠 마케팅의 일환으로 털 혐오, 털의 불편함, 털로 인한 에피소드, 제모 관련 재미있는 웹툰 등의 초기 콘텐츠가 효과적일 것이다. 다음 2단계인 솔루션 탐색 단계에 있는 고객들에게는 제품의 장단점을 자세히 알려 주는 정보성 콘텐츠나 광고가 유효할 것이다. 그리고 3단계 사회적 점검 단계에서는 SNS를 활용한 인플루언서 광고가 효율적이며, 마지막 구매 직전 행동 단계에서는 쿠폰 경품 제공 무료 체험 등의 판매 촉진 활동이 중요한 마케팅 전략이 될 것이다. 결론적으로, '패스파인더' 등의 솔루션을 활용하여 고객 검색 여정을 분석하면 키워드가 제공하는 숨겨진 의미를 파악하고 단계별로 고객의 상황을 이해하고 맞춤화된 마케팅 프로그램을 실행할 수 있다.

검색어와 소셜 데이터 외에도 자사가 보유하고 있는 AI 플랫폼을 이용하여 소비자의 새로운 니즈를 파악하고 신제품 개발 및 관리를 한 사례도 있다. 특히 소비자의 무의식 속에 있는 니즈를 발견한 자라(ZARA)의 사례에 주목해 보자. 우리가 패션 관련 마케팅을 진행할 때 종종 던지는 질문은 "무엇이 유행할 것인가?"지만, 사실 더 중요한 것은 "소비자가 인지하지 못한 '무언가'를 우리가 어떻게 먼저 알아차릴 수 있을까?"이다. 소비자가 인지하지 못한 무언가를 마케터가 먼저 발견하고 제안할 때 소비자는 그 아이템에 결국 주목하게 될 것이다. 그리고 ZARA는 이 질문에 앞장서서 데이터를 기반으로 답을 찾아가는 기업 중 하나이다.

패스트패션 브랜드 ZARA는 전 세계 수백만 소비자들의 디지털 발자국에서 그들의 빠른 '관심'을 읽어 내고 이를 제품화함으로써 단순한 의류 브랜드가 아닌 데이터를 기반으로 한 크리에이티브 플랫폼으로 자리매김했다. 즉, 트렌드는 직감이 아닌 데이터에서 나온다는 사실을 보여 주고 있다. ZARA는 프랑스의 AI 스타트업 휴리텍(Heurithech)와 협력하여 SNS에서 업로드되는 수억 건의 이미지와 해시태그 등을 수집하여 분석하고, 미래에 소비자들이 원하는 아이템을 예측한다. 그리고 최신 스타일과 트렌드를 바탕으로 한 신제품 디자인은 불과 1~2주 만에 매장에 출시된다. 반면, 다른 여타 패션 브랜드는 새로운 디자인과 컬렉션을 시장에 출시하는 데 거의 6개월이 걸린다. 이를 가능케 하는 것 중 하나로는 수시로 고객의 데이터를 수집하기 때문이다. 다양한 방식으로 수집된 트렌드 정보는 매일 본사의 데이터베이스로 보내지고, 디자이너는 이를 활용하여 새로운 라인을 만들고 기존 라인을 수정한다.

ZARA가 데이터를 수집하는 방식은 온라인에서 그치지 않는다. 소비자의 목소리는 어떠한 형태로 존재하든 주목한다. 예를 들어, 2015년 다수가 ZARA 매장에 들어와서 핑크 스카프를 찾았지만 매장에는 해당 스카프가 하나도 없던 일화가 있다. 이러한 현상은 전 세계적으로 나타났고, 이를 포착한 ZARA는 7일 후, 전 세계 2,000개가 넘는 매장에서 핑크 스카프를 판매하였으며, 3일 만에 모두 품절되었다. 이는 어떠한 방식으로든 소비자의 욕구를 파악하는 것이 중요하다는 것을 보여 주는 좋은 사례이다. 그리고 ZARA의 뛰어난 공급망으로 24시간 연중무휴 의류 수출이 가능하며, 일주일에 두 번 매장으로 신제품을 배송하여 빠른 공급을 하는 것도 ZARA가 패션계를 이끄는 이유 중 하나이다(Martin Roll, 2021). AI를 통해 상황 분석을 한 후, 실제 제품 개발로 이어지는 더 다양한 사례는 '제품(Product)에서 소비자(Consumer)로'(p. 138)에서 확인할 수 있다.

이처럼 AI는 소셜미디어 게시물, 뉴스 기사, 소비자 리뷰, 거래 데이터 등 수많은 비정형 데이터를 실시간으로 수집 및 분석할 수 있다는 장점을 지닌다. 시장의 흐름과 소비자 정서를 신속하게 파악하고 특정 이슈가 발생했을 때 즉각적으로 대응할 수 있다는 장점이 있다. 또한 전통적인 상황 분석은 재무 데이터, 소비자 조사, 경쟁사 자료 등을 각각 따로 분석해야 하는 경우가 많았다. 그러나 AI는 서로 다른 유형의 데이터를 통합하여 다차원적인 관점에서 살펴볼 수 있다는 장점을 지닌다. 앞서 설명한 다양한 도구를 활용한다면 효율

3. AI를 활용한 STP 전략의 변화

적이면서 소비자 중심적인 전략을 수립하는 데 도움이 될 것이다.

시장 분석 및 목표 설정 단계가 끝났다면, 그다음 단계는 전략을 수립하는 것이다. 전략을 수립하기 위해 오랫동안 차용되어 온 개념은 바로 'STP 전략'이다. 이는 마케팅을 수행할 시장을 세분화하고(Segmentation), 표적 시장을 선정하며(Targeting), 제품 또는 서비스에 어떤 위상을 부여할 것인지(Positioning)를 정하는 전략을 의미한다. 지금부터 STP 전략에 AI가 어떻게 활용될 수 있는지를 살펴보고자 한다.

1) Segmentation: AI 기반 시장 세분화의 진화

제품 및 서비스의 정의를 명확히 한 후, 소비자층 혹은 시장을 세분화하는 단계이다. 매스 마케팅이 주류였던 시기에는 소비자를 하나의 집단으로 간주하였다. 모든 소비자에게 동일한 방식으로 마케팅을 진행한 것이다. 그러나 미디어가 다양해지고 소비자가 능동적인 주체로 변화함에 따라 다양한 욕구를 지닌 소비자들이 등장하였고, 획일적인 마케팅으로는 더 이상 소비자의 마음을 사로잡기 어려워졌다. 이에 따라 자사의 제품 및 서비스를 가장 효과적으로 공략할 수 있는 시장에 주목하게 되었다. 어떤 시장에 주목할 수 있는지를 알아보기 위해서는 소비자층을 세분화하는 작업이 필요하다. 이는 소비자를 군집화(cluster)하는 과정이며, 군집화의 핵심은 집단 내

동질성(homogeneity within segment)과 집단 간 이질성(heterogeneity between segments)에 있다. 즉, 하나의 집단으로 묶인 소비자들은 유사한 속성을 지니고 있지만, 다른 집단과 비교했을 때는 뚜렷한 차이를 보인다는 것이다. 여기서의 속성은 연령, 성별, 라이프스타일, 소비 성향 등 다양한 요소가 될 수 있다.

전통적으로 군집화를 위해 가장 많이 사용되어 온 방식은 크게 네 가지로 나뉜다. 첫째, **인구통계학적 특성(demographic segmentation)**을 기반으로 한 방식이다. 연령, 성별, 교육 수준, 종교, 소득 등으로 집단을 세분화하는 것이다. 예를 들어, 새롭게 출시한 다이어트 제품에 대한 마케팅 전략을 수립할 때, 소비층을 '20대 대학생' '20대 직장인' 등으로 나누어 고려할 수 있다. 이는 B2C(business-to-consumer) 기업에 적용하기에 용이한 기준으로, 시장을 세분화하는 가장 기본적이고 접근하기 쉬운 방법이다.

둘째, **심리학적 변수(psychographic segmentation)**를 활용하는 방식이다. 라이프스타일, 성격, 가치관 등을 기준으로 집단을 나누는 것이다. 예를 들어, 1주일에 헬스장을 3회 이상 방문하는 소비자와 3회 미만으로 가는 소비자로 세분화할 수 있다. SNS 사용자를 기준으로는, 재미를 추구하며 SNS를 사용하는 사람과 정보를 얻기 위해 사용하는 사람으로 나눌 수 있다. 다만, 이 방법은 타깃 특성이 쉽게 변할 수 있고, 인구통계학적 변수에 비해 정보를 확보하기 어렵다는 한계가 존재한다.

셋째, **지리학적 특성(geographic segmentation)**을 이용한 방식이다. 지리적 위치, 기후, 지역 등 지리적 요인에 따라 집단을 세분화하는 것이다. 엄밀히 말하면, 이는 인구통계학적 세분화의 하위 개념으로 볼 수도 있다. 이 방식은 특정 지역에 속한 사람들은 비슷한 특성을 지니고 있을 것이라는 가정하에 물리적 특성을 활용하는 접근이다. 예를 들어, 매콤한 신제품 메뉴를 위한 마케팅 전략을 수립할 때, 소비자를 지역별로 나누고 '서울 강북 지역은 매운맛을 선호한다'는 통계가 있다면 이를 활용할 수 있다. 지리적 세분화를 통해 마케팅을 집중해야 할 지역을 명확히 설정할 수 있다는 장점이 있다.

넷째, 행동학적 특성(behavioral segmentation)을 기반으로 한 세분화 방식이다. 브랜드에 대한 태도, 구매 횟수, 브랜드 인지도, 자사 홈페이지 방문 빈도 등 브랜드와 관련된 행동 데이터를 기준으로 집단을 나누는 방식이다. 이 접근법은 소비자가 과거에 특정 시장이나 자사와 어떤 방식으로 상호작용했는지를 기준으로 한다. 예를 들어, 할인 쿠폰 프로모션을 기획할 때 자사의 제품을 한 번도 구매하지 않은 소비자, 최근 3개월 이내에 1회 구매한 소비자, 2회 이상 5회 이하로 구매한 소비자 등으로 군집화할 수 있다. 자사 홈페이지의 체류 시간이나 방문 횟수와 같은 정량적 변수는 홈페이지 태깅(tagging)을 통해 파악할 수 있다. 반면, 브랜드 태도, 충성도, 인지도 등 정성적 변수는 앞서 설명한 심리학적 세분화 방식과 유사한 접근이 필요하다.

이처럼 다양한 방식으로 자사의 제품 및 서비스를 구매할 가능성이 높은 소비자들을 특성에 따라 분류할 수 있다. 이는 앞으로 어떤 시장에 핵심적으로 마케팅을 집중할 것인지 판단하기 위한 가장 기초적인 작업이다. 그러나 이와 같은 전통적인 방식으로는 특정 집단에서 어떤 마케팅 퍼포먼스가 나타날지를 사전에 예측하기 어렵다는 한계가 존재한다.

AI의 가장 큰 강점은 방대한 빅데이터를 분석하고, 이를 기반으로 예측할 수 있다는 점에 있다. 특히 AI는 인간 마케터가 쉽게 파악하기 어려운 소비자의 심리나 숨은 니즈까지 분석해 낼 수 있게 해 준다. 예를 들어, 과거에는 특정 상품을 구매한 이력이나 구매 횟수를 기준으로 소비자 집단을 나누었다면, AI는 한 걸음 더 나아가 소비자의 선택 이면에 숨겨진 이유까지도 분석할 수 있다. 구매 이력뿐만 아니라, 소셜미디어에서의 상호작용, 고객지원 채팅 기록 등 다양한 데이터를 종합적으로 분석함으로써, 소비자가 선호하는 제품과 성향을 보다 포괄적으로 이해할 수 있게 된 것이다. 특히 AI는 축적된 소비자 데이터를 학습하여, 어떠한 집단이 향후 특정 제품을 구매할 가능성이 높은지, 어떤 유형의 고객이 이탈할 가능성이 높은지를 예측할 수 있는 강력한 도구로 작용한다. 이로 인해 세그먼트의 유형 자체도 새롭게 정의될 수 있다. 예를 들어, '1주일 이내에 자사 제품을 구매할 가능성이 높은 집단'에게 할인 쿠폰을 제공한다고 가정해 보자. AI를 활용하지 않을 경우에는 '자사 홈페이지에 1주일 동안 5회 이상 방문한 소비자'와 같이 비교적 단순한 기준을 기반으로 세그먼트를 구성하게 된다. 하지만 이러한 방식만으로는 어떤 집단이 실제 구매 가능성이 높은지에 대한 정밀한 예측이 어렵다.

반면, AI를 활용하면 '어떻게 세그먼트를 구성해야 하는가'에 대한 고민을 보다 쉽게 해결할 수 있다. 마케터가 AI에게 '1주일 이내에 자사 제품을 구매할 가능성이 높은 집단'이라는 명령어를 입력하면, AI 알고리즘은 소비자의 최근 방문 횟수, 방문 주기, 구매 빈도, 결제 금액 등 다양한 지표를 기반으로 가장 가능성이 높은 군집을 자동으로 구성한다. 이처럼 예측 기반 세그먼트는 보다 정확한 데이터를 바탕으로 구성되며, 해당 집단의 향후 행동까지 예측할 수 있다는 장점이 있다.

또한 AI를 세분화에 활용하면 집단을 보다 역동적으로, 유연하게 구성할 수 있다는 이점도 있다. 기존의 전통적인 방식에서는 세그먼트를 미리 구성한 후, 그 안에서 표적 집단을 선정하는 방식이 일반적이었다. 이때 기준이 되는 변수는 고정되어 있었기 때문에 소비자의 행동 변화나 환경 변화에 빠르게 대응하기 어려웠다. 특히 소비자의 행동 패턴이 실시간으로 변화하는 디지털 환경에서는 이 방식의 한계가 더욱 두드러졌다. 하지만 AI는 브랜드와 소비자의 첫 접점에서만 세그먼트를 구성하는 것이 아니라, 고객 여정 전반에 걸쳐 실시간으로 세그먼트를 구성할 수 있다. 예를 들어, 어도비(Adobe)의 고객 여정 분석(Customer Journey Analytics)을 활용하면, AI가 고객 여정의 다양한 단계에서 '유사한 행동을 보이는 고객'을 자동으로 식별하고, 이를 기반으로 새로운 세그먼트를 제안하거나 구성할 수 있다. 이와 같이 세분화 전략은 더 이상 고정된 틀이 아니라, AI를 활용하여 데이터 흐름에 따라 유연하게 재구성할 수 있는 형태로 진화하고 있다.

2) Targeting: AI 기반의 표적 시장 선정

세그먼트를 진행한 이후에는 어떤 집단을 중심으로 마케팅을 전개할 것인지, 즉 표적 시장(target market)을 선정하는 단계로 이어진다. 이 단계에서는 시장의 잠재력, 매력도, 수익성 등을 고려하여 한정된 예산 내에서 마케팅 목표를 달성하기에 가장 적합한 시장을 선택하게 된다. 이를 기반으로 선택할 수 있는 전략은 크게 세 가지로 구분된다. 비차별화 전략, 차별화 전략, 그리고 집중화 전략이다.

첫째, 비차별화 전략(undifferentiated)은 전체 시장을 하나의 집단으로 보고, 단일한 마케팅 전략으로 접근하는 매스 마케팅(mass marketing) 방식이다. 하나의 전략만을 수립하면 되기 때문에 비용이 적게 들고 실행이 단순하다는 장점이 있다. 그러나 소비자의 다양성과 세분화된 니즈를 고려하지 못한다는 한계도 존재한다. 이 전략은 특히 예산이 부족한 상황에서 시장에 새롭게 진입하고자 하는 브랜드가 고려해 볼 수 있는 방법이다.

둘째, 차별화 전략(differentiation)은 세분화된 여러 시장의 특성에 맞춰 각기 다른 마케팅 믹스 전략을 수립하는 방식이다. 다양한 소비자 니즈에 대응할 수 있어 고객 만족도와 시장 점유율을 높이는 데 유리하며, 각 시장별로 특화된 전략을 구성할 수 있다는 점에서 소비자 중심적 접근 방식이다. 그러나 복수의 시장에 대해 각각의 전략을 설계·운영해야 하므로, 더 많은 자원과 비용이 요구되며 운영 효율이 떨어질 수 있다.

셋째, 집중화 전략(concentrated)은 세분화된 시장 중 하나 또는 소수의 시장에만 집중하는 전략이다. 제한된 자원을 특정 시장에 집중 투자하여 경쟁 우위를 확보하는 것을 목표로 하며, 특정 틈새시장(niche market)에서 전문 브랜드로 성장할 수 있는 잠재력을 지닌 전략이다. 다만, 해당 시장에 대기업이나 경쟁 브랜드가 진입할 경우 대응 전략이 제한적일 수 있으며, 소비자의 이탈이 발생했을 때 대처가 어려운 위험성도 내포하고 있다.

이처럼 타깃팅 전략은 어떤 기준으로 시장과 소비자를 평가할 것인지(예: 성장성, 매력도, 전략 적합성), 그리고 어떤 방식으로 공략할 것인지(예: 비차별화 vs. 차별화 vs. 집중화)를 설정하는 중요한 단계이다.

(1) 전통 기법과 AI 활용의 차이

그렇다면 AI 시대에 전통적인 표적 시장 선정 방식은 어떻게 변화하고 있을까? 가장 두드러지는 변화는 바로 정교한 개인화

(personalization)와 실시간 타깃 조정(adaptive targeting)이 가능해졌다는 점이다.

과거에는 어떤 타깃팅 전략을 선택하든 정해진 기준에 따라 시장을 세분화하고 표적 시장을 고정해야 했다. 이 과정에서 소비자의 행동 변화나 복합적인 구매 요인은 반영되기 어려웠다. 예를 들어, '청소년 자녀가 하루 10시간 이상 의자에 앉아 있는 부모님'을 타깃으로 선정했다고 가정하자. 이는 자녀의 연령과 공부 시간을 기준으로 시장을 세분화하고 타깃을 설정한 것이다. 하지만 부모의 구매 결정 시기, 실제 구매 장소, 브랜드 인식 수준 등은 고려되지 않아 타깃의 정밀도가 떨어질 수밖에 없다. 이런 복합적 변수는 전통적 방식만으로는 파악하기 어려운 영역이었다. 하지만 AI 기능이 활성화되면서 잠재 소비자를 더 작게 세분화하여 개인화하는 것이 가능해졌다.

일본 기업인 이모션 인텔리전스(Emotion Intelligence)에서는 젠클럭(ZenClerk)이라는 서비스를 운영하는데, 이는 AI를 통해 적절한 구매 타이밍을 간파하여 할인 쿠폰을 제시해 주는 서비스이다. 이 서비스는 AI를 활용해 '구매할 가능성이 높은 최적의 타이밍'을 실시간으로 감지하여, 구매를 유도하는 맞춤형 쿠폰을 제공한다. ZenClerk는 온라인 방문자의 행동을 0.05초 간격으로 측정·분석한다. 장바구니 담기, 찜하기, 페이지 이탈 등 수많은 행동 데이터를 AI가 실시간으로 수집하고 학습하는 것이다. 그 결과, 구매를 망설이고 있는 고객을 정확히 포착하고, 최적의 순간에 할인 쿠폰을 자동으로 제시함으로써 구매 전환을 유도한다. 또한 사용자의 행동 수준과 예상 구매 금액에 따라 쿠폰 금액도 자동으로 달라진다. 이는 완전한 형태의 개인화된 타깃팅 경험을 실현하는 사례이다. 자체 조사에 따르면, 2015년 1월 기준 ZenClerk 도입 기업들의 누적 매출은 150억 엔을 돌파, 전환율(CVR)은 150~200% 증가한 것으로 나타났다(Vertical Platform, 2015).

미국의 슈퍼마켓 체인 세이프웨이(Safeway)는 고객 맞춤형 가격제인 '저스트 포 유(Just for U)' 프로그램을 운영하고 있다. 가격이라는 것은 사람마다 다르게 인지된다. 동일한 생선 가격이라 할지라도, 얼마나 자주 구매하였는지, 가족 구성원이 어떻게 되어 있는지에 따라 인식되는 가치는 달라진다. 예컨대, 어린 자녀가 있는 가족에게는 고칼슘 영양 섭취를 위한 필수 식재료가 될 수 있지만, 1인 가구에게는 그 가치가 크지 않을 수 있다.

AI는 이처럼 같은 제품이라도 소비자에 따라 다르게 인식되는 가치 차이를 반영한다. 과거 쇼핑 이력을 분석해, 소비자가 특정 제품을 얼마나 자주 구매했는지를 기반으로 맞춤형 할인 쿠폰을 제공하는 것이다. 이러한 쿠폰은 단순한 프로모션 수단을 넘어 1달러 쿠폰으로 8달러의 매출을 유도할 정도로 강력한 유인 효과를 가지며, 전체 매출의 약 45%가 맞춤형 쿠폰을 통해 발생하고 있다.

이는 전통적인 타깃팅 방식과는 뚜렷한 차이가 있다. 예를 들어, 전통적인 방식에서는 '장바구니에 상품을 담은 소비자'를 기준으로 쿠폰을 제공하는 전략을 택할 수 있다. 그러나 이런 방식은 0.01초 단위로 변화하는 소비자 행동을 포착하기 어렵고, 그만큼 정확한 타이밍에 맞는 유인 전략을 적용하기 어렵다는 한계가 존재한다. 반면, AI는 정교한 알고리즘을 바탕으로 세분화된 소비자 집단을 실시간으로 구성하고, 개인화된 마케팅 경험을 제공하는 것이다.

AI를 활용한 타깃팅의 또 다른 장점은, 타깃과 전략을 유동적으로 수정할 수 있다는 점이다. 앞서 소개한 ZenClerk의 사례에서도 볼 수 있듯, 쿠폰을 제시한 소비자가 실제로 구매 행동으로 이어졌는지에 대한 데이터를 실시간으로 수집하고, AI 알고리즘의 성능을 지속적으로 개선할 수 있다. 만약 예측한 소비자가 실제로 구매하지 않았다면, 타깃을 수정하거나 쿠폰 제시 시점을 조정하는 식으로 전략을 유연하게 수정할 수 있는 것이다. 반면, 전통적인 방식에서는 일단 메인 타깃층 또는 2차 타깃(secondary target)을 설정하고 나면, 그에 맞는 캠페인 전략을 구체적으로 설계해야 하므로, 타깃 변경이나 전략 수정이 쉽지 않았다.

(2) 맥락 타깃팅

최근 디지털 콘텐츠 소비가 증가함에 따라 전통적인 타깃팅을 넘어서는 전략으로 '맥락 타깃팅(Contextual Target.ng)'이 주목받고 있다. 이는 제품과 서비스의 고유 판매 제안(Unique Selling Proposition: USP) 또는 시간·장소·상황(Time, Place, Occasion: TPO)에 맞는 콘텐츠를 제작하고, 그 맥락에 적합한 사용자에게 광고를 노출하는 방식이다.

맥락 타깃팅은 크게 세 가지 유형으로 구분할 수 있다. 맥락 타깃팅의 첫 번째 유형은 콘텐츠 주제 기반 타깃팅(subject targeting)이다. 이는 게임, IT, 스포츠 등 특정 콘텐츠 주제를 중심으로 타깃을 구성하는 방식이다. 예를 들어, 어떤 사용자가 가장 많이 시청하는 콘텐츠가 야구 관련 영상이고, 자사 브랜드가 스포츠와 관련된 콘텐츠를 보유하고 있다면, 해당 사용자에게 자사 콘텐츠를 우선적으로 노출시키는 방식으로 타깃팅할 수 있다([그림 2-15] 참조).

AI는 검색 광고 영역에서도 새로운 키워드를 추천하거나, 광고 도달 범위를 자동으로 확장하는 기능을 수행한다. 예를 들어, 구글의 AI Max for Search 캠페인은 검색 광고에서 Google AI가 키워드를 자동으로 개선하고, 광고의 도달 범위와 전환 성과를 극대화할 수 있도록 설계된 시스템이다. 예를 들어, 마케터가 '빨간색 드레스'를 검색한 사용자에게 광고가 노출되도록 설정했다고 가정해 보자. 이 경우, 소비자가 '여름용 드레스'와 같이 다소 다른 표현을 검색하면 광고가 노출되지 않을 수 있다. 하지만 AI Max는 검색 의도에 따라 연관 키워드를 자동으로 확장하고, 검색 문맥에 맞게 광고 콘텐츠를 조정하여 보다 넓은 잠재 고객에게 도달할 수 있도록 한다. 실제로 이 기능을 활성화한 광고주는 평균적으로 14% 더 많은 전환 성과를 얻은 것으로 보고되었다.

맥락 타깃팅의 두 번째 유형은 '키워드 타깃팅(keyword targeting)'이다. 이는 브랜드 콘텐츠와 관련된 키워드가 포함된 콘텐츠를 타깃팅하는 방식이다. 예를 들어, 브랜드 콘텐츠가 떡볶이와 관련된 것이라면, '떡볶이' '분식' '야식 추천' 등과 같은 키워드가 포함된 미디어 영상 앞에 광고를 노출시키는 전략이다. 사용자가 시청하는 콘텐츠의 주제와 일치하는 광고를 제공함으로써 광고의 맥락 일치성과 몰입도를 높이는 것이 핵심이다.

맥락 타깃팅의 세 번째 유형은 '인플루언서 타깃팅'이다. 이는 특정 인플루언서 또는 특정 분야의 인플루언서를 중심으로 타깃팅하는 방식이다. 예를 들어, 브랜드 콘텐츠가 여행과 관련되어 있다면, 여행 분야의 다양한 크리에이터 또는 특정 인플루언서 채널을 타깃팅하여 광고를 집행할 수 있다. 유튜브 콘텐츠의 상당수는 인플루언서에 의해 제작되고 있으며, 이들의 영향력은 지속적으로 확대되고 있기 때문에, 인플루언서 기반 타깃팅은 향후 더욱 중요해질 전략으로 평가된다.

3. AI를 활용한 STP 전략의 변화

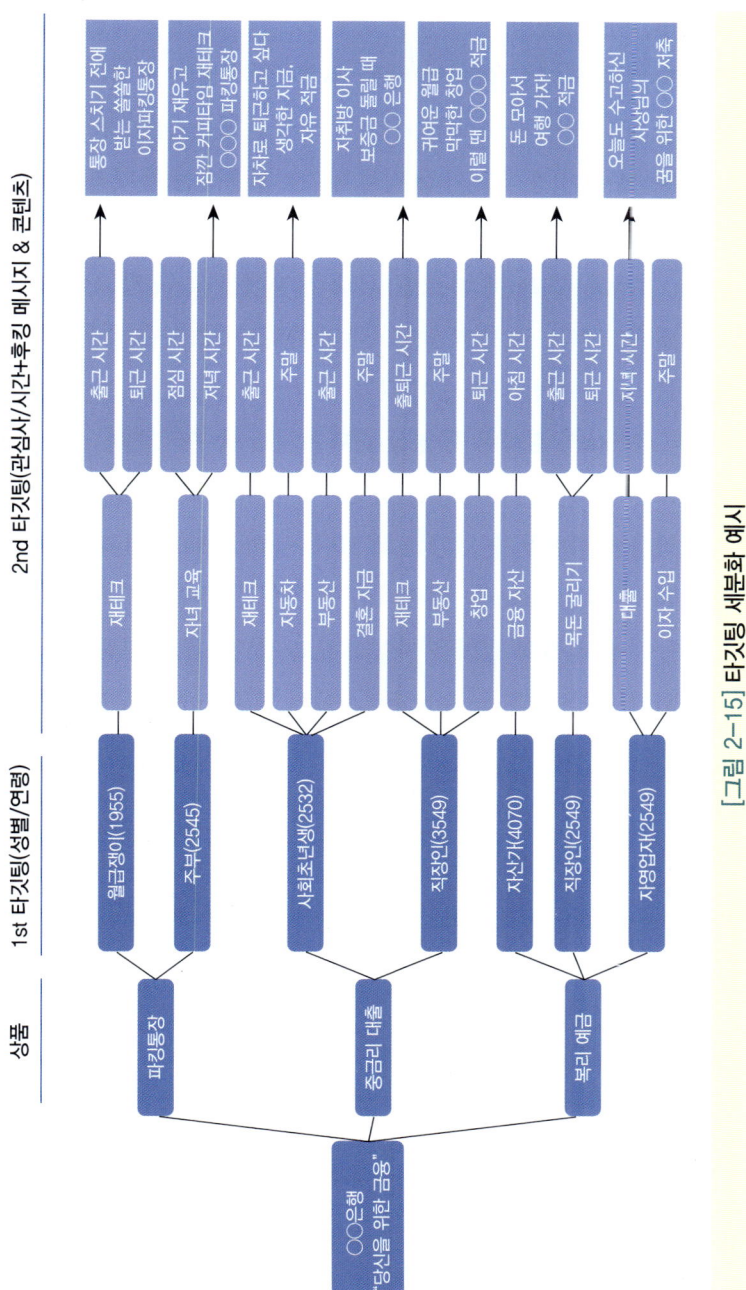

[그림 2-15] 타겟팅 세분화 예시

(3) 행동 기반 타깃팅

　맥락 타깃팅 외에도 디지털 행동 데이터를 기반으로 한 타깃팅 방식은 현재 디지털 광고에서 가장 널리 활용되는 전략 중 하나이다. 국내에서는 이 방식을 가장 적극적으로 활용하는 플랫폼으로는 Meta(페이스북 및 인스타그램)가 대표적이다. 시장조사 기관 센서타워(Sensor Tower, 2024)에 따르면, 국내 시장에서 Meta 광고에 집행된 디지털 광고비는 약 17억 5천만 달러(한화 약 2조 5,540억 원)에 달한다. 이는 행동 기반 타깃팅이 갖는 시장성과 효율성을 보여 주는 수치이다. Meta의 강점은 동영상 콘텐츠의 노출부터 최종 구매 전환까지 소비자의 디지털 행동을 정밀하게 분석하고, 이를 기반으로 광고 전략을 최적화할 수 있다는 데 있다. 특히 Meta의 AI 타깃팅 솔루션인 'Meta Advantage'는 기존의 수동 운영 방식에서 벗어나 타깃팅, 콘텐츠, 광고 집행 전반을 자동화하고 성과를 극대화하는 구조를 제공한다. 다음은 Meta Advantage에서 제공하는 대표적인 기능이다.

---

1) 원클릭 자동화 캠페인: 클릭 한 번으로 수동식 캠페인을 AI 기반 자동화 전환
2) 자동 vs. 수동 캠페인 성과 비교: AI 기반 캠페인과 수동식 캠페인 성과 비교 가능한 대시보드 제공
3) 자동화 캠페인으로 영상 소재 지원: 자동화된 영상 캠페인 소재 가능
4) 메타 어드벤티지 + 오디언스: AI를 통해 타깃팅 고도화 및 커머스 연계
5) AI 샌드박스: 광고 소재 자동화(텍스트, 배경, 비율 등)

출처: Meta.

이 타깃팅의 핵심은 '픽셀(Pixel)'이다. 픽셀은 웹사이트에 삽입되는 추적 코드로, 소비자가 웹사이트 내에서 수행한 행동(예: 제품 클릭, 장바구니 담기, 결제 버튼 클릭)을 기록한다. 이러한 행동 데이터는 '타깃 모수(Target Parameter)'로 저장되며, 마케터는 이를 기반으로 디지털상에서 확보된 타깃 그룹을 구성하게 된다.

디지털 행동 기반 타깃팅은 크게 '맞춤 타깃'과 '유사 타깃'의 두 가지 유형으로 구분된다. 첫째, '맞춤 타깃'은 소비자가 자발적으로 제공한 정보(예: 이메일, 전화번호 등)나 웹사이트 방문 이력, 이벤트 참여 등에서 수집한 행동 데이터를 기반으로 광고를 운영하는 방식이다. 이때의 행동 데이터란 사용자가 어떤 페이지를 몇 초 동안 시청했는지, 특정 영상을 반복 재생했는지, 장바구니에 상품을 담아 둔 채 일정 기간 결제하지 않았는지 등의 기록을 의미한다. 이러한 데이터를 기반으로 특정 조건에 부합하는 집단, 즉 타깃 그룹을 정의할 수 있으며, 예를 들어 '장바구니에 상품을 담았지만 3일 이상 결제하지 않은 미결제 소비자'를 별도 그룹으로 설정하여 이들에게 리마인드 광고를 집행할 수 있다.

둘째, '유사 타깃'은 현재 설정된 핵심 타깃과 유사한 행동 패턴이나 특성을 지닌 잠재 소비자를 찾아내어 캠페인을 확장하는 기법이다. 이는 타깃 규모를 넓히고, 전환 가능성이 높은 새로운 소비자를 발굴하기 위해 사용된다. 플랫폼에 따라 용어에는 차이가 있으며, Meta(페이스북 및 인스타그램)에서는 '유사 타깃', Google Ads에서는 '유사 세그먼트(Lookalike Segments)'라는 용어를 사용한다. 예를 들어, 현재 진행 중인 캠페인에서 30대 여성 직장인 집단이 높은 반응을 보이고 있다고 가정해 보자. 이들이 보유한 검색 이력, 클릭 패턴, 구매 내역 등의 행동 데이터를 기반으로, AI는 유사한 행동 특성을 가진 다른 사용자들을 자동으로 탐색하고 새로운 타깃 집단으로 설정할 수 있다. 이렇게 확장된 타깃팅은 캠페인의 전체 성과를 극대화하는 데 기여할 수 있다.

유사 타깃 설정에서 가장 핵심적인 요소는 타깃 크기의 설정이다. 일반적으로 0%에서 10%까지 조정이 가능하며, 이 수치는 기존 맞춤 타깃과의 유사도를 의미한다. 숫자가 낮을수록 기존 타깃과 유사한 소비자를 더 정밀하게 타깃팅할 수 있으며, 예를 들어 1% 유사 타깃은 기존 타깃과 가장 유사한 상위 1%의 사용자를 의미한다. 이 경우 타깃의 정확도는 높지만 규모는 작다. 반면, 10% 유사 타깃은 보다 넓은 범위의 사용자를 포함하여 규모는 크지만 유사도는 떨어지는 경향이 있다. 따라서 마케터는 유사 타깃을 설정할 때 타깃 크기를 구간별로 나누어 테스트를 실시하고, 각 구간의 전환율 및 클릭률 등 성과 데이터를 분석하여 최적의 타깃 규모를 도출하는 것이 바람직하다. 이러한 데이터 기반의 접근은 브랜드 성격과 캠페인 목적에 따라 맞춤화된 타깃팅 전략을 수립하는 데 필수적이다.

(4) 매체사 활용 예시

그렇다면 실제로 매체사를 활용할 경우에는 어떤 방식으로 타깃팅이 가능할까? 가장 기본적인 타깃팅은 성별, 연령 등을 기준으로 하는 인구통계학적 타깃팅이며, 이는 대부분의 광고 매체사에서 제공하고 있다. 그러나 최근에는 이보다 더 정교한 행동 기반 타깃팅이 가능해지고 있다. 예를 들어, 카카오에서는 광고 반응 기반 타깃팅 기능을 제공한다. 광고 영역 중 한 곳이라도 클릭한 사용자, 동영상을 3초 이상 또는 25% 이상 시청한 사용자, 카카오톡 채팅방을 열어 메시지를 확인한 사용자 등 실제 광고와 상호작용한 행동을 기반으로 타깃을 정의할 수 있다. 네이버에서는 관심사 기반 타깃팅이 가능하다. 예를 들어, 스포츠, 여행, 영화 등 특정 관심사를 가진 사용자에게 타깃팅 광고를 집행할 수 있는 기능이 제공된다.

흥미로운 점은 AI가 실시간으로 변화하는 소비자의 행동을 포착하여 타깃 집단이 실시간으로 갱신될 수 있다는 것이다. 예를 들어, 자사 제품을 장바구니에 추가한 소비자를 타깃으로 설정했다고 하자. 광고가 집행되고 있는 동안에도 이 타깃 집단은 실시간으로 확장되고, 새로 유입된 사용자가 즉시 타깃팅 대상에 포함될 수 있다. 또한 AI는 타깃 자체를 추천해 주는 역할도 수행할 수 있다. 예를 들어, 새롭게 출시된 공기청정기의 인지도를 높이고자 할 경우, 마케터는 '공기청정기 할인'을 검색한 사용자들을 수동으로 타깃팅할 수 있다. 이때, AI는 이 검색어와 관련된 광고 클릭 이력을 분석하여 전환 가능성이 높은 세그먼트를 자동으로 추천해 줄 수 있다. 예를 들어, 과거에 '공기청정기 필터 교체 주기' '여름철 미세먼지 대처법' '아기방 공기청정기 추천'과 같은 연관 키워드를 검색하고, 관련 광고를 클릭하거나 제품 상세페이지에 체류한 이력이 있는 사용자들을 AI가 추출하여, 잠재 전환율이 높은 유사 사용자 그룹으로 추천할 수 있다.

혹은 AI가 사용자의 관심사를 스스로 유추하여 새로운 세그먼트를 제안할 수도 있다. 예를 들어, 특정 지역의 레스토랑을 외국인 관광객에게 홍보하고자 할 경우, 해당 지역의 호텔, 관광지 등을 검색한 사용자를 기반으로 해당 지역을 방문할 가능성이 높은 잠재 고객을 식별할 수 있다. 마케터는 이 세그먼트를 타깃팅에 추가하고, 광고 도달 범위를 실시간으로 확장할 수 있다. 이러한 방식은 단순히 성별이나 연령 같은 정적인 인구통계학적 특성 기반 타깃팅보다 훨씬 높은 효율을 창출한다. 일부 고급 타깃팅 기능은 유료로 제공되기도 하지만, 광고 성과(예: 노출, 클릭, 앱 설치)가 뛰어나기 때문에 활용도는 계속해서 증가하고 있다.

또한 현재 글로벌 소셜미디어 플랫폼인 Meta, Google, TikTok 등은 모두 **AI 기반의 타깃팅 및 성과 최적화를 위한 광고 솔루션**을 자체적으로 운영하고 있다. 최근에는 이러한 콘텐츠 중심 플랫폼뿐만 아니라 쿠팡과 같은 e커머스 플랫폼 또한 자체 광고 상품을 출시하며, 마케팅 채널로서의 영향력을 확대하고 있다. 국내 1위 e커머스 플랫폼인 쿠팡은 "안 파는 물건이 없다"라는 말이 나올 만큼 다양한 제품군을 보유하고 있으며, 소비자의 인구통계 정보, 검색 이력, 관심사, 구매 패턴 등 방대한 1st-party 데이터를 기반으로 광고 솔루션을 구축하고 있다.

쿠팡의 광고 시스템은 신규 고객 발굴, 최적의 타깃팅, 광고비 입찰 등의 과정을 AI 기반으로 자동화하고 있으며, 마케터는 이를 통해 정밀하고 효율적인 캠페인 운영이 가능해졌다([그림 2-16] 참조). 특히 마케터 입장에서 쿠팡 광고가 주목받는 이유는 사용자 대부분이 구매 의도를 갖고 플랫폼에 유입된다는 점에 있다. 이는 콘텐츠 중심 플랫폼 대비 전환 가능성이 높은 구조이며, 이미 축적된 대규모 구매 행동 데이터를 활용한 정교한 타깃팅이 가능하다는 점에서 큰 장점을 가진다. 결국 쿠팡은 단순한 광고 매체를 넘어 실질적인 전환 중심 마케팅 플랫폼으로 진화하고 있으며, AI 기술을 통해 캠페인 운영의 정밀도와 효율성을 극대화할 수 있도록 돕고 있다.

앞서 살펴본 사례들은 온라인 환경을 기반으로 한 타깃팅 전략에 해당한다. 반면, 오프라인에서는 소비자의 행동을 실시간으로 추적하거나, 과거에 어떤 관심사를 가졌는지를 파악하는 것이 어렵기 때

3. AI를 활용한 STP 전략의 변화

[그림 2-16] 쿠팡의 AI 타깃팅 요약 및 효율

출처: 쿠팡 광고 공식 홈페이지.

문에 개인화된 메시지를 제공하는 데 한계가 있었다. 그러나 최근에는 다양한 혁신 기술이 오프라인에서도 소비자에게 맞춤형·몰입형 경험을 제공하는 것을 가능하게 만들고 있다. 이를 잘 보여 주는 사례가 바로 유니클로(UNIQLO) 오스트레일리아 지사의 '유무드(UMOOD)' 프로모션이다. 이 프로모션은 매장을 방문한 고객의 감

정 상태를 분석하고, 해당 감정에 어울리는 티셔츠를 추천해 주는 서비스이다. 소비자는 신경과학 기술이 적용된 뉴로 헤드셋(neuro-headset)을 착용하고, 대형 스크린에 나타나는 강아지, 고양이 등 다양한 이미지나 영상을 감상하게 된다. 이 과정에서 장비는 소비자의 뇌파를 실시간으로 분석하고, 알고리즘을 통해 감정 상태를 파악한 뒤, 그에 적합한 티셔츠를 추천해 준다. 단순히 하나의 제품만 제안하는 것이 아니라, 유사한 제품을 함께 보여 줌으로써 소비자의 선택 범위를 넓히고 구매 욕구를 자극하는 방식이다.

이와 같이 AI와 신경과학 기술을 활용하면 온라인뿐 아니라 오프라인에서도 소비자의 감정과 취향을 반영한 맞춤형 경험을 설계할 수 있다. 특히 오프라인 공간에서는 소비자가 구체적으로 어떤 제품을 구매할지 결정하지 않은 경우가 많기 때문에, 이처럼 개인화된 제품 추천은 선택지를 제시하고 구매 결정을 돕는 긍정적인 쇼핑 경험으로 이어질 수 있다. 즉, AI는 오프라인 유통 환경에서도 마케팅의 개인화 수준을 한층 높이고, 브랜드와 소비자 간의 상호작용을 더욱 풍부하게 만들어 주는 핵심 수단이 될 수 있다.

3) Positioning: AI 기반의 포지셔닝

포지셔닝은 타깃 소비자의 인식 속에 자사 브랜드만의 차별화된 위치를 구축하는 전략이다. 전통적으로는 [그림 2-17]과 같이 시장 조사를 기반으로 소비자 인지 지도(Perceptual Map)을 작성하거나, 경쟁사와의 상대적 위치를 비교하고, 핵심 메시지를 설정한 뒤 캠페인을 통해 일관된 커뮤니케이션을 실행하는 방식이 활용되어 왔다. 소비자 인지 지도는 브랜드 또는 제품이 소비자에게 어떻게 인식되

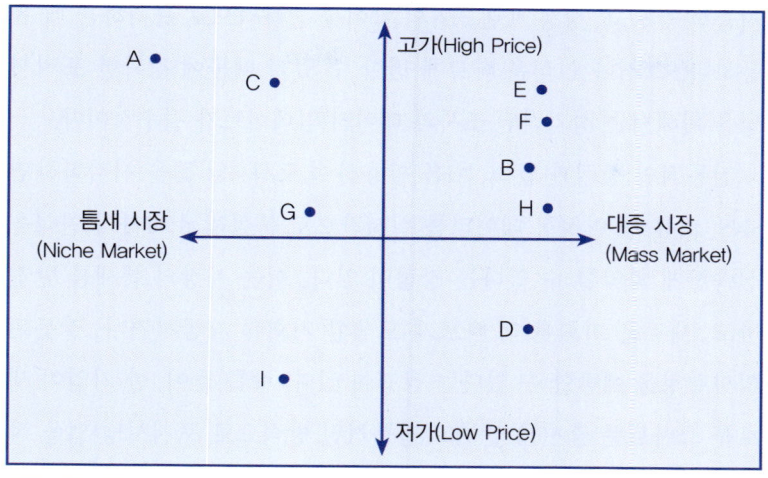

[그림 2-17] 소비자 인지 지도(Perceptual Map)

출처: Harvard Business School Online. (2025).

고 있는지를 시각적으로 표현한 것으로, 일반적으로 X축과 Y축에 소비자가 중요하게 여기는 속성(예: 가격, 혁신성)을 배치한 2차원 구조로 구성된다. 일부 상황에서는 3차원으로 확장할 수도 있지만, 이는 해석의 복잡성과 시각화 한계로 인해 실무에서는 흔하지 않다. 예를 들어, 가격과 혁신성을 기준으로 맵을 구성했을 때, '고가·고혁신' 영역에는 아이폰(iPhone)이나 삼성의 갤럭시 Z Fold가 위치할 수 있고, '저가·중간 혁신'에는 샤오미, '중가·저혁신'에는 일부 로컬 브랜드가 자리할 수 있다. 이러한 구조는 소비자가 각 브랜드를 어떻게 인식하고 있는지를 한눈에 파악할 수 있게 해 준다. 그러나 이 방식은 소비자 인식의 변화를 실시간으로 반영하기 어렵다는 한계를 지닌다. 소비자 인지 지도에서 중요한 점은 객관적인 제품 성능이 아닌 소비자의 인식을 중심으로 브랜드의 상대적 위치를 판단한다는 점이다. 따라서 소비자가 실제로 브랜드를 어떻게 보고 있는지를 파악하고, 경쟁 브랜드와의 차이를 전략적으로 관리하는 데 유용하다. 그러나 인식은 빠르게 변할 수 있기 때문에 정확한 포지셔닝을 위해서는 정기적인 조사와 데이터 업데이트가 필수적이다.

전통적인 방식과 달리, AI를 활용하여 포지셔닝 맵을 시각화하면 SNS, 리뷰 등 비정형 데이터를 실시간으로 분석해 소비자의 인식을 신속하게 파악할 수 있다는 장점이 있다. 이는 시장의 틈새를 발견하고, 새로운 기회를 더 빠르게 모색할 기회를 제공하거나, 잘못된 의사결정을 예방할 수 있다는 장점이 있다. 예를 들어, 한 기업이 새로운 스마트폰 출시를 앞두고 전통적인 방식으로 포지셔닝 맵을 작성했다고 가정해 보자. 분석 결과를 바탕으로 '경쟁사 A보다 20% 빠르면서 가격은 절반인 스마트폰'이라는 포지셔닝 전략을 세웠다. 그러나 같은 시기에 SNS에서는 최근 출시된 해당 브랜드의 노트북이 "저렴하지만 성능이 떨어진다"라는 소비자 평가가 빠르게 확산되고 있었다고 하자. 전통적인 방식만 사용했다면 이러한 실시간 부정 인식을 놓칠 수 있고, 결과적으로 '가격 경쟁력이 높다'는 브랜드의 강점이 소비자 인식 속에서는 '저가=저품질'로 전환될 위험이 있다. 하지만 AI를 통해 분석했다면 이러한 변화를 즉시 포착하여 포지셔닝을 조정함으로써, 출시 제품의 메시지와 시장 반응 간 불일치로 인한 부정적 영향을 사전에 방지할 수 있다.

한유진과 이현수(2023)는 소셜미디어 데이터를 기반으로 브랜드 점포 이미지를 정량화하고, AI 딥러닝 모델인 CNN(Convolutional Neural Network)을 활용하여 포지셔닝 맵을 생성할 수 있는 연구를 발표하였다. CNN은 이미지나 영상 인식에 특화된 딥러닝 기술로, 사람의 시각 체계처럼 이미지의 특성을 계층적으로 추출하여 분류하는 방식이다. 예를 들어, 필터(3×3, 5×5 등)를 활용해 경계선이나 색상 등의 시각적 특징을 추출하고, 풀링(pooling) 과정을 통해 데이터 크기를 축소하는 식이다. CNN은 자율주행 자동차의 영상 인식, 소셜미디어의 사진 및 얼굴 태그, 로봇청소기의 장애물 감지, 신분증 검사 등 다양한 분야에서 활용되고 있다.

이 연구에서는 점포 인테리어 사진 400장을 CNN 모델에 학습시켜 브랜드별 점포 이미지를 정량화하고, 이를 바탕으로 2차원 포지셔닝 맵을 구성하였다. 나아가 동일한 점포에 대해 실제 소비자 대상 설문조사를 병행하여 생성된 맵과 비교함으로써, AI 기반 포지셔닝 맵의 타당성을 검증했다. 연구 결과, [그림 2-18]에서 확인할 수 있듯이 브랜드별 위치 간의 차이는 일부 존재했지만, 대체로 유사한 결과를 보였다. 이 연구는 오프라인 매장의 브랜드 인식을 대규모로 조사하는 것이 비용·시간 측면에서 어렵다는 점을 고려할 때, 소셜미디어 이미지 데이터만으로도 브랜드 포지셔닝을 파악할 수 있다

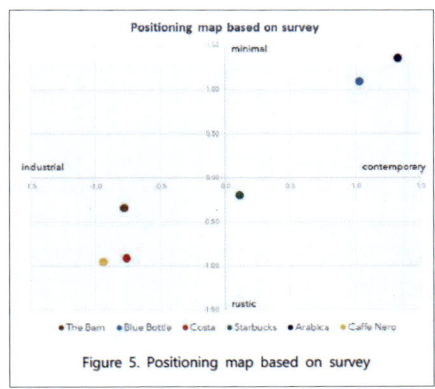

서베이를 통한 포지셔닝 맵

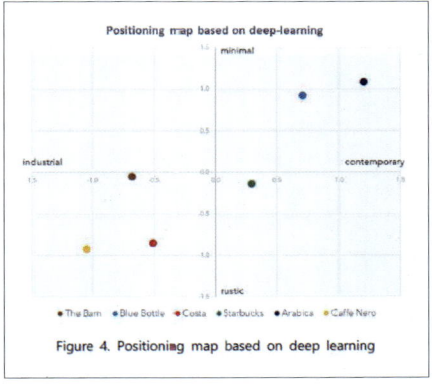

딥러닝을 통한 포지셔닝 맵

[그림 2-18] 서베이를 통한 포지셔닝 맵과 소셜 이미지 데이터 및 딥러닝을 통한 포지셔닝 맵 비교

출처: 한유진, 이현수(2023. 2. 28.).

는 가능성을 제시했다. 따라서 소비자 인식 기반의 브랜드 전략 수립에서 AI 기술의 실용성을 보여 주는 대표 사례라고 할 수 있다.

또한 앞서 소개한 CNN 기반의 AI 분석 기법 외에도, 다양한 데이터 형식을 시각화하는 AI 기반 툴의 활용도 주목받고 있다. 최근에는 유튜브 링크, PDF, 워드 문서 등 다양한 형식의 입력 데이터를 기반으로 마인드맵처럼 자동으로 시각화해 주는 AI 플랫폼들이 등장하고 있다. 대표적으로 MyMap.AI, MindMap, Mapify 등은 비정형 텍스트를 구조화하여 시각적으로 정리해 주는 기능을 제공한다([그림 2-19] 참조). 이러한 도구에 포지셔닝 맵 지표(예: 가격, 혁신성)를 템플릿으로 활용하면, 브랜드별 상대적 위치를 빠르게 시각화할 수 있어 마케팅 실무에서의 활용 가능성이 크다.

이처럼 전통적인 시장 조사와 설문 중심의 포지셔닝 기법에 AI 기술을 접목함으로써, 실시간 데이터 반영, 분석 자동화, 시각화 효율성 등 다양한 장점이 더해지고 있다. 특히 변화하는 소비자 인식을

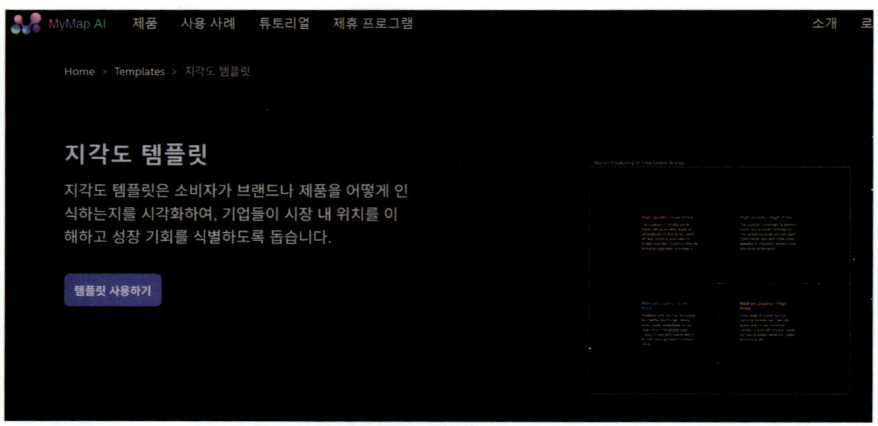

[그림 2-19] MindMap.AI의 지각도 소개

출처: mymap.ai 홈페이지.

민감하게 반영해야 하는 오늘날의 마케팅 환경에서는, AI 기반의 포지셔닝 전략이 새로운 경쟁우위를 창출하는 중요한 수단이 될 수 있다. 따라서 앞으로의 브랜드 전략에서는 AI 기술을 활용한 동적 포지셔닝(dynamic positioning)이 점점 더 필수적인 요소로 자리 잡을 것으로 전망된다.

4) 변화된 디지털 STP 전략과 한계성

지금까지 마케팅 전략의 핵심 구성 요소인 STP(Segmentation, Targeting, Positioning)가 AI를 통해 어떻게 변화하고 있는지를 살펴보았다([그림 2-20] 참조). 오늘날 기업들은 시장, 고객, 경쟁사 정보를 보다 정확하고 빠르게 수집·분석하기 위해 AI를 전략적으로 활용하고 있다. 특히 디지털 환경에서 생성되는 방대한 데이터를 기반으로, 세분화(Segmentation)-타깃팅(Targeting)-포지셔닝(Positioning) 전략 전반에 걸쳐 AI의 역할은 점차 확대되고 있다. 예를 들어, AI는 시장 세분화 단계에서 웹사이트, 앱, SNS 등 채널별로 흩어져 있는 고객 행동 데이터를 통합하고 분석함으로써 세그먼트(Segment) 집단을 보다 정교하게 정의할 수 있다. 나아가, 각 세그먼트 집단의 구매력, 충성도, 이탈 가능성 등을 기반으로 우선순위가 높은 그룹과 중장기 관리가 필요한 그룹을 분류하는 데에도 유용하다. 마지막으로, 이러한 집단의 브랜드 및 구매 데이터를 분석해 소비자의 인식을 재평가하고, 이를 바탕으로 맞춤형 포지셔닝 전략을 도출할 수 있다.

그럼에도 불구하고 AI 기반 STP 전략에는 여전히 몇 가지 구조적 한계가 존재한다. 가장 대표적인 문제는 데이터 간 비정형성과 단절

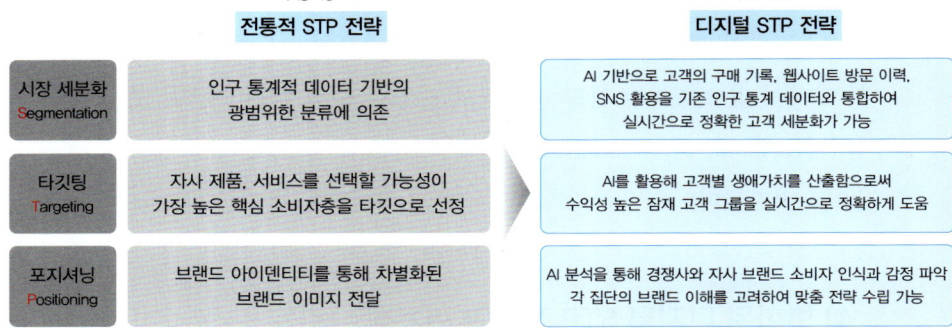

[그림 2-20] AI 기술의 마케팅 활용 사례와 공공부문 적용 방향

출처: 한국지능정보사회진흥원(2024)에서 재구성.

성이다. 예컨대, 디지털 마케팅 플랫폼에서 자주 활용되는 구글 애널리틱스(Google Analytics)는 온라인 행동 데이터를 중심으로 구성되어 있어, 오프라인 리테일의 구매 데이터와 형식·해석 방식이 다르다. 이로 인해 동일한 소비자를 대상으로 온·오프라인에서 통합적인 마케팅 캠페인을 진행하더라도, 각각을 다른 소비자로 인식해야 하는 비효율이 발생한다.

과거 옴니채널 마케팅은 이러한 데이터 단절 문제를 해결하고자 제시되었지만, 비용 부담, 기술 구현의 복잡성, 시스템 간 통합의 어려움 등의 이유로 아직 실무 현장에서는 널리 확산되지 못하고 있다. AI 기술이 향후 발전하여 소비자의 모든 접점 데이터(예: 웹사이트 방문, 오프라인 구매, SNS 반응)를 통합적으로 분석할 수 있는 일원화된 마케팅 플랫폼이 상용화된다면 이러한 문제는 일정 부분 해결될 수 있을 것이다. 그러나 아직까지는 기술적·현실적 제약이 존재한다.

이러한 상황에서 마케터가 취할 수 있는 현실적인 접근은 다양한

AI 도구를 목적에 맞게 유기적으로 활용하면서, 시장과 소비자에 대한 통합적인 인사이트를 축적하는 것이다. AI는 본질적으로 '도구'일 뿐이다. 마케터가 이를 어떻게 해석하고 적용하느냐에 따라 전략의 방향성과 그 효과는 달라진다. 즉, AI는 마케팅 의사결정을 '대체'하는 것이 아니라 마케터의 통찰력을 증폭시키는 조력자(enabler)로 이해해야 한다. 따라서 변화된 디지털 환경에서의 STP 전략은 AI의 기술적 역량과 인간 중심의 전략적 사고가 결합될 때 비로소 그 진가를 발휘할 수 있다. AI가 제공하는 데이터를 단순히 수용하는 데 그치지 않고, 이를 비판적으로 분석하고 전략적으로 재구성할 수 있는 디지털 리터러시와 마케팅 감각이 더욱 중요해지고 있다.

4. 마케팅 믹스 전략의 진화: 4P에서 4C로, 그리고 AI와의 결합

전통적인 마케팅 믹스는 흔히 4P 전략이라 불리는 기법을 의미한다. 4P란 제품(Product), 가격(Price), 유통(Place), 촉진(Promotion)의 머리글자를 딴 용어로, 미국 마케팅학자 제롬 맥카시(E. Jerome McCarthy)가 1960년에 처음 제안한 개념이다. 당시에는 마케팅이라는 개념 자체가 생소하고 연구도 미비했기 때문에, 기업이 통제 가능한 범위 내에서 마케팅 전략을 구성할 수 있도록 도운 이 모델은 학계와 업계 모두에서 큰 주목을 받았다. 마케팅 믹스는 네 가지 측면에서 각각 전략적으로 구상한 내용을 적절하게 조합(mix)하여 마케팅 활동의 시너지를 극대화하는 데 있다. 그러나 시간이 흐르면서 시장 환경은 급격히 변화했고, 특히 소비자 중심의 패러다임 전환이 일어나면서 기존 4P 전략의 한계가 지적되기 시작했다.

이에 따라 1990년, 로버트 로터번(Robert Lauterborn)은 기업 중심의 4P 개념을 보완하고자 4C 전략을 제안하였다. 4C는 소비자(Consumer), 비용(Cost), 편의성(Convenience), 소통(Communication)을 강조하며, 기업이 아닌 소비자 관점에서 마케팅 전략을 구성할 필요성을 강조한다. 이는 특히 대량 소비 시대 이후, 소비자의 욕구가 다양해지고 시장 경쟁이 치열해진 환경에서 더욱 유효한 접근 방식으로 받아들여졌다. 현대에는 4P에서 4C의 관점을 차용해야 한다는 주장이 우세하지만 AI 시대에는 둘의 관점을 적절히 결합할 수 있을 것으로 보인다. 지금부터는 4P 전략이 AI가 등장한 이래로 어떻게 변화하고 있으며, 동시에 4C 전략을 어떻게 취할 수 있을지 살펴보고자 한다.

1) 제품(Product)에서 소비자(Consumer)로

제품이란 소비자의 필요와 욕구를 충족시키는 유형·무형의 모든 것을 의미한다. 단순히 물리적인 상품뿐만 아니라 서비스, 경험, 이미지, 상징적 가치까지 포괄한다. 그래서 제품이라고 하는 것은 기능적인 측면은 물론 제품의 디자인, 속성, 브랜드의 가치를 생성하고 증진하며 유지하는 브랜딩과도 밀접하게 관련이 있다. 예를 들어, 동일한 기능을 가지고 있는 스마트폰이라 할지라도 애플(Apple)이라는 브랜드가 붙는 순간, 애플이라는 정체성과 디자인의 철학이 함께 담겨져 있기에 단순한 기계가 아닌 그 이상의 가치를 지닌다. 브랜드가 제품을 어떻게 스토리텔링 하는지가 중요하다는 것은 브랜드의 구조를 이해함으로써 더욱 명확히 할 수 있다. 브랜드의 구조는 크게 두 가지로 나뉜다. 첫째, Branded House이다. 이는 한 기업이 다양한 브랜드를 가지고 있을 때를 의미한다. 예를 들어, BMW가 새로운 차를 출시할 때 시리즈로 상품화하거나, 구글이 새로운 서비스를 출시할 때 'Google Map' 'Google Drive' 'Google Photo'처럼 각각이 다른 제품이지만 하나의 아이덴티티를 갖고 있는 것을 의미한다. 이는 브랜드가 가지고 있는 기존 가치를 확장하고 유지할 수 있다는 장점이 존재한다.

둘째, House of Brands이다. 이는 P&G처럼 개별 브랜드가 각각 독립적으로 운영되는 방식을 의미한다. 'Pampers' 'Gillette' 'Tide'는 모두 개별 브랜드처럼 보이지만 모두 P&G 제품이다. 브랜드의 유니크한 특징을 살려서 차별화된 전략이 가능하다는 장점이 있다. 만일 코카콜라가 새로운 에너지 드링크를 개발한다고 하면 이미지가 상충할 수 있다. 달콤한 이미지가 연상되는 코카콜라와 건강, 웰빙의 이미지가 강한 에너지 드링크를 연결하면 소비자에게 오히려 혼란을 주거나 거부감을 줄 수 있어 House of Brands로 독립적인 브랜드를 내는 것이 효과적일 것이다.

(1) AI를 제품 디자인에 활용하다

이처럼 브랜드 구조의 다양성은 존재하지만, 마케팅 믹스의 핵심인 제품은 변함없이 기업이 시장 세분화를 거쳐 특정 타깃에게 제공하는 유형의 재화나 서비스, 그리고 그것이 담고 있는 상징적 의미까지 포함한다.

전통적으로 소비자는 기업이 일방적으로 제작한 제품을 수동적으로 소비하는 존재였다. 그러나 디지털 시대가 도래하면서 소비자는 단순한 수용자가 아닌 제품 개발에 참여하는 능동적 주체, 즉 '프로슈머(Prosumer)'로 변화하고 있다. 프로슈머는 생산자(producer)와 소비자(consumer)의 합성어로, 제품의 설계나 개선 과정에 의견을 제시하며 기업의 생산 활동에 실질적인 영향을 미친다. 이러한 변화는 AI의 등장과 함께 더욱 가속화되고 있다. 특히 제품 디자인 및 개발 초기 단계에서 AI는 소비자 중심 사고를 구체화하는 도구로 활용된다.

① 1,000개의 디자인을 단 1시간 만에

패키지 디자인 AI 솔루션을 제공하는 플러그(Plug)는 디자인 초안 생성부터 선호도 예측까지 전 과정을 AI가 수행하는 서비스를 운영하고 있다. 해당 기술은 약 1,000개의 디자인 초안을 단 1시간 만에 생성하며, 920만 명의 소비자 조사 데이터를 바탕으로 타깃 소비자가 선호할 가능성이 높은 디자인을 추출해 낸다. 나아가 성별, 연령대, 관심사 등 세그먼트 조건에 따른 선호도 지수를 제시하고, 상품 패키지 디자인 중에서 소비자가 어느 디자인에 주목을 집중할 것인가에 대한 히트맵도 제공한다. 과거에는 상품 디자인이 생산자 관점에서 개발되어 왔다면 AI를 활용함으로써 소비자 관점에서 제작이 가능해진 것이다. 이는 과거처럼 수차례 전략 회의를 거쳐 하나의 마케팅 요소(예: 이미지)를 개발하던 방식과 비교할 때, 개발 속도와 소비자 중심성 측면 모두에서 획기적인 효율성을 확보한 것이라고 할 수 있다.

② 전체 콘텐츠 중 '좋아요' 2위 등극

유통업계의 사례도 주목할 만하다. GS25는 생성형 AI를 활용하여 '심플리쿡 떠먹는 타코' '제철 열무 샐러드' '프룻후룻 과일젤리' 등의 제품 패키지를 디자인하고 콘텐츠를 제작하였다([그림 2-21] 참조).

AI 디자인 아이디어 도출 　　　제품 패키지 적용 　　　SNS 홍보 콘텐츠 활용 (GS 인스타그램)

[그림 2-21] 생성형 AI를 활용하여 제품 패키지를 개발한 사례

출처: 서울경제(2023. 9. 14.).

생성형 AI에게 상품의 특성과 관련된 이미지, 텍스트를 입력하면 적합한 디자인 시안을 자동으로 생성하는 방식이다. 이 과정을 통해 독창적이고 차별화된 제품 디자인을 선보일 수 있었으며, 이는 MZ세대의 관심을 끄는 데 효과적인 전략이 되었다. 특히 '심플리쿡 떠먹는 타코'의 마케팅 콘텐츠는 GS25 전체 콘텐츠 중 '좋아요' 2위를 기록할 만큼 높은 반응을 이끌어 냈다.

이처럼 AI는 단순한 디자인 자동화 도구를 넘어, 소비자의 니즈를 빠르게 반영하고, 제품 차별화를 실현하며, 마케팅 성과를 향상시키는 핵심 수단으로 자리 잡고 있다. 특히 초기 개발 단계에서부터 소비자 중심의 사고를 구현할 수 있다는 점에서, 향후 제품 전략 수립 방식은 더욱 AI 친화적으로 진화할 것으로 전망된다.

(2) AI를 상품 개발에 활용하다

① 소셜 데이터 분석으로 창의적인 신제품 아이디어를 얻는 방법

그렇다면 우리는 어떻게 신제품 아이디어를 창의적으로 얻을 수 있을까? 워드 클라우드 분석을 통해 브랜드와 관련된 키워드를 시각화해 보면 그동안 볼 수 없었던 새로운 상품이 숨어 있을 수도 있다. 예컨대, 선블락 로션 업계에서는 '골프와 피부' '지속력 있는 선블록 로션' '땀에도 강한 선블록 로션' '물기에 강한 서핑 선블록' '선블록 눈 따가움' 등과 같은 상품 기능 관련 소셜 키워드를 통해 소비자의 기능적 니즈를 파악하고 제품 개선 및 제품 USP(Unique Selling Proposition)을 제안할 수 있다. 예를 들어, 여름철 땀을 많이 흘리는 계절에는 물기와 땀에 강한 번지지 않고 흘러내리지 않는 워터프루프 선블록 로션을 개발하고 '물과 땀에 강하다, 서핑족이 최애하는 최강 선블록 로션'이라는 광고 슬로건과 관련 콘텐츠(수상스포츠에서 선블록 사용법) 또한 도출 가능할 것이다.

　AI를 통한 소셜 검색어 분석 기법은 비단 신제품 개발에만 유효한가? 정답은 '기존 제품의 새로운 속성 발굴에도 유효하다'이다. 소비자들은 기존 제품을 다양한 방식으로 재해석하거나 새로운 용도를 발견하기도 한다. 기존에 알려진 사례로는 원래 식용이었던 베이킹소다가 탈취제로 활용되면서 별도의 베이킹소다 탈취제 제품이 출시된 스토리가 있다. 또 다른 예를 들어 보면, 이 책의 저자도 오랫동안 애용하고 있는 유구한 전통의 빙그레 바나나맛 우유 역시 소셜 빅데이터 분석을 통해 새로운 소비자 니즈를 발견하였다. 다수의 고객이 등산 후 인증샷에 바나나맛 우유를 함께 올린다는 점은 등산과 음료 소비의 연관성을 보여 주었고, 이는 브랜드가 새롭게 고려할 수 있는 중요한 연계 포인트가 되었다. 등산객들은 배낭에 넣는 음료수의 무게와 친환경 용기 여부에 관심을 가질 수밖에 없고, 이를 바나나맛 우유 제품의 속성과 연결할 수 있다. 즉, 가볍고 친환경적인 종이 패키지 우유를 개발하는 것이다. 이는 브랜드와 연결된 고객 라이프스타일을 분석하여 기존 제품의 새로운 상품 속성 창안과 관련 마케팅 콘텐츠 제작(예: 등산과 우유의 필연성에 관한 에피소드)을 이끌어 낸 AI 활용 상품 개발 전략의 좋은 사례이다. 이제 우리는 신제품 아이디어와 기존 제품 리브랜딩, 그리고 브랜드 스토리 텔링 소재 개발을 위해 AI를 적극 활용할 수 있게 되었다.

② 바삭한 소리를 없앤 과자

AI는 소비자의 기대에 부응하는 방식으로도 활용되고 있다. 치토스, 게토레이 등을 보유한 글로벌 식품 기업 펩시코(PepsiCo)는 AI를 활용해 소셜미디어에서 발생하는 수백만 건의 소비자 피드백을 분석하고, 변화하는 선호도를 파악하여 제품에 반영하고 있다. 예를 들어, 치토스의 바삭함, 치즈 코팅의 양 등 제품의 모양과 맛을 일관되게 유지하기 위해 AI 분석을 활용한다. 이와 같은 AI 기반 전략은 제품 출시 속도를 높이고, 소비자 맞춤형 제품 개발로 이어져 매출 증대에도 기여하고 있다.

소비자 니즈를 파악하고, 이를 반영한 창의적인 광고를 제작한 사례도 있다. 글로벌 식품 기업 프리토레이(Frito-Lay)는 '도리토스 사일런트(Doritos Silent)'라는 소음 제거 프로그램을 개발했다. 과자 브랜드가 소프트웨어를 공개했다는 점은 의아하게 보일 수 있지만, 제작 배경을 보면 그 의도가 명확하다. 프리토레이의 대표 제품 중 하나인 '도리토스'는 게임 중 바삭거리는 소리가 거슬린다는 소비자 의견을 포착하고 이를 개선하기 위해 약 3,000명의 게이머를 대상으로 설문조사를 진행했다. 그 결과, 응답자의 85%는 게임 중 간식을 먹는다고 답했고, 29%는 다른 사람이 먹는 소리가 게임에 방해가 된다고 느꼈다. 이에 착안해 도리토스는 사람의 말소리와 과자 먹는 소리를 분리하는 소프트웨어를 개발했다. 500명의 사람에게 마이크 앞에서 도리토스를 10번씩 먹게 하고 그 소리를 AI에게 학습시켜 소리를 분리할 수 있도록 한 것이다. 이 소프트웨어는 도리토스의 바삭함을 강조하는 동시에, 게임 중에도 간식을 즐길 수 있다는 소비자의 니즈를 충족시킨 사례라고 할 수 있다.

③ 트렌드를 감지하여 제품에 반영

AI를 활용하여 잠재 니즈 발굴 후 신제품 기획으로 이어진 또 다른 사례들이 있다. 예를 들어, AI가 블루라이트에 대한 부정적 인식이 높아지고 있다는 것을 감지함에 따라 미국의 화장품 브랜드인 일리아 뷰티(ILIA Beauty)와 뮤라드(Murad)는 블루라이트 차단 성분을 함유한 제품을 개발하기도 하였으며, AI가 웰빙 분야에서는 기능성 버섯에 대한 논의가 급증하는 것을 감지함에 따라 글로벌 스킨케어 브랜드인 오리진스(Origins)와 미국 스킨케어 브랜드인 하비보어 보타니컬스(Herbivore Botanicals)는 영지버섯과 차가버섯 등을 첨가한 스킨케어 제품을 출시하기도 하였다(Ai Palette, n.d.).

④ AI가 만든 맥주

AI가 디자인이나 콘텐츠 외에 상품 개발 과정에 직접 참여한 사례로는 맥주 제작이 있다. 미국의 크래프트 브루어리인 나이트시프트 브루잉(Night Shift Brewing)은 생성형 AI인 ChatGPT와 이미지 생성 AI인 미드저니(Midjourney)를 활용해 'AI-P-A'라는 새로운 로컬 맥주를 출시했다([그림 2-22] 참조). 레시피, 맥주 이름, 라벨 디자인 모두 AI를 활용해 제작한 결과물이다. 사람이 프롬프트를 통해 과정을 유도했지만, 대부분의 의사결정은 AI가 수행했다. 기존에는 새로운 맥주 스타일을 개발하기 위한 기초 연구만 4~6주가 걸렸지만, AI 덕분에 그 과정을 대폭 단축할 수 있었다. 생성형 AI의 등장은 특히

4. 마케팅 믹스 전략의 진화: 4P에서 4C로, 그리고 AI와의 결합

[그림 2-22] Night Shift Brewing의 소셜미디어에 게시된 AI-P-A 소개글
출처: Night Shift Brewing (2023. 2. 23.).

소규모 업체들에게 새로운 도약의 기회를 제공하고 있다. 예상치 못한 아이디어를 도출함으로써 시장 진입의 새로운 길을 열어 주는 것이다. 실제로 'AI-P-A'는 'AI가 개발한 맥주'라는 점을 강조하며 큰 주목을 받았고, 출시 이후 단시간에 히트 상품으로 떠올랐다.

⑤ AI가 만든 아이스크림

AI가 만든 아이스크림도 주목할 만한 사례이다. 버스킨라빈스가 출시한 '토로피컬 썸머 플레이' 맛은 구글의 AI 모델인 제미나이(Gemini)를 활용해서 기획하고 개발한 아이스크림이다([그림 2-23] 참조). 이 맛은 구글 플레이(구글 앱스토어)의 로고 색에 맞게 제미나

이가 추천한 원료로 만들어졌는데, 가령 AI에게 "파랑에 어울리는 원료를 추천해 줘" "구글플레이와 배스킨라빈스가 만든 새로운 맛은 어떤 맛일까?" "구글플레이 컬러로 여름에 어울리는 특별한 맛을 추천해 줘" 등에 대해 질문하고 이에 대해 답변한 AI의 추천대로 만들어졌다(연합뉴스, 2024; 조선일보, 2024). 제미나이는 여름철 구글 포털 사이트에서 검색이 자주 언급되는 재료 등의 데이터를 학습하여 답을 내놓았으며, 그 결과 파랑색은 패션후르츠 소르배를, 빨강색은 오렌지 샤베트를, 노란색은 망고 샤베트를, 초록색은 애플 샤베트를 추천하여 이를 조합하여 아이스크림을 만들었다(조선일보, 2024). AI가 주도하여 처음부터 끝까지 기획한 아이스크림이라는 점에서 큰 주목을 받았다. 배스킨라빈스가 AI를 활용해서 신제품을 출

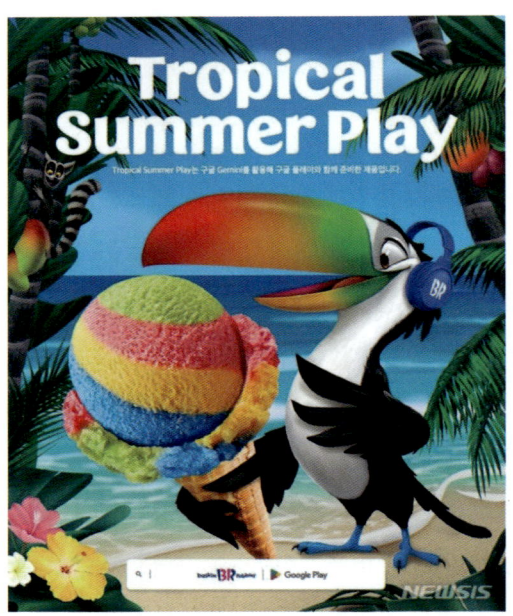

[그림 2-23] **구글 AI(제미나이)로 개발한 베스킨라빈스 아이스크림**

출처: 중앙일보(2024. 7. 19.).

시한 것은 이번이 처음이 아니다. 같은 해 초에 AI와 소비자 구매 데이터를 기반으로 '오렌지 얼그레이' 맛을 출시한 바 있다(배스킨라빈스, 2024). AI를 활용하여 신제품을 개발하는 것은 소비자의 흥미를 유도하기에도 좋으며, 데이터에 기반하고 있어 전환을 일으키기도 쉽다. 이렇게 베스킨라빈스가 아이스크림 업계에서 AI 기술을 활용하여 아이스크림 맛을 개발함으로써 신제품 개발의 무한한 가능성을 확인하는 계기가 되었다. 특히나 여름철 자주 검색되는 데이터를 학습하여 제작됨에 따라 브랜드가 흥미 있는 제품을 개발한 것이 아닌 소비자의 관심도가 반영되어 기획이 이루어진 케이스라는 점에서 중요한 마케팅 인사이트를 제시한다.

 이는 향후 개인 맞춤형 아이스크림, 혹은 AI가 제안하는 나만의 메뉴를 만드는 데까지 진화할 수 있음을 시사한다. AI가 여름철 포털에서 자주 검색되는 재료를 기반으로 원료를 추천해 주었듯이, 소비자 개개인에 대한 취향을 바탕으로 추천을 해 줌으로써 차별화된 고객 경험을 제공할 수 있는 것이다. 단순히 '맛있는 아이스크림'이 아닌, '내가 좋아할 것 같은 아이스크림'을 AI가 먼저 제안해 주는 서비스의 확장가능성이 존재한다. AI가 미래의 개인 셰프이자 브랜드 큐레이터가 될 수 있는 것이다. 이러한 실험적인 시도는 제품 개발의 미래가 어떻게 바뀌는지 보여 주는 신호탄이다.

 우리가 이와 같은 사례에서 배울 수 있는 점은 크게 두 가지이다. 첫째, AI를 이용하면 예상도 못한 창의적인 신제품 기획이 가능하다는 점이다. AI를 브랜드 파트너로 삼는 시대의 서막이 열렸다. 더 이상 AI는 분석만 하는 도구가 아니다. 함께 창작하고 브랜드와 소비자를 잇는 브릿지가 되고 있다. '창의적인 기획자'로서 브랜드 발전에 어떻게 기여할 수 있는지 고민해야 하는 시점이다. 둘째, 소비자 니즈를 예측하고 제품화하는 속도가 획기적으로 단축되었다는 점이다. 이제 마케팅 담당자는 자신에게 질문해 보아야 한다. "우리는 우리 제품에 대해 잘 알고 있는가, 우리 소비자가 무엇을 원하고 있는지 정확하고 신속하게 간파할 수 있는가?"이다. 어쩌면 이 질문에 대한 답을 AI는 이미 알고 있을지도 모른다.

(3) AI를 개인화 상품 제작에 활용하다

① 모발 상태와 선호에 따른 맞춤 샴푸

AI는 개인화 상품을 제작하는 단계에서도 활용될 수 있다. 2015년 뉴욕에서 설립된 펑션 오브 뷰티(Function of Beauty)는 뷰티테크(Beauty Tech) 스타트업으로, AI 알고리즘을 활용해 맞춤형 샴푸와 컨디셔너를 제작하고 있다. 이 회사는 자체 개발한 AI 알고리즘을 통해 소비자의 모발 타입(예: straight, wavy), 모발 구조(예: fine, coarse), 두피 상태(예: dry, oily), 그리고 샴푸를 통해 얻고자 하는 목표(예: 갈라진 모발 영양 보충, 두피 진정, 유분 조절, 수분 공급, 색 보호, 뿌리 영양)에 따라 개인 맞춤형 제품을 제공한다([그림 2-24] 참조). 원하는 색상과 향기도 선택할 수 있어 이론적으로는 약 12억 가지 조합의 샴푸 제공이 가능하다. 제품 제작 과정도 복잡하지 않다. 모발 상태와 선호를 간단한 1~3분짜리 퀴즈 형식으로 응답하면 되기 때문에 접근성도 높다. 이렇게 제작된 맞춤형 제품에는 이름까지 라벨링할 수 있어 큰 사랑을 받고 있다.

펑션 오브 뷰티는 전 세계 60개 국에서 100만 건 이상의 주문을 받았고, 퀴즈에 응답한 사람도 500만 명이 넘는 것으로 알려졌다.

[그림 2-24] 개인화된 상품 제작을 위해 자사 홈페이지에 게시한 퀴즈

출처: Function of Beauty 홈페이지.

이러한 성공은 AI가 없었다면 불가능했을 것이다. 약 12억 가지 제품을 동시에 개발하고, 각 소비자의 응답을 분석해 최적의 조합을 제공하는 것은 기존 방식으로는 시간과 비용이 과도하게 소요되기 때문이다. AI의 도입은 소비자 맞춤형 제품 제작을 가능하게 하며, 제조기업의 서비스화라는 새로운 비즈니스 모델을 실현하는 기반이 되고 있다.

② 매일 개인 상태에 따른 맞춤 화장품

AI 기반 개인 맞춤화 상품을 개발한 또 다른 사례를 살펴보자. "지금 피부가 건조하다면, 그에 맞는 화장품을 즉시 만들어 드립니다"라는 말이 더 이상 비현실적이거나 상상 속 이야기가 아니다. 세계적인 화장품 기업 로레알(L'Oréal)은 AI 기술을 기반으로 '페르소(Perso)'라는 뷰티 디바이스를 CES 2020에서 처음 소개하였는데([그

[그림 2-25] 로레알 실시간 초개인화로 화장품을 제작하는 'Perso' 기기

출처: L'Oréal USA. (2020. 1. 6.).

림 2-25] 참조), 이는 단순히 나에게 맞는 화장품을 추천해 주는 수준을 넘어섰다. 개인의 피부 상태는 물론 공기 질, 습도 등의 외부 환경, 피부 고민, 취향 등을 종합적으로 판단하여 실제 제품을 조합해 주는 기술이 등장한 것이다. 구체적으로 깊은 주름, 잔주름, 모공, 기미 등 전반적인 개인의 피부 상태를 분석하고, 위치 데이터를 이용하여 날씨, 온도, 자외선 지수, 온도, 습도 등 개인의 피부에 영향을 미칠 수 있는 지역 환경을 평가한 후, 세럼, 아이크림 등 제조에 선호하는 제형과 수분 레벨을 입력하면 된다. 그러면 디바이스 하단에 있는 카트리지로부터 포뮬러가 나오게 된다. 이 디바이스를 정기적으로 사용하게 될 경우, 사용자의 피부 상태 변화를 기록하고 무엇이 효과적인지 식별할 수 있도록 도와주어 사용자의 피부 상태에 따라 이후에 생성할 포뮬러를 자동으로 조절해 주기도 한다 (L'Oréal Group, n.d.).

이처럼 '페르소'는 단순히 새로운 기기가 아니다. 뷰티의 패러다임 자체를 바꾸고 있다. 뷰티 산업이 '생산→ 판매→ 사용'의 순서로 이루어져 오던 기존의 고정된 관념을 깨뜨리고 있다. 이제 화장품 공장에서 대량으로 생산되어 소비자에게 전달되는 것이 아닌 소비자 손 안에서, 그 자리에서, 실시간으로 만들어질 수 있는 '퍼스널 뷰티 서비스'로 진화하고 있다. '페르소'는 '기술이 어떻게 사람의 삶을 바꿀 수 있는가?'에 대한 화두를 던질 수 있는 혁신적인 사례로 AI가 소비자의 일상에 스며들어 그들의 선택을 대신하여 편리함을 줄 수 있는지를 보여 준다. 전통적인 방식에서는 소비자들이 무엇을 원하는지 파악하기 어려울뿐더러 대량 생산함에 따라 소비자의 취향을 반영하기 어려웠으나, '페르소'의 케이스는 소비자들이 진짜 원하는 제품을 제공할 수 있다는 점에서 소비자의 관점을 잘 반영하고 있다.

(4) AI를 소비자의 선택을 돕는 데 활용하다

① 구독형 패션 서비스

제품과 관련하여 AI가 활용되는 또 다른 분야는 사용자의 선택을 돕는 것이다. 스티치픽스(Stitch Fix)는 미국의 온라인 구독형 패션 서비스로, 소비자가 특정 질문(예: 신체 지수, 라이프스타일)에 응답하면 AI가 이를 분석해 아이템을 추천해 주는 서비스를 제공하고 있다([그림 2-26] 참조). AI가 추천한 아이템 중 전문 스타일리스트가 최

IT'S EASY
Here's how it works

1. Take your style quiz
Tell us about your style, sizes and budget—the more we know, the more your Stylist can help.

2. Match with your (human!) Stylist
Let your Stylist know what you're looking for via notes. They'll select 5 personalized pieces, and send your "Fix" box straight to your door.

3. Get your personalized Fix
There's a $20 styling fee per Fix order, which credited to whatever you choose to keep shipping and returns are always free

[그림 2-26] 스티치픽스 스타일 추천 방식

출처: Stitch Fix 홈페이지.

종 5벌의 옷을 선정해 고객에게 배송해 준다. 소비자는 이 중 마음에 드는 것만 결제하고, 마음에 들지 않는 상품은 무료로 반품할 수 있다. 주목할 점은, 스티치픽스는 단순히 반품을 허용하는 데 그치지 않고, 해당 데이터를 축적하고 분석해 추천 알고리즘을 지속적으로 업데이트한다는 것이다. 고객의 선택 데이터를 분석해 취향을 점점 더 정밀하게 파악해 나가며, 소비자는 자신도 몰랐던 취향을 데이터 기반으로 알아 가며 만족도를 높인다. 어떤 옷이 배송될지 모르는 기대감까지 제공하며 '패션계의 넷플릭스'라는 평을 받기도 한다.

최근 스티치픽스는 기존의 배송 구독 서비스뿐 아니라 고객의 취향을 예측해 상품을 배치하고 쇼핑할 수 있도록 하는 서비스도 진행하고 있다. 다이렉트 바이(Direct Buy)라는 서비스는 일정 항목에 응답하면 소비자의 취향에 맞는 옷들로 구성된 페이지를 제공한다. AI가 사이즈도 직접 추천해 주어, 상세 옵션 설정이나 사이즈표 확인의 번거로움을 줄인다. 또한 소비자가 담은 상품과 어울리는 제품도 함께 추천함으로써 구매를 연계한다. 소비자 맞춤형 페이지에서 자유롭게 쇼핑할 수 있게 하며, 구매가 발생할 때마다 추천 알고리즘이 업데이트되어 접속할 때마다 상품 페이지가 달라지는 개인화된 경험을 제공한다. 그 결과, 고객 1인당 연간 지출액은 2020년 463달러에서 2021년 505달러로 증가하였다.

② 신선한 수박 선별

국내 사례로는 롯데마트와 슈퍼가 여름철 대표 과일인 수박을 소비자들이 실패 없이 고를 수 있도록 '신선을 새롭게 수박 캠페인'을 진행하였다. 소비자는 마켓에서 수박을 구매할 때 당도 높은 수박을 고르기 위하여 '톡톡' 두드려 보는 행동을 한다. 롯데는 이러한 소비자 행동에 주목하여, AI가 선별한 수박을 통해 어떤 수박을 선택하더라도 높은 당도의 수박을 경험할 수 있다는 점을 강조했다. 이 캠페인은 신선식품 품질 개선 프로젝트인 '신선을 새롭게'의 일환으로, 딥러닝 기반의 AI를 활용해 수박의 품질을 판별하고, 선별의 객관성과 정확도를 높였다. '신선을 새롭게' 프로젝트는 산지의 신선함을 소비자의 식탁까지 그대로 전달하기 위해, 상품 선택 순간부터 유통 전반을 개선하려는 프로젝트이다. 특히 수박 캠페인은 상품의 품질을 유지하면서도, 구매 과정에서의 소비자 행동에 주목해 인지적 노력을 줄이려는 의도를 담고 있다.

③ 소비자를 오래 머물게 하는 어플리케이션

스타벅스는 좋은 제품만을 판매하기 위해 고민하는 것이 아닌, 보다 긍정적인 고객 경험을 제공하기 위해 노력하고 있다. "스타벅스의 어떠한 것이 매력적인가요?"라고 묻는다면 커피 맛, 매장 분위기, 드라이브 스루 등 다양한 것이 떠오르지만, 스타벅스 앱을 빼놓을 수는 없을 것이다. 스타벅스 앱을 사용하는 시간은 1인당 평균 15.2분으로 식음료 브랜드 앱 중에서 가장 높다고 한다. 사람들은 앱에 접속하여 단순히 커피만 주문하는 것이 아닌 리워드를 확인하기도 하고, 이벤트 소식, 혜택 등에 대해서 살펴보며 많은 시간을 보내고 있는 것이다. 소비자가 앱에서 보내는 행동은 데이터로 쌓여 개인화 추천에 활용되며, UI/UX를 최적화하는 데에도 사용된다. 예를 들어, 자주 마시는 음료가 화면 상단에 표시되어 주문 시간을 단축하고 정확도를 높이고 있다. 긍정적인 고객 경험을 형성하는 이면에는 스타벅스의 AI 플랫폼인 '딥브루'가 있다. '딥브루'는 구매 이력, 날씨, 시간 등을 종합적으로 고려하여 상황에 어울리는 제품을 추천한다. 또한 리워드 사용 패턴을 분석하여 적절한 타이밍에 쿠폰이나 프로모션 알림을 발송하여 재방문을 유도하기도 한다. 아마 독자들 중 다수는 "쉿, 시크릿 이벤트" 혹은 "고객님에게만 발행된 쿠폰"과 비슷한 형식의 알림을 받아 본 적이 있을 것이다. 모든 소비자에게 제공하는 것이 아닌 데이터에 기반하여 개인화된 메시지를 발송함으로써 구매 행동을 유도하는 것이다(KB의 생각, 2025).

스타벅스는 모든 소비자에게 동일한 제품을 추천해 주는 것이 아닌 데이터에 기반하여 그들이 좋아할 만한 제품을 우선하여 보여 주고, 개인화된 메시지를 발송함으로써 그들의 참여를 이끌어 내고 있는 것이다.

④ 협업 필터링을 활용한 추천

이와 비슷하게 소비자가 좋아하는 콘텐츠를 추천해 주는 시스템 구축을 통해 긍정적인 고객 경험을 형성하는 또 다른 사례로는 넷플릭스가 있다. 넷플릭스가 OTT 시장을 선도할 수 있는 비결 중 하나는 AI 기술을 기반으로 초개인화된 경험을 제공하고 있다는 것이다. 넷플릭스는 단순히 사용자의 시청 이력으로만 콘텐츠를 추천하지 않는다. 협업 필터링(Collaborative Filtering)을 활용하여 사용자와 유사한 취향을 가지고 있는 사용자가 선호하는 콘텐츠를 추천하기도 하며, 넷플릭스를 시청하는 시간대, 선호하는 언어, 시청하는 디바이스 등을 종합적으로 고려하여 사용자가 좋아하는 콘텐츠를 찾도록 돕고 있다(HelloPM, 2025). AI를 기반으로 소비자가 좋아하는 콘텐츠를 추천해 줄 수 있음에 따라 다음과 같은 마케팅 목표를 수립할 수도 있다. '지난 분기 대비 구독 유지율을 10% 증가시키기' 혹은 '취향에 적합한 콘텐츠를 추천해 주는 브랜드 이미지 강화'와 같은 것이 있다.

⑤ 뷰티 AI 추천 서비스

온라인에서 쇼핑을 하는 과정에서도 자신에게 꼭 맞는 제품이라고 느끼도록 하는 것이 중요하다. 판매자 입장에서 제품을 전달하는 것이 아닌 소비자의 관점에서 제품이 해석되도록 정보를 전달해야 하는 것이다. 이러한 관점이 반영된 사례로는 롯데쇼핑의 e커머스 플랫폼인 롯데온이 2025년에 출시한 '뷰티 인공지능(AI)'이 있다([그림 2-27] 참조). 이 서비스는 수십만 개의 데이터를 기반으로 고객 수요에 적합한 상품을 추천해 주는 서비스이다. 예를 들어, "수분은 부족하고 유분이 많은 피부에 좋은 파운데이션을 추천해 줘"라는 질문을 하면 AI는 "건성, 지성 피부에는 산뜻하면서도 촉촉한 수분감을 오랫동안 머금고 있는 파운데이션을 추천합니다. 다음과 같이 ○○, ○○ 제품을 추천합니다"와 같이 제품을 추천해 주는 방식이다. 이러한 서비스 출시가 가능했던 이유는 구매 데이터를 활용하였기 때문이다. 1년 동안 쌓인 수많은 구매 데이터에서 상위 내용만을 선별하여 AI 답변에 활용하였다(전자신문, 2025).

과거에는 소비자가 자신에게 적합한 제품을 찾기 위해서는 블로그 글 하나하나를 읽어 보거나 유튜브를 시청해 가며 '후기'를 모았다. 뷰티 제품 상세 페이지에는 컬러, 보습력 등이 설명되어 있지만 이것이 실제로 사용했을 때도 동일한지, 그리고 자신의 상태에 해당 제품이 적합할지에 대한 결정을 내리기 위해 수많은 후기를 검색한다. 하지만 AI가 이런 수고를 덜어 주면 어떠할까? 그리고 동시에 데이터를 기반으로 개인에게 적합한 선택지를 제시해 주면 어떠할까? 롯데온의 사례는 단순히 편리한 추천 기능을 넘어서 고객 데이터를 기반으로 적합한 제품을 구매할 수 있도록 돕는다. 소비자는 주관적

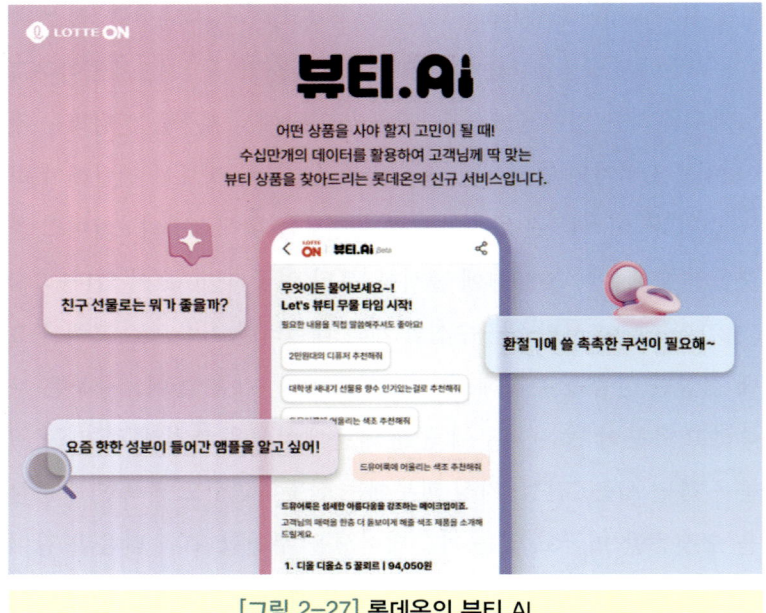

[그림 2-27] 롯데온의 뷰티 AI

출처: 전자신문(2025. 4. 3.).

판단이 아닌 데이터에 기반하여 보다 확실한 의사결정을 쉽고 빠르게 내릴 수 있게 된 것이다. 이는 AI와 고객 데이터가 만났을 때 브랜드 경험 전체를 설계할 수 있다는 중요한 마케팅 인사이트를 제공해 주며, 이러한 전략은 뷰티 산업뿐 아니라 패션, 식음료, 전자기기 등 모든 소비재에 확대될 가능성이 있다. 소비자들이 AI의 도움을 받아 과학적인 개인화된 쇼핑 경험을 할 수 있도록 서비스들이 발전하는 것이다.

⑥ 쇼핑몰 대화형 AI 서비스

전 세계 최대 전자상거래인 아마존(Amazon)은 AI를 기반으로 개인의 취향에 맞는 상품을 추천해 주는 '인터레스트 aI(Interests aI)'를 통해 온라인 쇼핑의 패러다임을 바꾸고 있다([그림 2-28] 참조). 이는 기존의 추천 시스템과는 다른 방식으로 작동한다. 다수의 플랫폼에서 활용하고 있는 추천 시스템은 AI를 기반으로 하고 있으나 사용자가 AI와 직접적으로 커뮤니케이션을 하지는 못하였다. 하지만 '인터레스트'는 완전히 다른 쇼핑 경험을 제공하고 있다. 대형 언어 모델(LLM)에 기반하고 있어 사용자가 물어보는 것에 답하고, AI는 그에 적합한 상품을 찾아 주는 것이다. 예를 들어, 소비자는 '커피 애호가를 위한 브루잉 도구'를 검색할 수 있다. 그러면 '인터레스트 AI'는 새롭고 관련성이 높은 제품, 재입고 상품, 할인 정보 등에 대해 결과를 제시한다. 혹은 조금 더 구체적으로 "로멘틱하면서도 트렌디한 코티지 스타일(Cottage Style)의 홈 굿즈를 100달러 이하에서 찾아 줘"라거나 "카페에 시공할 타일을 찾고 있는데, 원목으로 되어 있으면서 현대적인 느낌을 전달할 수 있으면 좋겠어"라고 입력할 수도 있다(Amazon, 2025).

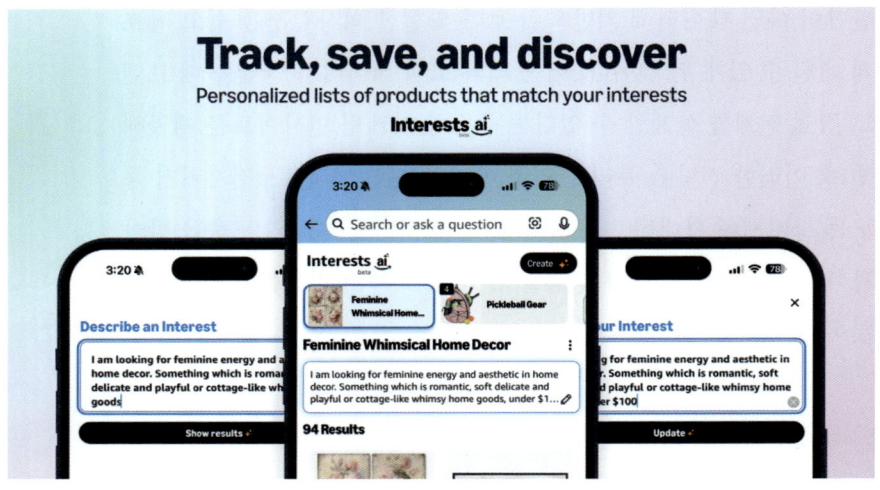

[그림 2-28] 아마존의 인터레스트 AI(Interests ai)

출처: Amazon. (2025. 3.).

소비자가 구매하고 싶은 품목이 생겼을 때, 상품을 찾고 여러 상품을 비교해 보는 것은 여간 힘든 일이 아니다. 특히나 신제품이 나온 것은 없는지, 가격에 변동은 없는지 매일 같이 검색해서 정보를 업데이트하는 것은 매우 어렵다. 하지만 사용자가 직접 찾지 않아도 AI가 정보를 수집하고 업데이트하여 알림을 발송하여 개인화되고 편리한 쇼핑 경험을 제공하고 있다. 현재 일부 국가에서만 사용할 수 있지만 상품을 찾아야 하는 피로도를 줄여 주고 새로운 상품을 발견하도록 돕는 이러한 기능은 쇼핑 플랫폼에서 혁신을 만들어 내고 있다.

⑦ 생성형 AI의 쇼핑 기능

AI가 개인의 쇼핑을 돕는 예를 살펴보자. Open AI가 2025년 4월 ChatGPT에 쇼핑 기능을 추가하였다. 사용자가 [그림 2-29]와 같이 "200달러 이하에서 이탈리아 커피 맛에 가까운 최고의 에스프레소 머신은 무엇인가요?"라고 ChatGPT에게 질문하면 "만약 200달러 예산을 넘지 않으면서 집에서 이탈리아 카페 분위기를 재현하고 싶다면, 진하고 정통적인 풍미를 제공할 수 있는 몇 가지 에스프레소 머신이 있습니다. 아래는 품질과 가성비를 균형 있게 갖춘 추천 제품들입니다"의 답변과 함께 커피머신 기계를 추천해 준다. 각 제품에 대한 평점과 리뷰가 나와 있을 뿐 아니라 각 제품어 보면 라벨이 표시되어 있는것을 확인할 수 있다. 첫 번째 커핀 머신에는 '다용도 선택(Versatile Choice)', 두 번째 커피머신에는 '컴팩트한 디자인(Compact Design)', 세 번째 커피머신에는 '최고의 가성티 제품(Best Budget Choice)'이라는 라벨을 확인할 수 있다. 이는 사용자가 각 제품에 대한 특성을 보다 쉽고 빠르게 캐치하는 데 도움을 준다. 또한 한 제품을 선택하면 해당 제품을 구매할 수 있는 구매처를 알려 주

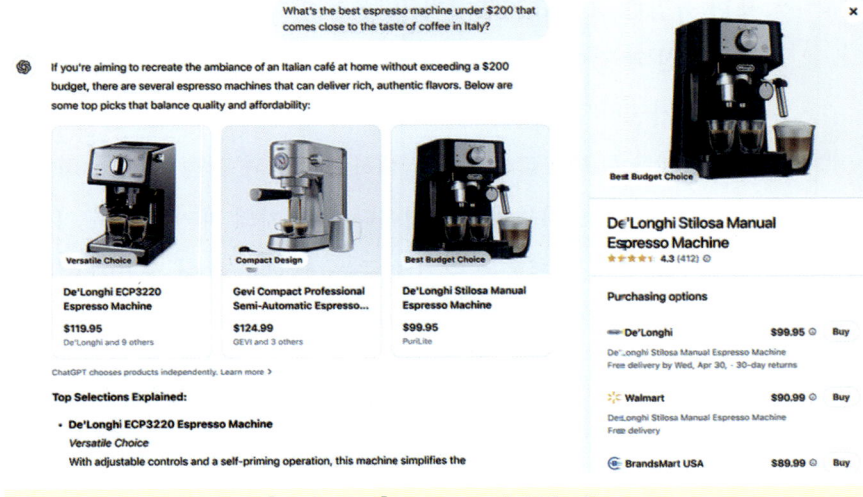

[그림 2-29] ChatGPT의 쇼핑 기능

출처: E-Commerce Times. (2025. 4. 30.).

고, '구매하기' 버튼을 클릭하면 결제 페이지로 넘어가 실제로 구매 행동까지 한 번에 이루어질 수 있도록 돕고 있다.

이는 얼핏 보면 구글이나 네이버에 검색을 통해 얻는 전통적인 방식과 별반 다르지 않다고 생각할 수 있다. 검색창에 구매하고자 하는 제품을 타이핑하면 관련 제품들과 구매 사이트가 결과로 제시되기 때문이다. 하지만 ChatGPT의 쇼핑 기능은 포털 사이트의 검색과는 크게 두 가지 점에서 다르다. 첫 번째 차별점은 자연어 처리가 가능하다는 것이다. 기존 포탈에서는 검색창의 키워드와 제품의 키워드가 동일하거나 등록해 둔 여타 다른 키워드와 일치할 때 검색 결과로 노출되는 경우가 다수이다. 하지만 자연어 처리가 가능하면, 동일한 의미를 다양한 방식으로 표현해서 전달해도 그 의미를 알아차린다는 것이다. 예를 들어, '카메라 화질이 좋은 스마트폰'이라고 검색하든, '사진 잘 찍히는 스마트폰'이라고 검색하든 자연어 처리가 가능하면 동일한 의도를 가지고 질문했다는 것을 알아차릴 수 있다. 또한 복잡한 요청도 가능하다. 앞선 사례와 같이 "200달러 이하의 커피머신"과 같이 단순한 커피머신이 아닌 가격 조건이 붙은 질문도 처리가 가능하다는 것이다.

포탈에 전통적으로 제품을 검색하던 방식과 갖는 두 번째 차별점은 개인화 추천이 가능하다는 것이다. 사용자의 과거 대화를 기반으로 선호도에 따른 제품을 추천해 주는데, 예를 들어 과거에 검은색 셔츠에 관한 질문을 많이 하였다면, "셔츠 추천해 줘"라고 말하면 검은색 셔츠를 우선해서 보여 주는 것이다(한국경제, 2025). 여기서 주목해야 할 점은 광고가 아니라는 것이다. 오직 사용자의 질의에 적합하고 선호에 기반한 제품을 추천한다는 것이다. 소비자 입장에선 객관적이고 신뢰할 수 있는 정보를 얻을 수 있는 것이다. 또한 리뷰가 함께 보임으로써 브랜드 입장에서는 제품 자체의 품질과 리뷰가 곧 마케팅 수단이 되는 환경이 마련된 셈이다.

(5) AI가 고른 것을 신뢰하는 심리

사람들은 왜 AI가 추천해 주는 것을 더 신뢰하게 되는 것일까? 이는 머신 휴리스틱으로 설명 가능하다. 휴리스틱을 보다 잘 이해하기 위해서는 휴리스틱-체계적 처리모형(Heuristic-Systematic Model: HSM)을 이해할 필요가 있다. 휴리스틱-체계적 처리모형은 차이컨 등(Chaiken et al., 1989)이 제안한 정보 처리 이론으로, 사람들이 정보를 어떻게 처리하고 판단을 내리는지에 대해 설명한다. 이 모델에 따르면 사람들은 설득 메시지나 정보를 처리할 때 체계적 처리(systematic processing)와 휴리스틱 처리(heuristic processing)를 활용한다고 한다. 체계적 정보 처리란 주어진 정보를 충분히 생각하고, 논리적으로 숙고하며 깊게 분석하는 것을 의미하며, 휴리스틱 처리는 정보를 깊게 생각하기보다는 비내용적(non-context)인 단서에 의해 정보를 처리하는 것을 의미한다(Tan et al., 2021). 예를 들어, 광고를 보았을 때 제품 성분, 가격, 사용자 리뷰 등을 꼼꼼하게 확인하고 구매 결정을 한다면 체계적 정보 처리를 한 것이다. 이와 달리, '이 브랜드는 유명하니까 품질이 좋을 거야'라고 생각한 후, 의사결정을 한다면 휴리스틱 처리를 한 것이다. 브랜드의 명성 외에도 추천인의 전문성, 제품 순위 등이 휴리스틱 단서에 해당한다. 혹은 "다수가 동의하면 그것은 옳은 것이다" "긴 메시지는 타당하다" "전문가는 믿을 수 있다"(Chaiken & Maheswaran, 1994; Todorov et al., 2002) 등이 있다. 피상적인 단서를 이용해 단순한 판단 규칙(simple decision rules)을 적용하고(Son et al., 2020), 정신적 지름길(mental shortcuts)을 사용하여 결론에 도달하는 것이다(Chaiken & Maheswaran, 1994). 따라서 휴리스틱이라는 단어는 'rule of thumb(번역하면, 경험에 의해서 대부분의 사람들이 공통적으로 인식하고 있는)'로 이해되기도 한다.

> "사람들은 거의 완벽한 조건에서 정보를 처리하지 않는다. 정보 처리에는 환경적 제약과 인지적 제약이 동시에 존재한다"(Todorov et al., 2002, p. 196).

사람들이 휴리스틱 처리를 하는 이유는 인간은 경제적 인간(economic man)으로서 필요 이상의 노력을 기울이려 하지 않기 때문이다(Bohner et al., 1995). "최소 노력 원칙(principle of least effort)"(Chen & Chaiken, 1999, p. 74)에 따라, 단순한 단서에만 의존해서 정보 처리를 하려는 경향이 있는 것이다(Tan et al., 2021). 최소 노력의 원칙에 따르면, 사람들은 "인지적 구두쇠(cognitive misers)"(Fiske & Taylor, 1991)이기 때문에 휴리스틱 처리에 먼저 관여하는 경향이 있다고 한다(Chaiken, 1980, 1987; Chaiken et al., 1989; Chen & Chaiken, 1999). "충분성 원칙(sufficiency principle)"(Chaiken et al., 1989, p. 221)도 함께 제안되는데, 이는 개인이 높은 동기를 가지고 있을 경우, 자신의 판단이 "정확성 동기(accuracy motivation)"(Chen & Chaiken, 1999, p. 76)를 충족시킬 만큼 충분한 확신이 있을 때까지 체계적 처리를 수행한다는 것이다.

휴리스틱에는 다양한 종류가 있지만, 인간-기계 커뮤니케이션(human machine communication) 관련해서는 머신 휴리스틱(machine heuristic)이라는 것이 존재한다. 머신 휴리스틱이라는 용어는 순다르(Sundar, 2008)가 처음으로 제시하였으며, 기억 속에 저장된 일반적인 기계에 대한 '경험적 규칙(rule of thumb)'을 의미한다(Yang & Sundar, 2024). 서비스의 인터페이스가 기계임을 유추할 수 있는 기계적인 외형 혹은 정체성을 가지고 있을 때, 사람들은 그 기계의 행동을 평가함에 있어 머신 휴리스틱을 적용할 수 있다는 것이다(Koh & Sundar, 2010; Lee, 2024). 구체적으로 머신 휴리스틱은 기계가 본질적으로 객관적이고 편향되지 않았다고 믿는 개인의 긍정적 신념을 의미한다(Lee, 2024; Sundar & Kim, 2019). 그렇기 때문에 쇼핑을 할 때 AI가 추천을 해 주면 '객관적이고 편견 없이 나에게 추천을 해준 상품이구나'를 생각할 수 있는 것이다. '내가 방금 추천받은 제품은 사람이 아니라 AI 알고리즘이 추천한 것이구나'라고 인식하는 순간, AI의 판단을 인간보다 더 합리적이고 신뢰할 수 있는 것으로 평가하는 경향이 생길 수 있다.

머신 휴리스틱의 신념을 측정하기 위해서는 다음과 같은 문항이 활용될 수 있다(Sundar & Kim, 2019).

> "기계가 어떤 과업을 수행할 때, 인간이 같은 과업을 수행할 때보다 결과가 더 객관적이다."
> "기계는 정보를 안전하게 처리할 수 있기 때문에, 나의 개인정보를 기계에 제공해도 괜찮다."
> "기계는 정밀성이 높기 때문에, 나의 개인정보를 안전하게 다룰 것이다."
> "기계는 소문을 퍼뜨리지 않기 때문에, 나의 개인정보를 다른 사람과 공유하지 않을 것이다."
> "인간보다 기계에게 개인정보를 제공하는 것이 더 안전하다."

학계에서는 이와 같은 측정 문항을 이용하여 머신 휴리스틱이 실제로 사람들의 행동에 영향을 미치는지에 대해서도 살펴보았다. 예를 들어, 순다르와 김(Sundar & Kim, 2019)의 연구에서는 머신 휴리스틱 신념이 높은 개인일수록 신용카드 정보를 공개하려는 의도가 더 높은 것으로 나타났다. 또한 그들은 대화 상대가 인간인지 혹은 AI인지에 따라 개인정보 제공 의도가 달라지는지를 확인하였는데, AI일 때 개인정보를 더 쉽게 제공한다는 것을 확인하였다. 구체적으로 인간 에이전트가 사용자의 신용카드 번호를 요청하였을 때보다 Siri가 같은 정보를 요청하였을 때, 정보를 제공할 의도가 높다는 것을 확인하였다. 인터페이스에 따라 대화의 상대를 더 신뢰하고 개인정보 제공 의도가 달라진다는 것을 확인할 수 있는 연구로, 대화의 상대가 인간이 아닌 '기계'라고 인식하게 되면 오히려 더 긍정적인 행동을 유도할 가능성이 높다는 것을 알 수 있는 연구이다.

또한 이 등(Lee et al., 2025)의 연구에서는 인간 인플루언서보다 가상 인플루언서의 진정성을 더 높게 평가하였는데, 머신 휴리스틱 정도에 따라 진정성을 평가하는 정도가 다른 것으로 나타났다. 즉, 기계의 능력에 대한 신념이 강한 사람일수록 가상 인플루언서의 진정성을 더 높게 평가하는 경향을 보인 것이다. 진정성에 대한 지각은 인플루언서에 대한 신뢰를 높이고, 인플루언서에 대한 신뢰는 홍보 제품의 구매 의도를 높이기 때문에 마케팅에서 중요한 요소 중 하나이다. 즉, '비인간적인' 특성이 오히려 신뢰와 진정성을 강화시키는 단서로 작용했다는 점에서 흥미로운 결과이다. 이와 같이 기계적 특성이 긍정적 인지적 단서로 작용할 수 있다는 점에서 머신 휴리스틱은 AI의 설득 메커니즘을 이해하는 핵심 이론적 틀로 활용이 가능하다. 즉, 사람들이 AI 추천을 더 신뢰하는 매커니즘을 머신 휴리스틱을 이용해 설명할 수 있는 것이다.

(6) AI로 인한 변화가 마케터에게 주는 의미

이제 기업에게 중요한 것은 얼마나 광고비를 많이 집행하느냐가 아닌, 얼마나 AI에게 선택될 만한 제품을 만드는가이다. 제품의 본질적 경쟁력, 리뷰 기반의 평판 등 정량적·정성적 요인들이 AI 알고리즘에 긍정적으로 작용하도록 설계해야 한다. 브랜드 입장에서 오픈 AI의 쇼핑 기능은 새로운 유통 채널이자, AI가 주도하는 마이크로 마케팅 시대의 시작을 의미한다. 소비자는 이제 더 이상 검색창에 막연하게 단어만을 검색하지 않는다. 대신 명확한 니즈를 가지고 대화하듯 질문하고, AI는 개인화된 해답을 제공한다. '어떤 제품이 소비자에게 가장 잘 팔릴까'가 아닌 '어떤 제품이 소비자가 원할까?'를 묻는 시대가 옴에 따라 4P의 제품 관점에서 4C의 소비자 관점으로 움직여야 하는 것이 다시 한번 강조된다.

전통적인 마케팅에서는 제품 중심의 사고가 강조되어 왔으나, 4C 개념에서는 그러한 초점을 소비자 중심으로 전환할 것을 강조한다. 이때 말하는 '제품'은 단순히 물리적 실체에 국한되지 않고, 스티치 픽스와 같은 서비스형 상품이나 디지털 기반 서비스까지 포괄하는 개념으로 확장된다. 오늘날과 같이 수많은 제품과 서비스가 동시에 경쟁하는 시장 상황에서는 아무리 우수한 제품이라 하더라도 소비자의 관심을 얻지 못하면 판매로 이어지기 어렵기 때문에, 소비자의 경험과 지각된 가치가 마케팅 전략의 중심이 되고 있다.

이러한 맥락에서 AI는 단순히 제품 중심 전략을 보완하는 도구를 넘어, 소비자의 특성과 요구를 실시간으로 반영하여 제품을 맞춤화할 수 있는 수단으로 작용한다. 펑션 오브 뷰티는 소비자가 입력한 모발 특성이나 향 선호도 등의 데이터를 바탕으로 AI가 맞춤형 샴푸를 생산하며, 스티치픽스 사례 또한 소비자의 신체 정보와 취향을 기반으로 AI가 옷을 추천하고, 이를 전문 스타일리스트가 보완하는 구조로 운영되어, 소비자의 니즈에 정교하게 대응하는 마케팅 전략을 가능하게 한다. '신선을 새롭게 수박 캠페인' 역시 AI가 수박의 당도를 판별하며, AI가 소비자 시각에서 제품이 생산되고, 전달될 수 있도록 돕고 있다.

마케터는 이제 더 이상 제품과 소비자 중 무엇에 초점을 맞출지 선택해야 하는 것이 아니라, AI를 활용하여 소비자의 목소리를 반영한 제품을 개발하고 정교하게 타깃팅된 메시지를 전달해야 할 시대가 온 것이다.

기술적 발전은 마케팅에서의 실행 전략을 보다 정밀하고 유연하게 만들어 주며, 궁극적으로 소비자 개인에게 맞춤화된 마케팅을 가능하게 한다. 이러한 흐름 속에서 특히 주목할 만한 AI 기술이 바로 '멀티모달 AI(Multi-Modal AI)'이다.

멀티모달 AI는 소비자 중심의 사고가 강조되는 마케팅 환경에서 AI를 실질적으로 활용할 수 있는 대표적인 기술로 꼽힌다. 여기서 '모달리티(Modality)'는 정보를 받아들이는 양식, 즉 텍스트, 이미지, 음성 등 다양한 정보 유형을 뜻하며, '멀티모달'은 이러한 다양한 정보를 동시에 처리하고 통합적으로 이해하는 AI의 능력을 의미한다. 이는 마치 인간이 시각, 청각, 촉각 등 여러 감각을 통해 세상을 인식하는 방식과 유사하며, AI가 다중 감각적 데이터를 바탕으로 보다 종합적인 판단을 내릴 수 있도록 한다. 마케팅 관점에서 멀티모달 AI의 도입은 소비자와 브랜드 간의 상호작용을 새로운 차원으로 확장시킨다. 소비자가 브랜드를 경험하는 접점은 단일 채널에 국한되지 않으며, 텍스트 리뷰, 이미지 공유, 음성 명령, 사용 후기 영상 등 다양한 형식으로 나타난다. 멀티모달 AI는 이 모든 데이터를 연동하여 해석함으로써, 소비자의 실제 경험과 니즈를 보다 정확하게 이해하고 이에 기반한 맞춤형 대응이 가능해진다.

구체적인 사례로 차량 공유 플랫폼 '쏘카'의 멀티모달 AI 활용을 들 수 있다([그림 2-30] 참조). 차량 공유 서비스의 특성상 지속적인 차량 점검과 손상 여부 확인이 필수적이다. 이에 쏘카는 멀티모달 AI를 도입해 고객이 업로드한 차량 외관 사진을 분석하고, 청결 상태나 파손 여부를 자동으로 판단하여 필요한 조치를 취할 수 있도록 시스템화하였다. 과거에는 한 명의 직원이 약 50대의 차량을 수동으로 관리했지만, 이제는 AI의 도움으로 1,000대 이상의 차량을 효율적으로 관리할 수 있게 되었다. 이는 단순한 자동화의 수준을 넘어, AI가 반복 학습을 통해 지속적으로 판단 능력을 고도화하고, 서비스 품질을 개선하는 선순환 구조를 만든 사례라고 할 수 있다.

이처럼 AI는 단순히 제품 생산 단계에 그치지 않고, 소비자의 행동 데이터를 기반으로 서비스를 실시간으로 개선하는 데 기여하고 있다. 특히 마케팅의 초점이 '경험 중심'으로 이동하고 있는 현재, 멀

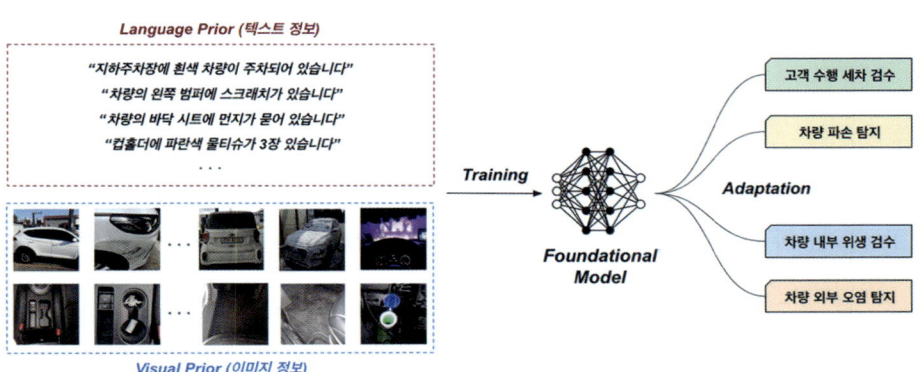

[그림 2-30] 모빌리티 멀티모델 적용 예시

출처: 연합뉴스(2023).

티모달 AI는 다양한 소비자 데이터를 통합적으로 분석하고 실시간으로 반응함으로써 브랜드 경험을 혁신적으로 향상시키는 핵심 역할을 수행한다.

결론적으로, AI는 마케팅 전략의 전환점을 제공한다. '무엇을 만들 것인가'에 대한 초점에서, 이제는 '소비자가 무엇을 원하는가'를 기반으로 제품과 서비스를 설계하는 것이 핵심 과제가 되었다. AI는 소비자의 취향, 행동, 경험 데이터를 실시간으로 수집하고 해석함으로써, 기업이 소비자의 기대에 부합하는 제품을 개발하고, 개인화된 서비스를 제공할 수 있도록 돕는다. 특히 멀티모달 AI는 소비자의 다양한 표현 방식을 통합적으로 이해하여 그들의 니즈를 보다 정교하게 파악하는 데 기여한다. 결국, AI는 제품 중심 사고에서 소비자 중심 전략으로의 패러다임 전환을 실현시키는 도구이자, 마케터가 소비자의 목소리에 귀 기울이고 이를 구체적 실행으로 연결할 수 있도록 하는 핵심 동력이라 할 수 있다.

2) 가격(Price)에서 비용(Cost)으로

(1) 인지된 가격

'가격'은 소비자가 상품 및 서비스를 이용하기 위해 지불해야 하는 금액을 의미하며, 기업은 원가, 수요와 공급, 경쟁 환경 등을 고려하여 가격을 결정한다. 제품을 만들기 위해 투자된 비용에는 재료비, 인건비 등이 포함될 수 있으며, 자사의 제품이 시장에서 얼마나 많은 사람이 찾고 있는지, 그리고 비슷한 제품이 얼마나 공급되고 있는지, 경쟁사는 얼마의 가격으로 소비자에게 공급되고 있는지가 고려되었던 것이다. 이러한 결정 방식은 기업 중심적인 사고에 기반한 것이었다. 즉, 소비자가 해당 가격을 적절하다고 인식하는지는 고려되지 않았던 것이다. 소비자 입장에서 가격이란 제품을 얻기 위해 지불하거나 희생해야 하는 것을 의미한다(Zeithaml, 1988).

그러나 제품의 선택 폭이 넓어지고 욕구가 다양해지던서, 이제는 소비자가 기업이 제시하는 가격을 얼마나 가치 있다고 평가하는지가 중요한 판단 기준으로 바뀌고 있다. 즉, '인지된 가격(Percieved preice)'이 중요해지고 있는 것이다. 인지된 가격이란 자신이 주관적으로 인식하거나 평가하는 제품의 가격 수준을 의미한다. 동일한 제품에 동일한 가격이라도 어떠한 소비자에게는 '비싸다'라고 인식될 수 있는 반면에, 어떠한 소비자에게는 '적당하다'라고 인지될 수 있는 것이다. 만일 사막 한가운데 2일 동안 물을 못 마신 사람이 있다고 해 보자. 그 사람에게 물을 1만 원이라고 하고 팔아도 그에게는 제품에 부여된 가치가 높기 때문에 물을 구매할 가능성이 크다. 하지만 옆에 정수기가 있어 원할 때 언제든 물을 마실 수 있는 사람에게 1만 원이라는 물은 가치에 비해 매우 비싸다고 느낄 것이다. 이렇게 제품에 부여되는 가치에 따라 인지되는 가치가 다르고, 이는 구매 의사결정에 직접적인 영향을 미치게 된다.

사실, 인지된 가격이라는 개념은 오래전부터 제시되어 왔다. 자코비와 올슨(Jacoby & Olson, 1977)은 '객관적 가격', 즉 제품의 실제 가격과 '인지된 가격', 즉 소비자가 인지하는 가격을 구별하였다. 또한 자이썸릴(Zeithaml, 1982)은 고객들이 일반적으로 제품의 객관적 가격을 기억하지 못하며, 자신에게 의미 있는 방식으로 가격을 인지한다고 주장하였다. 예를 들어, 과일을 구매할 경우 객관적인 가격(예: 현재 방문한 과일 가게의 가격)과 기준 가격(예: 다른 판매자의 가격)과 비교한 후, 그 가격이 기준보다 높거나 낮다고 인식하는 것이다

(Dodds et al., 1991; Kahneman & Tversky, 1979). 그래서 인지된 가격을 측정할 때에도, "이 서점에서 책을 사는 것은 다른 서점보다 더 비쌀 것이다" "이 서점보다 다른 서점에서 책을 사는 것이 더 돈을 절약할 수 있을 것 같다" "이 서점보다 다른 서점에서 더 할인을 받을 수도 있을 것이다"와 같은 문항으로 측정된다(Kim et al., 2012).

김 등(Kim et al., 2012)의 연구에서는 흥미로운 연구 결과를 보여주었다. 해당 연구에 따르면, 인지된 가격이 구매 의도에 미치는 영향은 잠재 고객과 재구매 고객에서 다르게 나타났다. 구체적으로, 잠재 고객의 경우 인지된 가격이 구매 의도에 미치는 영향은 유의미하지 않았으나, 재구매 고객이 미치는 영향을 유의미하게 나타났다. 즉, 재구매 고객에게만 인지된 가격이 구매 행동에 중요한 요소로 작용한 것이다. 그들은 이와 같은 결과에 대해 거래에 대한 확실성이 높아질수록 거래에서 얻는 이익에 대한 선호도도 높아지기 때문이라 설명한다. 이는 전망 이론과도 관련이 있다. **전망 이론**(Kahneman & Tversky, 1979)에 따르면, 거래의 확실성은 손실 회피 성향(loss aversion)을 증가시키고 이익에 대한 매력을 증가시킨다고 한다. 재구매 고객은 판매자와 거래했던 경험이 있기 때문에 거래의 확실성이 높은 상태이다. 그렇기 때문에 손실을 회피하고자 하는 성향이 증가하여 재구매 고객은 잠재 고객보다 더 많은 이익(절약)을 얻고자 인지된 가격의 영향력이 더 커지는 것이다. 이는 아마존이 재구매 고객에게 가격 할인 혜택을 제공하며 지속적인 거래를 이어가기 위한 노력으로도 알 수 있다. 특히나 인지된 가격이 구매 의도에 미치는 영향력은 거래 경험이 많았던 재구매 고객보다 경험이 적었던 재구매 고객이 더 컸다는 점도 주목할 만한 결과이다. 재구매 고객의 거래 횟수가 늘어날수록 가격에 대한 민감도(price sensitivity)

가 낮아지는 경향이 있는 것이다. 그렇기 때문에 구매 횟수가 많은 재구매 고객에게는 할인 쿠폰을 제공하는 것보다 일정 금액 이상 구매 시 프리미엄 서비스를 제공하는 것이 지속적인 거래를 이끌어 나가는 데 방법이 될 수 있다(Kim et al., 2012).

이와 같이 동일한 가격이라 하더라도 소비자마다 인지하는 가격이 다르다. 소비자의 특성, 상황, 외부 요인에 따라 가격의 가치는 다르게 다가올 것이다. 따라서 다양한 요인을 종합하고, 소비자가 인지할 가격을 고려하는 것이 중요하다. 이러한 관점은 전통적인 방식과 다르며, AI의 등장은 적정한 가격을 책정하는 데 도움을 주고 있다. 전통적으로 가격 결정은 기업 내부 관점에서 이루어졌기 때문에 시장의 빠른 흐름이나 소비자 상황을 반영하기 어려운 경우가 많았다. 일정 기간 고정된 가격이 제공되는 방식이 일반적이었으며, 이로 인해 수요 변화에 따른 유연한 대응이 쉽지 않았다. 하지만 AI 등장으로 내부 환경뿐만 아니라 외부 환경(예: 시장 흐름)까지 고려하여 가장 적절한 가격을 선정하기에 용이해졌다. 대표적인 예로, 가격 최적화 솔루션을 제공하는 아이몬도(Aimondo)의 AI-Flex 플랫폼은 내부 운영 데이터(예: 생산 비용, 재고 수준)뿐만 아니라 외부 요인(예: 경쟁사 가격, 날씨, 이벤트)을 통합적으로 분석해 최적의 가격을 실시간으로 예측한다(정진욱, 2023). AI를 통한 가격 책정은 기업의 수익을 극대화하고, 시장에서는 경쟁우위를 확보할 수 있도록 돕고 있다.

(2) 다이내믹 프라이싱

'다이내믹 프라이싱(dynamic pricing)' 전략은 AI 기술과 결합하면서 다양한 업계에서 활용되고 있다. 이는 시장 상황, 수요 변화에 따라 가격을 유동적으로 변경하는 전략을 의미한다(동일한 의미로 '가변가격제' '탄력가격제' '가격 변동제'라고 부르기도 한다). 서비스 가격을 하나로 고정하는 정가(fixed price)가 아닌 시가(market price)의 개념을 적용하여 상황에 따라 가격을 탄력적으로 책정하는 것이다([그림 2-31] 참조). 사실 다이내믹 프라이싱 전략은 오래전부터 사용되어 오던 방식이다. 같은 비행 구간이라도 연말연시와 같은 이벤트가 있거나 공휴일이 많은 요일에는 비행기 값이 비싸지만, 비성수기에는 가격이 하락하는 방식으로 항공사에서 오래전부터 사용되어 왔기 때문이다. 최근에는 알고리즘을 활용하여 수요, 공급, 경쟁사의 가격, 이벤트(예: 축제 기간, 휴가 시즌)에 대한 정보를 수집하고 가격을 조정하고 있다. AI와 빅데이터를 통해 정교한 가격 책정이 가능해지다 보니 콘서트장, 골프장 등 온·오프라인 업종에서 많이 활용되고 있다. 아마존은 경쟁사의 가격을 지속적으로 모니터링하고, 실시간 자료 수백만 건을 분석하여 10분에 한 번씩 제품 가격을 변경하고 있다. 이러한 전략은 국내 쿠팡에서도 활용하고 있으며, 가격 변동

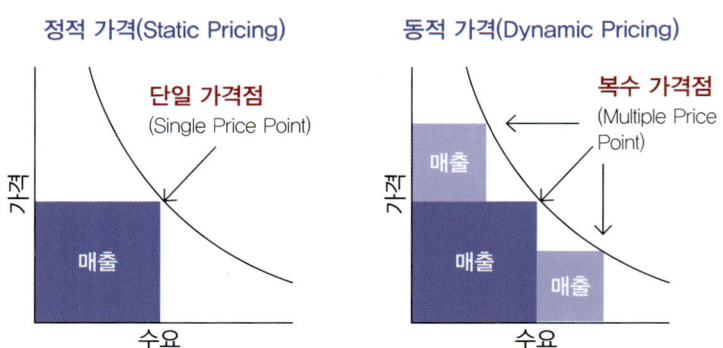

[그림 2-31] 다이내믹 프라이싱의 작용 원리

출처: 박지훈(2024. 7. 18.).

을 추적하는 어플리케이션이 나올 정도이다(성유진, 2023).

다이내믹 프라이싱은 '서지 프라이싱(surge pricing)'과 동의어로 인식되기도 한다. 서지 프라이싱은 수요가 증가할 때 일시적으로 가격이 인상되는 형태로, 우버가 대표적인 예이다. 출퇴근 시간이나 악천후 등으로 택시에 대한 수요가 높을 때 가격을 인상함으로써, 높은 가격을 지불해서라도 택시에 대한 수요가 높은 소비자들만 이용할 수 있게 하는 것이다. 만일 급한 일정이 있지 않은 소비자들은 조금 더 기다린 후 가격이 하락하였을 때 이용하면 된다. 이 외에도 가격에 변동을 주는 전략으로는 '수요 기반 가격정책(demand pricing)' '가치 기반 가격정책(value-based pricing)' '시간 기반 가격정책(time-based pricing)'이 있다. '수요 기반 가격정책'은 전통적으로 수요가 몰리는 기간과 아닌 기간을 구분하여 가격을 책정하는 것으로, 테마파크에서 성수기와 비성수기에 요금을 차등으로 부과하는 것이 그 예이다. '가치 기반 가격정책'은 제품의 가치를 기준으로 가격을 차등적으로 책정하는 것으로, 한정판 제품의 가격이 높은 경우이다. '시간 기반 가격정책'은 특정 시기에 한정하여 가격을 차등적으로 적용하는 방식으로, 블랙프라이데이 세일이 그 예이다.

다이내믹 프라이싱의 성공 여부는 소비자의 인식에 달려 있다고 해도 과언이 아니다. 가격 변동에 대한 소비자의 공감이 없다면, 기업의 비윤리적인 가격 조정으로 받아들여질 수 있기 때문이다. 다이내믹 프라이싱 전략을 공표했다가 소비자의 큰 반발이 있었던 사례가 있다. 미국의 햄버거 체인점인 웬디스(Wendy's)는 2023년 4분기 실적 발표에서 2025년에 다이내믹 프라이싱 제도를 도입할 계획임을 언급하였다. 점심시간과 같이 수요가 집중될 때에는 가격을 높이고, 수요가 적을 때에는 가격을 낮추는 시스템을 적용한다는 것이다. 하지만 소비자는 매우 반발하였으며, 논란이 발생한 이후 웬디스는 가격 인상의 계획은 없다고 공식 해명하며 '광란의 3월(March Madness)' 프로모션을 진행하였다. 한 달 동안 자사의 대표 햄버거를 1달러에 제공하는 프로모션을 시행하였다. 이에 대해 리서치업체 글로벌데이터(GlobalData)의 유통업 애널리스트인 닐 손더스(Neil Saunders)는 여행, 숙박 등 공급량이 한정된 분야에서는 다이내믹 프라이싱이 일반적이지만, 햄버거의 경우 평소에는 가격이 5달러였다가 몇 분 후 가격이 인상되는 것에 대해 소비자는 가만히 있지 않을 것이라고 언급하였다.

또한 브랜드 컨설팅 업체 브랜드페더레이션(BrandFederation)의 매니징 파트너인 매트 윌리엄스(Matt Williams)에 따르면, 우버가 높은 가격을 제시하더라도 늦은 밤에 빠른 귀가를 원하고 택시를 잡기 어렵다면 우버가 제시한 가격을 수용할 만하지만, 햄버거의 경우 주변에 다른 상점도 많고 매장 방문 시간을 조정할 수 있다는 점에서 서지 프라이싱의 두 가지 원칙인 '희소성'과 '시급성'이 적용되지 않는다고 하였다(KB금융지주 경영연구소, 2024).

웬디스 외에도 다이내믹 프라이싱을 제안했다가 소비자의 비판을 받았던 사례가 있다. 2023년 9월, 영국의 최대 펍 체인점인 스톤게이트(Stonegate)는 손님이 많이 방문하는 저녁과 주말에 맥주 가격을 인상하겠다는 계획을 공지하였다. 이후 언론과 SNS에서 '언해피아워(Unhappy Hour)' 논란이 확산되었다([그림 2-32] 참조). 언론 보도와 동시에 약 800개 지점 테이블에는 가격 인상에 대한 내용을 담은 안내판이 비치되었으나, 세부 내용에 대한 공지가 없어 현장에서는 혼란이 발생하기도 하였다. SNS상에서는 수많은 '언해피아워(Unhappy Hour)'와 비판적인 언론 기사가 도배되었으나, 스톤게이트

[그림 2-32] 영국 펍의 다이내믹 프라이싱 적용 사례('Unhappy Hour')

출처: Gross (2023. 9. 13.).

는 해당 정책을 강행하는 모습을 보였다. 스톤게이트는 다이내믹 프라이싱을 도입한 것은 인건비와 운영비 등 비용이 상승하고, 매장을 방문하는 소비자에게 더 나은 경험을 제공하기 위한 목적이며, 한가한 시간대에는 1+1 칵테일, 음료 할인 등과 같은 혜택을 제공하기 위해 프로모션을 계획 중이라는 입장을 표명하였다(KB금융지주 경영연구소, 2024).

이와 같은 사례를 통해 배울 수 있는 시사점은 다이내믹 프라이싱 적용이 성공적으로 이루어지기 위해서는 다음과 같은 사항을 점검해야 한다는 것이다. 첫째, 투명성이다. 가격이 언제 그리고 왜 변화하는지에 대해 충분히 설명해야 한다. 만일 소비자가 인지하지 못하는 사이에 가격을 인상하는 행위는 큰 반발을 불러일으킬 것이다. 둘째, 소비자가 다이내믹 프라이싱 정책을 적극 활용하도록 해야 한다는 것이다. 특정 시점에 가격이 인상된다는 것을 강조하는 것이 아닌, 가격이 낮아질 때 소비자가 얻는 혜택이 무엇이며, 그것이 소비자에게 어떠한 의미로 다가올 수 있는지에 대해 알려야 한다. 예를 들어, 테마파크의 가격이 낮아질 때에는 방문객이 몰리지 않는다는 것을 의미하며, 이를 이용해 여유롭게 휴가를 즐길 수 있다는 의미를 소비자와 공유해야 한다는 것이다. 더불어, 방문객이 집중되는 요일과 시간을 조정하여 소비자가 보다 쾌적한 환경에서 즐길 수 있도록 돕는다는 혜택적인 측면에 대해서도 강조해야 한다.

이를 통한 궁극적인 목표는 소비자가 이 전략을 채택해야 하는 목적을 납득해야 한다는 것이다. 소비자가 다이내믹 프라이싱 전략을 채택하는 이유를 납득하지 못한다면, 이는 불공평하고 기업의 기만 행위라 여겨질 수 있기 때문이다. 다이내믹 프라이싱을 채택하고자 할 때에는, 소비자에게 보다 나은 경험을 제공하기 위한 정책이라는 점을 강조할 필요가 있다. 가격 책정에 대한 기준을 명확히 제시함으로써, 기업에 대한 신뢰가 저하되지 않도록 유의해야 한다.

다이내믹 프라이싱이 성공적이지 않았던 사례를 통해, 4C의 '비용(Cost)' 관점을 포용하고 있지 않다는 것도 알 수 있다. 4P의 '가격(Price)'을 대체하며 제안된 요소인 4C의 '비용(Cost)' 관점을 채택하고 있는지는 고민할 필요가 있다. 제품의 가격이 경영자의 입장에서 책정되었다면, 이제는 소비자가 그만한 가격을 지불할 용의가 있는지를 생각해야 한다. 소비자가 그 가격을 받아들일 수 있는가를 중요하게 여겨야 한다. 소비자의 관점에서 제품을 구매할 때, 그만한 비용 가치가 있는가를 고민해야 한다.

(3) 가격-품질 이론

소비자 관점에서 가격을 책정함에 있어 고려할 수 있는 이론 중 하나는 '가격-품질 이론(price-quality inference)'이다. 이 이론에 따르면, 가격의 수준은 품질 수준과 긍정적인 관계가 있다고 한다(Lichtenstein et al., 1993). 즉, 가격이 높으면 높을수록 그만한 품질을 기대하는 것이다. 가격을 품질 추론의 근거로 사용하는 소비자는 '비싼 제품일수록 더 좋은 품질일 것이다'라는 믿음을 갖게 되며, 더 많은 금액을 지불할수록 더 나은 제품과 더 즐거운 소비 경험을 얻게 될 것이라고 기대한다(Cronley et al., 2005). 이러한 추론적 관계(inferential relationship)는 특히 제품 정보나 품질 단서(quality cues)의 가용성이 제한적일 때 더욱 과장되는 경향이 있다(Campbell et al., 2014). 예를 들어, 자동차를 구매하러 갔다고 해 보자. 이에 대한 정보는 딜러가 가장 많이 알고 있다. 자동차 성능 평가, 브랜드 정보, 타 자동차와 비교했을 때의 장단점 등 전문적인 분야에서 지식이 풍부할 것이다. 반면에 소비자는 이에 대한 모든 정보를 알기 어렵다. 그렇기 때문에 가격에 의존해서 자동차의 품질을 추론하게 된다. 혹은 레스토랑에 대한 정보 없이 방문하였을 때, 높은 가격의 메인 요리를 주문한다면 '맛있을 것이다'라는 추론이 기저에 있다. 이 역시 가격-품질 추론의 예시이다. 즉, 소비자가 품질을 판단할 수 있는 유일한 단서가 가격일 경우, 지각된 품질과 가격 간의 관계는 더욱 강화된다(Cronley et al., 2005; Obermiller, 1988).

독자들은 다음과 같은 의문이 들 수 있을 것이다. 그렇다면 사람들은 무료로 제공되는 상품에 대해서는 품질을 낮게 인식할 것인가? 우리는 일상 속에서 "1개월 무료 체험" "무료 다운로드" "오늘만 0원"이라는 문구들을 마주한다. 이때, '공짜면 무조건 써야지'라는 생각이 있을 수 있으며, 한편으로는 '공짜라면 품질이 떨어질 거야'라는 생각이 있을 수 있다. 사람들이 무료 가격에 대해서는 긍정적인 감정을 가질 수 있겠지만, 가격-품질 추론에 따라서는 상품의 품질이 낮다고 판단할 가능성이 존재하는 것이다. 이 직관이 공존할 때 사람들은 어떠한 결정을 내리게 될까?

이에 대한 궁금증은 니만트 등(Niemand et al., 2019)의 연구에서 확인할 수 있다. 우선, 그들이 진행한 연상 검사에 따르면, '공짜'라는 단어는 '저품질'과 '노력 적음'과 연결 짓는 것을 확인하였다. 이어서 넷플릭스(Netflix)의 다양한 유료 옵션과 무료 버전을 제시한 후 선택하도록 했다. 그 결과, 공짜 정신(free mentality)이 강한 참가자는 무료 서비스를 강하게 선호하였으며, 가격-품질 추론이 높은 사람은 유료 서비스를 더 선호하였다. 그리고 두 성향이 모두 높은 사람은 공짜가 주는 매력 즉, 0원 효과(zero-price effect; 무료 옵션에 대한 긍정적 정서 평가로 무료라는 단어 하나만으로 소비자들이 비합리적으로 강한 수요 이동을 보일 수 있다)가 약화되는 것으로 나타났다. 즉, '공짜가 좋아'라는 생각과 '비쌀수록 좋다'라는 상반된 믿음이 공존하게 되면, 사람은 단순히 감정적 반응에만 의존하는 것이 아닌 더 신중한 사고로 전환하게 된다는 것이다. '공짜'는 합리적인 의사결정을 하기 이전에 사람의 행동을 움직이게 하는 힘이 있으며, 가격-품질 추론은 제로 프라이스 효과를 약화시키는 이성적 필터 역할을 하는 것이다.

　연구자들은 특히나 고가의 사진 편집 소프트웨어와 같이 프리미엄 기능을 직접 체험할 수 없고, 가격을 품질의 신호로 사용하는 상황이라면, 0원 효과(zero-price effect)가 거의 발생하지 않거나 매우 약하게 나타날 가능성이 높다고 한다. 무료 버전은 '공짜지만 품질이 낮다'라는 인식 때문에 0원 가격 효과가 낮아지는 것이다. 공짜는 단기적으로는 사용자를 빠르게 유입시킬 수 있지만, 장기적으로는 '공짜가 당연하다'는 인식을 고착시킬 수도 있으며, 유료 전환율을 떨어뜨릴 위험이 있다. 그렇기 때문에 품질 신호를 강화하는 것이 전략적인 방법이 될 수 있다. 품질 의심에 대한 의혹을 풀 수 있는 메시지를 전달하는 것이다. 즉, "무료 버전에서도 충분히 고품질로 콘텐츠를 즐길 수 있습니다. 하지만 프리미엄은 광고 없이 더 고품질로 시청할 수 있습니다"와 같은 메시지를 전달하는 것이다. 이는 가격-품질 추론에 따라 품질 의심으로 약화 되었던 무료 버전에 대한 긍정적인 감정은 완화되고, 가격-품질 추론에 따라 프리미엄 서비스에 대한 품질을 강조하여 유료 버전으로 전환을 유도할 수 있을 것이다.

　이와 같이 '가격'이라는 것은 단순히 기업이 정한 숫자에 불과하지 않는다. 가격 선정에서 중요한 것은 그 가격이 소비자 관점에서 어떻게 인지되는지 이해할 필요가 있다. 소비자의 심리적 특성을 이해하여 어떠한 방식으로 가격이 '인지되는지'를 고려할 필요가 있다.

3) 유통(Place)에서 편리함(Convenience)으로

　유통은 상품과 서비스가 소비자에게 전달되는 전 과정을 의미한다. 이는 상품을 어떠한 경로로 운송할 것인지, 어떠한 장소와 방식으로 소비자에게 도달하게 할 것인지에 대한 문제이다. 동일한 마케팅 전략일지라도 어떤 유통 채널을 선택하느냐에 따라 매출의 결과는 달라지기 때문에 유통은 핵심적인 마케팅 요소 중 하나로 간주되어 왔다.

적절한 유통 채널을 선택하기 위해서는 소비자의 구매 행동 변화 양상을 면밀히 추적할 필요가 있다. 과거에는 오프라인 유통만이 존재하였지만, 이후 TV 홈쇼핑의 등장으로 전화 주문 방식이 확산되었고, 최근에는 모바일 기술의 발달로 인해 애플리케이션을 통한 구매가 일상화되었다. 이처럼 유통 채널은 시대와 기술 변화에 따라 지속적으로 진화해 왔으며, 마케터는 이러한 환경 변화에 민감하게 반응해야 한다.

소비자가 제품과 서비스를 구매하거나 이용하는 경로는 점점 더 다양해지고 있다. 이러한 변화 속에서 마케터는 빠르게 변화하는 유통 채널 안에서 어떻게 하면 자사의 상품을 소비자의 눈에 더 효과적으로 띄울 수 있을지를 끊임없이 고민해야 한다. 오프라인 유통에서 AI가 활용되는 대표적인 예로는 '플래노그램(planogram)'이 있다. 플래노그램이란 소비자의 구매 행동을 고려해 상품을 진열하는 방식으로, 구매를 유도하기 위해 시각적으로 눈에 잘 띄는 위치에 상품을 배치하는 것이 핵심이다. 기존에는 매장 직원이 선반을 주기적으로 점검하고 주관적인 판단에 따라 진열 방식을 결정했다. 그러나 이러한 방식은 모든 선반을 일일이 관리하는 데 한계가 있고, 개선 의견이 실제 반영되기까지 시간이 걸리는 등 비효율적인 면이 많았다. 게다가 담당자의 판단에 의존하다 보면 진열 방식이 실제 매출 향상으로 이어지지 않을 가능성도 존재한다. 이러한 문제점은 AI 기술을 통해 개선할 수 있다. 담당자가 선반을 촬영하면 AI가 이미지를 분석해 플래노그램을 자동으로 생성하고, 상품과 가격 정보의 불일치 여부, 재고 부족 품목 등을 실시간으로 파악할 수 있게 도와준다. 그 결과, 진열 상태가 잘 정돈되고 재고가 원활히 유지된 매장은 소비자에게 더 편안하고 쾌적한 쇼핑 환경을 제공하게 되며, 이는 긍정적인 쇼핑 경험으로 이어진다.

(1) 퀵커머스의 변화

디지털 시대에 유통의 핵심은 기존의 오프라인 유통과 디지털 유통을 통합적으로 연결하는 데 있다. 이는 유통이 가진 속성의 변화와도 맞닿아 있다. 전통적인 마케팅 4P에서는 '유통(Place)'을 제품과 물류 차원에서 다뤘다면, 4C 관점에서는 디지털 기술과 결합된 '편리함(Convenience)'이 강조된다. 단순히 상품을 판매하는 것을 넘어, 소비자가 더 쉽게, 더 빠르게, 더 편리하게 구매할 수 있는 환경을 구축하는 것이 중요해진 것이다. 이러한 흐름 속에서 코로나19 이후 급격히 증가한 온라인 소비는 '퀵커머스(Quick Commerce)'라는 새로운 유통 채널의 등장을 이끌었다. 퀵커머스는 도심 거점 물류 센터나 매장을 활용하여 상품 주문 후 1시간 내 배송을 실현하는 서비스로, 소비자가 매장에 직접 방문하지 않아도 실시간에 가까운 구매 경험을 제공한다. 대표적인 예로는 배달의민족, 쿠팡 프레시와 같은 e커머스 기반 기업들이 있으며, GS리테일, CJ올리브영, 롯데온처럼 오프라인 점포를 적극 활용해 시너지를 창출하는 기업들도 있다([그림 2-33] 참조).

퀵커머스는 IT 기술을 기반으로 물류를 최적화하고, 데이터 분석을 통해 효율적인 재고 관리를 가능하게 한다. 나아가, 이 과정에서 수집되는 구매 및 배송 데이터를 기반으로 한 AI 활용은 유통의 편

퀵커머스 진출 업체

업계	배달 플랫폼	리테일 업체	오프라인 매장 보유 업체	백화점/SSM	배달 대행 업체
	배달의민족	GS 리테일(GS25)	CJ올리브영 '오늘드림'	롯데온-바로배송	메쉬코리아 '부릉'
현황 및 계획	2019년 11월 출시 후 10개월 매출 증가율 963%	요기요, 배달 인프라 활용 '우리동네GS' 론칭 예정(7월)	전국 1,260개 점포 활용 중 수도권 MFC 6곳 오픈 예정	올 1분기 배송 건수 전년 동기 대비 30% 증가	대행을 넘어 자체 MFC 기반 식음료/유통 브랜드와 협업
	쿠팡	BGF리테일(CU)	SPC-해피 버틀러(new)	이마트-쏙고우(new)	바로고
	최소 주문 금액 없이 무료 배달 및 15분 내 배달	포켓 CU앱 리뉴얼 및 홈배송 서비스 런칭	전국 6천여개 점포 활용 추후, 브랜드/지역 확대 예정	서울 강남구/서초구 일부 배달 이마트 상품, 스타벅스 등	1,000억 원 규모 자금 확보, 퀵커머스 '텡고(10분 배달)'에 투자
시장	시장 형성		기존 오프라인 점포를 적극 활용 또는 도심 거점 물류센터 투자 활발		배달 인프라 기반 진입

향후 전망

1. MFC 지속 확대
   배송 지역 및 배송 품목 확대

2. 물류센터 자동화
   인건비 및 안전 사고 대응

3. AI/데이터 분석
   재고 최소화를 통한 비용 전환

*MFC(Micro Fulfillment Center): 도심 거점 물류센터

[그림 2-33] 퀵커머스 업체 현황

출처: 나스미디어(2024).

리함을 한층 고도화한다. 예를 들어, 쿠팡은 자사의 새벽배송 서비스를 보다 효율적으로 운영하기 위해 AI를 적극 도입하고 있다. 쿠팡의 AI는 기존 주문 데이터뿐 아니라 계절, 할인 이벤트 등의 요인을 종합해 구매 패턴을 예측하고, 이를 기반으로 약 100여 개의 풀필먼트 센터에 상품을 선입고한다. 이렇게 예측 기반으로 배송 준비를 선제적으로 수행하면, 주문된 상품이 더 빠르게 출고될 수 있으며, 어떤 차량과 경로를 통해 소비자에게 배송하는 것이 최적인지도 AI가 판단한다.

네이버 역시 유통의 AI 활용을 확장하고 있다. 2024년 1월, 네이버는 나이키와 함께 생성형 AI 기반 챗봇 광고 서비스인 '클로바 포 애드(CLOVA for AD)'를 테스트하고 있다([그림 2-34] 참조). 이 서비스는 네이버의 초거대 AI '하이퍼클로바X'를 기반으로, 한국 문화와 문맥을 가장 잘 이해하는 AI라는 평가를 받고 있다. 클로바 포 애드는 소비자와 연속적인 대화를 이어 가며 상품을 추천하고 구매까지 유도하는 챗봇 형태의 광고이다. 단순히 홈페이지에서 제품을 검색하는 것이 아니라, AI가 소비자의 구매 의도를 파악하고 구체화하여 실제 매장 직원처럼 구매 카운슬링을 제공하는 방식이다.

이러한 AI 기반 서비스는 높은 성과를 보이고 있다. 클로바포애드에 노출된 광고는 기존 광고보다 클릭률이 약 20% 이상 상승하였으며, AI 챗봇 이용 이후 실제 구매 페이지로 이동한 사용자의 비율도 30%에 달했다. 소비자는 제품 정보를 보다 효율적으로 얻고, 브랜드는 개인 맞춤형 경험을 통해 전환율을 극대화할 수 있는 새로운 방식으로 주목받고 있다. 이에 클로바 포 애드는 '광고와 유통의 경계를 허무는 혁신적 서비스'로 평가된다.

지금까지 살펴본 것처럼, 유통, 즉 리테일 분야에서 디지털과 AI

는 고객 행동 데이터를 기반으로 과거보다 훨씬 개인화된 접점과 구매 경험을 제공하는 방향으로 빠르게 변화하고 있다. 이는 디지털 플랫폼과 AI 기술을 통해 구매 데이터를 수집하고 분류하는 과정이 과거보다 훨씬 용이해졌기 때문이다. 특히 물류와 유통 시장의 밸류체인은 노동 집약적인 부분이 많았다는 점에서 AI가 빠르게 적용되고 있다. 미래에는 드론 택시와 같은 혁신적인 물류 형태가 상용화되면서 유통 시장은 더욱 빠르게 변화할 것으로 예상된다. 드론을 활용한 배송 서비스는 도심 지역에서의 배송 속도를 획기적으로 개선할 수 있으며, 교통 체증을 줄이는 데도 기여할 수 있다. 이와 함께 자율주행 차량을 활용한 배송 서비스도 점차 확대될 것으로 보인다.

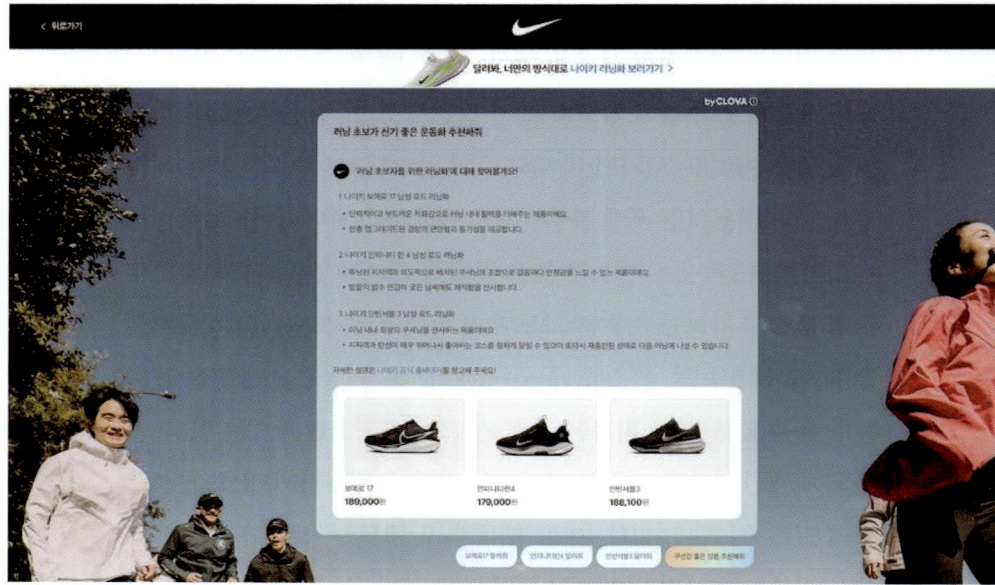

[그림 2-34] 네이버, 나이키와 생성형 AI 광고 '클로바 포 애드' 예시

출처: 이경탁(2024. 1. 24.).

또한 AI는 고객의 구매 여정을 더욱 정교하게 개인화하는 데 중요한 역할을 할 것이다. 예를 들어, AI는 고객의 실시간 데이터를 분석해 구매 의도를 예측하고, 적시에 맞춤형 프로모션을 제공함으로써 전환율을 극대화할 수 있다. 더 나아가, 가상현실(VR)과 증강현실(AR) 기술과 결합된 AI는 소비자가 온라인에서 제품을 체험하고 구매 결정을 내리는 방식을 혁신적으로 변화시킬 가능성이 크다. 결론적으로, 디지털과 AI는 유통 시장의 핵심 동력으로 자리 잡고 있으며, 물류와 리테일의 효율성을 높이는 동시에 소비자 경험을 혁신적으로 개선하고 있다. 앞으로도 AI 기술의 발전과 새로운 물류 형태의 도입은 유통 시장의 변화를 가속화하며, 기업과 소비자 모두에게 새로운 기회를 제공할 것이다.

4) 촉진(Promotion)에서 커뮤니케이션(Communication)으로

촉진이란 소비자를 설득하여 상품을 구매하게 만드는 다양한 활동을 의미하며, 광고, 마케팅, PR 활동 등이 여기에 포함된다. 기업 중심의 관점이 강조되는 촉진과 달리, 4C에서는 소비자와 '커뮤니케이션' 할 것을 강조한다. 즉, 기업이 소비자에게 일방향적으로 메시지를 전달하는 것이 아니라, 쌍방향 커뮤니케이션을 지향해야 한다는 것이다. 물론 양방향 커뮤니케이션이 이상적이지만, 마케팅 목표를 달성하기 위해 촉진 활동은 필수적이다. 촉진 활동에는 다양한 설득 수단이 존재하므로, '프로모션 믹스(promotion mix)' 전략이 활용되기도 한다. 이는 마케팅 목표를 달성하는 데 가장 효과적인 설득 수단을 조합하는 총체적인 마케팅 커뮤니케이션을 의미한다. 대표적으로 PR(Public Relations), 판매 촉진(Sales Promotion), 직접 마케팅(Direct Marketing) 등의 수단이 통합적으로 운영된다. 지금부터는 이러한 개념들을 하나씩 살펴보고자 한다.

(1) PR

① 정의

미국PR협회(Public Relations Society of America: PRSA)는 PR을 "조직과 공중이 상호적으로 이익을 얻기 위한 전략적 커뮤니케이션 과정"이라고 정의한다. 한국PR협회 역시 "PR은 조직과 공중이 쌍방향 소통을 통해 상호 호혜적인 관계를 형성하고 유지하며, 지속가능한 발전을 추구하는 전략적 관리 과정"이라고 정의하고 있다.

> "Public relations is a **strategic** communication process that builds **mutually beneficial relationships** between organizations and their publics."   – PRSA–

> "PR is the **strategic** management process of building, maintaining, and pursuing **mutually beneficial relationships** through two-way communication between an organization and the public."   –한국 PR협회–

② 핵심 키워드

이 두 정의에서 공통적으로 제시되는 핵심 키워드는 다음 세 가지이다. 전략적(strategic), 상호 이익(mutually beneficial), 관계

(relationships). 이 세 가지 키워드는 PR을 구성하는 핵심 요소이며, 이를 바탕으로 PR의 특성을 다음과 같이 정리할 수 있다.

첫째, '전략적(strategic)'이라는 특성은 의도적이고 계획적인 커뮤니케이션이라는 점을 의미한다. 바이럴 콘텐츠처럼 소비자가 자발적으로 생산하는 것이 아닌, 기업이 통제 가능한 범위 내에서 공중(이해관계자)의 이해와 반응을 유도하기 위해 전략적으로 진행되는 활동이다.

둘째, '상호 이익적(mutually benefical)'이라는 점이다. PR 활동은 기업만을 위한 것이 아니라 소비자에게도 이익이 되어야 한다. 단순히 정보를 전달하는 것을 넘어서, 공중이 PR 활동을 통해 실질적인 가치를 느껴야 한다.

셋째, '관계(relationship) 형성'이다. 이는 광고와 PR의 중요한 차이점 중 하나이다. 광고는 "이 상품을 구매하세요"와 같이 직접적인 구매 촉구 메시지를 전달하는 데 비해, PR은 기업과 소비자 간의 우호적인 관계를 구축하는 데 초점을 맞춘다. 예를 들어, 긍정적인 브랜드 이미지를 형성하거나 신뢰를 높이는 활동이 여기에 해당한다. 또한 광고는 매출이나 ROI처럼 수치로 측정가능한 결과를 목표로 삼는 반면, PR은 관계 형성과 같은 정성적 지표를 중시한다. 이 과정에서 언론 홍보는 주요 수단 중 하나가 된다. 예를 들어, 자사 제품의 우수성을 기사 등을 통해 알림으로써 소비자에게 긍정적인 인상을 주기 위함이다.

(2) 판매 촉진

① 핵심 개념

프로모션 믹스의 한 구성 요소인 판매 촉진(Sales Promotion)에 대해 미국 마케팅협회(American Marketing Association: AMA)는 "인적 판매, 광고, 홍보를 제외한 소비자 구매나 유통업자의 효율성을 자극할 수 있는 활동으로서 전시, 시연, 기타 다양한 비반복적인 판매 노력"이라고 정의한다.

> "sales promotion refers to those activities other than personal selling, advertising and publicity that stimulate consumer purchasing and dealer effectiveness, such as – display shows and exhibitions, demonstrations, and various other non-recurrent selling efforts not in ordinary routine."

판매 촉진은 단기적으로 즉각적인 효과를 기대할 수 있으며, 그 방식에 따라 장기적인 효과도 가능하다. 홍보나 PR처럼 인지 형성이나 태도 형성에 영향을 주는 수단들과 달리, 판매 촉진은 할인 쿠폰, 사은품 증정 등과 같이 구매 단계에 직접적인 영향을 미친다는 점에서 매출 증대와 같은 단기적 효과에 매우 유리하다. 판매 촉진은 단기적 효과뿐만 아니라 소비자에게 긍정적인 브랜드 태도를 형성하는 데에도 기여할 수 있다. 예를 들어, 무료 샘플 증정은 소비자에게 제품을 체험하게 함으로써 브랜드에 대한 호감도와 신뢰도를 높이는 데 중요한 역할을 하기 때문이다.

한 연구에서는 가격 할인 등의 잦은 판촉 활동이 제품 가격에 대한 기억을 증대시켜 장기적인 효과를 가져올 수 있음을 입증하였다(Vanhuele & Dreze, 2002). 이처럼 판매 촉진은 단기적인 효과와 함께 장기적인 효과도 동시에 기대할 수 있는 전략이다. POS(Point of Sales System) 데이터를 분석한 한광석과 고한준(2007)의 연구에 따르면, 판매 촉진이 진행된 기간 동안 매장 내 판매량이 급격히 상승했으며, 촉진 활동이 종료된 이후에는 매출이 점차 감소하긴 했지만 경쟁 제품에 비해서는 여전히 높은 판매량을 기록했다. 즉, 판매 촉진은 즉각적인 매출 증대뿐 아니라 브랜드 전환 및 재구매를 유도하는 측면에서 장기적인 효과도 기대할 수 있는 마케팅 수단인 것이다.

따라서 판매 촉진은 '지나칠 수 없는 횡재(a deal impossible to refuse)'로 인식될 가능성이 높은 소비자를 대상으로 타깃팅되어야 한다(Hackleman, 1980). 예를 들어, 할인된 가격으로 구매했지만 실제 사용하지 않고 제품을 집에 쌓아 두는 경향이 있는 소비자들처럼 거래 조건에 민감하게 반응하는 소비자를 찾아내는 것이 중요하다(Thaler, 1983). 그러나 판매 촉진에 민감한 소비자(deal prone consumer)를 찾아내는 일은 쉽지 않기 때문에 어떤 방식으로 촉진 전략을 설계해야 효과적인지를 이해하는 것이 중요하다.

사실 마케터에게 있어 가장 큰 고민 중 하나는 "어떤 방식의 판매 촉진이 효과적인가?"일 수 있다. 잦은 판매 촉진 활동이 오히려 역효과를 일으킬 수 있다는 우려 때문이다. 예를 들어, 쿠폰 제공 전략을 사용할 경우, 소비자들이 쿠폰이 나올 때만 제품을 구매하려 하거나, 할인 종료 후 정가를 높게 인식해 구매를 주저하지는 않을까 하는 걱정이 있다. 이에 대해 알라비 등(Alavi et al., 2015)은 '내적 기준 가격(Internal Reference Price: IRP)'을 안정적으로 유지할 수 있는 가격 할인 전략에 대해 연구하였다. 여기서 '내적 기준 가격'이란 소비자가 적정하다고 인식하는 가격 수준을 의미하며, 잦은 할인은 소비자의 IRP를 낮추어 정가가 상대적으로 비싸게 느껴지도록 만들 수 있다.

이 연구에서는 가격 할인 방식을 두 가지(일반 가격 할인과 도박적 가격 할인)로 나누고, 각각이 내적 기준 가격에 미치는 영향을 살펴보았다. 결과에 따르면, 일반 가격 할인(Regular Price Discounts: RPD)은 내적 기준 가격을 낮추는 반면, 도박적 가격 할인(Gambled Price Discounts: GPD)은 내적 기준 가격을 비교적 안정적으로 유지하는 것으로 나타났다. 일반 가격 할인은 모든 소비자가 동일하게 할인을 받을 수 있는 방식이고, 도박적 가격 할인은 주사위를 굴려 '5'가 나올 경우에만 쿠폰을 제공하는 등, 확률에 따라 일부 소비자만 할인을 받을 수 있는 방식이다. 이와 같은 방식은 소비자에게 불확실성(uncertainty)과 예외성(atypicality)을 인식하게 만들 수 있는 방식이다.

알라비 등의 또 다른 실험 결과에서는, 도박적 가격 할인 방식을 사용한 경우 일반 할인 방식보다 프로모션 종료 후의 재구매율이 더 높게 나타났다. 다시 말해, 정가로도 재구매 의사가 존재하는 것이다. 이는 도박적 가격 할인이 지닌 불확실성으로 인해 소비자의 내적 기준 가격이 낮아지지 않았기 때문이다. 정리하면, 일반 가격 할인은 할인 기간 동안 제품을 구매하지 못한 소비자에게 정가로의 구매를 유도하기 어려운 반면, 도박적 가격 할인은 자신이 할인을 받을 수 있다는 확신이 낮기 때문에 기회를 놓치더라도 정가 구매에 대한 거부감이 덜하다. 따라서 모든 소비자에게 일률적으로 쿠폰을 제공하기보다는, 일부 소비자에게 예외적으로 쿠폰을 제공하는 전략이 더욱 효과적인 마케팅 결과를 이끌어 낼 수 있을 것이다.

② AI 기반 전략

지금부터는 AI에 기반한 상품 판매 촉진 전략의 구체적인 사례에 대해서 살펴보자.

미국의 슈퍼마켓 체인 '세이프웨이(Safeway)'는 '저스트 포 유(Just for U)' 프로그램을 운영하며, 고객의 개개인에게 맞추어 가격이 조정된다(김형택, 2022). 가격이라는 것은 사람마다 다르게 인지된다. 동일한 제품이라 할지라도 얼마나 자주 구매하였는지, 가족 구성원이 어떻게 되어 있는지에 따라 인식되는 가치가 달라진다. 예컨대, 어린 자녀가 있는 가족에게는 생선이라는 식재료가 고른 영양 섭취를 위한 필수 식재료가 될 수 있으며, 가족 중에 심혈관 질환의 위험이 있다면 예방 차원에서 자주 섭취하는 식재료가 될 수 있다. 반면에 1인 가구에는 그 가치가 크지 않을 수 있으며 동일한 가격이라도 더 높게 가격이 인지될 수 있다.

AI는 이처럼 같은 제품이라도 소비자에 따라 다르게 인식되는 가치 차이를 반영한다. 과거 쇼핑 이력을 분석하여 소비자가 특정 제품을 얼마나 자주 구매했는지를 기반으로 맞춤형 할인 쿠폰을 제공하는 것이다. BMO 캐피탈 마켓(BMO Capital Markets)이 '저스트 포 유' 프로그램이 나왔을 당시 실시한 설문조사 따르면, '세이프웨이' 고객 700명 중 48%가 '저스트 포 유'를 사용하고 있다고 답했으며, 이들 중 39%는 '세이프웨이' 가격이 개선되고, 21%는 고객 경험이 개선되었다고 응답한 것으로 나타났다(Zwiebach, 2012). 이는 전통적인 타깃팅 방식과는 뚜렷한 차이가 있다. 예를 들어, 전통적인 방식에서는 '장바구니에 상품을 담은 소비자'를 기준으로 쿠폰을 제공하지만, 이는 0.01초 단위로 변화하는 소비자 행동을 포착하기 어렵고, 타이밍에 맞는 유인 전략을 적용하기 어렵다는 한계가 존재한다. 반면, AI는 정교한 알고리즘을 바탕으로 세분화된 소비자 집단을 실시간으로 구성하고 개인화된 마케팅 경험을 제공하는 것이다.

또 다른 AI 활용 쿠폰 전략의 예로는 일본 기업인 이모션 인텔리전스(Emotion Intelligence)의 젠클럭(ZenClerk) 서비스가 있다([그림 2-35] 참조). 이는 AI를 통해 적절한 구매 타이밍을 간파하여 할인 쿠폰을 제시해 주는 서비스이다. 이 책을 읽는 독자도 온라인 쇼핑몰에서 상품을 장바구니에 담고 결제하지 않은 적이 종종 있을 것이다. 그리고 구매 행동까지 이어지게 하는 유인책에는 쿠폰이 자리하고 있던 적이 있을 것이다. '장바구니에 상품을 담고 결제를 하지 않은 채 떠나는 소비자'가 실제 구매로 이어지게 하려면, 결정적인 한마디가 필요하다. 그리고 AI가 그 타이밍을 간파하여 쿠폰을 제시해 주는 게 젠클럭이다. ZenClerk은 0.05초 단위로 온라인 방문자 행동을 추적하고 분석한다(김형택, 2022). 사용자가 마우스를 어디에 올려 두고 있는지, 몇 초 동안 특정 페이지를 보고 있는지, 얼마나 스크롤을 내렸는지를 실시간으로 파악하여 '망설이는 순간'을 감지한다. 예를 들어, 장바구니에 상품을 넣고 15초 이상 결제를 하지 않거나, 상품을 여러 개 담았다가 빼 가며 최저 주문 가격을 맞추려는 행위는 배송비 때문에 구매를 망설이고 있다는 신호이다. AI는 이 타이밍을 놓치지 않고 배송비 무료 쿠폰을 제공할 수 있다. ZenClerk은 무작정 모든 고객에게 쿠폰을 뿌리는 것이 아닌 고객 행동을 기반으로 구매 확률이 가장 높을 때, 딱 맞는 쿠폰을 제시한다. 쿠폰을 보여 줄지 말지, 그리고 보여 준다면 언제 어떤 조건으로 보여 줄지를 AI가 결정한다. ZenClerk에 따르면, 이러한 시스템을 도입한 사업자들의 누적 매출이 150억 엔을 돌파하고 평균 150~200% CVR이 개선되었다고 한다(AT Press, 2015; Vertical Platform, 2015).

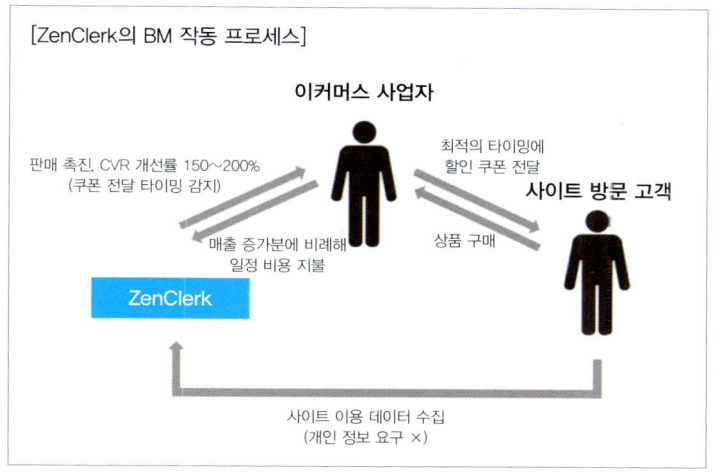

[그림 2-35] ZenClerk: AI를 통한 적절한 구매 타이밍 간파

출처: Vertical Platform. (2015. 8. 3.).

우리가 해당 사례를 통해 배워야 하는 인사이트는 쿠폰을 많이 뿌리는 것이 아닌 제대로 뿌려야 한다는 것이다. AI를 통해 고객의 클릭 하나, 머뭇거리는 3초, 스크롤 속도까지 읽어 내고 고객이 가장 필요로 하는 순간을 캐치하여 쿠폰을 제시하는 것이 필요하다.

(3) 직접 마케팅

① 핵심 개념

직접 마케팅(Direct Marketing)이란 생산자(기업)와 소비자 사이에 소매점이나 도매점 같은 중개자 없이, 목표 고객에게 직접 커뮤니케이션하는 방식을 의미한다. 이는 인쇄 매체나 방송 광고처럼 매체를 통해 간접적으로 소통하는 전통적 방식과는 차별점을 갖는다. 대표적인 직접 마케팅 방식에는 우편(direct mail), 쿠폰 발송, 이메일, 전화, 문자 메시지(SMS) 등이 있으며, 이러한 방식은 1980년대부터 활발히 활용되어 왔다. 최근에는 소셜 네트워크 서비스(SNS)의 등장으로 직접 마케팅 방식도 한층 다양해지고 있다. 기존의 직접 마케팅 방식이 소비자의 개인정보를 바탕으로 개별적으로 접촉하는 형태였다면, SNS를 통해 기업은 불특정 다수의 소비자와도 직접적으로 소통할 수 있게 되었다. 팔머와 쾨니히-루이스(Palmer & Koenig-Lewis, 2009)는 이러한 변화에 주목하며, 전통적인 직접 마케팅과 SNS 기반의 직접 마케팅 방식을 다음 [그림 2-36]과 같이 도식화하고 있다.

그들은 전통적인 직접 마케팅이 생산자와 소비자가 직접 소통하는 구조였다면, 커뮤니티 요소가 도입된 이후에는 소비자가 자발적으로 선택한 커뮤니티와의 상호작용을 중심으로 커뮤니케이션이 이루어진다고 주장하였다. 이때 생산자가 의도하는 커뮤니티가 소비

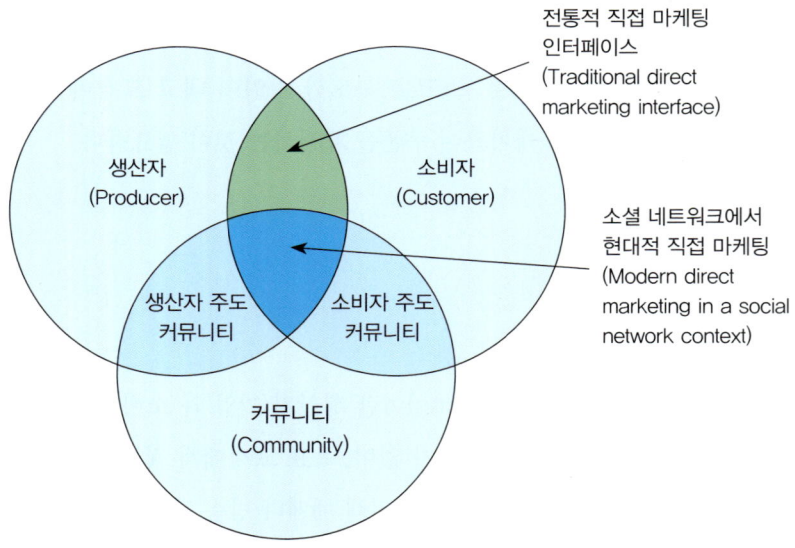

[그림 2-36] 전통적 방식 및 소셜 네트워크 맥락에서의 직접 마케팅

출처: Palmer & Koenig-Lewis (2009).

자가 선호하는 커뮤니티와 일치하지 않을 수 있다. 만약 생산자 중심으로 커뮤니케이션할 커뮤니티를 설정하게 된다면(즉, 생산자 주도 커뮤니티; producer-led community), 커뮤니티의 가장 큰 장점인 자발적 참여라는 특성이 훼손될 수 있다. 그렇기 때문에 브랜드 커뮤니티는 브랜드와 직접적으로 연관되어 있으면서도, 동시에 소비자의 다양한 관심사를 포괄할 수 있어야 한다.

② AI 기반 전략

이러한 관점을 잘 보여 주는 사례가 바로 스타벅스의 'MyStarbucksIdea'이다. 스타벅스는 해당 플랫폼을 통해 소비자들에게 아이디어를 제안하고, 투표하고, 논의하며, 검토할 수 있는 기회를 제공하였다. 이는 단순한 피드백 수집 차원을 넘어, 소비자의 아이디어를 관찰하고 분석함으로써 기업의 전략 수립에도 기여하였으며, 소비자와의 직접적인 소통 채널을 확보한 셈이다.

이제 직접 마케팅은 단순히 기업과 소비자 간의 일대일 커뮤니케이션을 넘어서, 기업-소비자-커뮤니티 간의 삼각 관계 속에서 진행되어야 한다. 이는 소비자가 일상에서 주로 머무는 공간이 커뮤니티이기 때문이다. 커뮤니티는 지인에게 정보를 전달하는 데 그치지 않고, 그 메시지가 지인을 통해 퍼지고 또 다른 개인에게 빠르게 확산되는 구조를 갖는다.

기업이 소비자 및 커뮤니티와 성공적으로 커뮤니케이션한 사례로는 포드(Ford) 자동차가 2009년에 진행한 'Ford Fiesta Movement' 캠페인이 있다. 포드는 체험단으로 선정된 100명에게 6개월 동안 매달 다른 미션을 제공하고, 그 결과물을 비디오, 사진, 텍스트 등의 형태로 유튜브, 페이스북, 트위터 등 소셜 네트워크 서비스에 업로드하도록 하였다. 약 60초짜리 TV 광고나 옥외 광고판 대신, 다수의 소비자와 직접 커뮤니케이션할 수 있는 방식을 선택한 것이다. 체험단의 경험은 다른 사용자들에게도 충분히 흥미를 불러일으켰다. 이 캠페인 덕분에 2010년 하반기 6개월 동안 23,000대 이상이 판매되었고, 2011년에는 전년 대비 판매량이 약 300% 증가하였다(Buss, 2012).

소셜미디어가 확산되면서 바이럴 마케팅의 중요성도 더욱 커지고 있다. 앞서 살펴본 바와 같이, 직접 마케팅은 쿠폰 발송이나 이메일 등 전통적인 방식으로도 이루어질 수 있지만, 미디어 환경 변화에 맞추어 소비자가 활동하는 커뮤니티에 브랜드가 직접 참여하는 방식도 고려해 볼 필요가 있다.

(4) 광고

① 핵심 개념

미국 마케팅협회(American Marketing Association)에서는 "광고란 명시된 광고주에 의한 아이디어, 상품, 혹은 서비스에 대한 유료 형태의 비대면적 제시 및 촉진 활동"이라고 정의한다.

> "Advertising is any paid of non-personal presentation and promotion of ideas, goods, services by an identified sponsor"

이 정의에서 핵심적인 요소는 '유료 형태' '비인적 판매' '광고주 명시'이다.

첫째, '유료 형태'란 광고주가 특정 매체에 돈을 지불하고 광고 공간(ad space)을 구매하여 소비자에게 메시지를 전달하는 과정을 뜻

한다. 이는 광고가 단순한 정보 전달이 아니라 자원을 투입한 전략적 커뮤니케이션임을 의미한다.

둘째, '비인적 판매(non-personal selling)'는 광고가 소비자와 직접 대면하는 커뮤니케이션이 아니라, TV, 라디오, 온라인 버너 등 다양한 광고 매체를 통해 전달된다는 점에서 설명된다. 이는 광고가 인적 판매와 달리 표준화된 메시지를 대중에게 전달하는 방식임을 보여 준다.

셋째, '광고주의 명시'는 해당 광고가 누구에 의해 집행되었는지를 소비자가 인식할 수 있어야 한다는 원칙이다. 반드시 브랜드명이 명확히 노출되어야만 한다는 의미는 아니며, 브랜드를 대표하는 로고, 슬로건, 제품 패키징 등이 광고에 포함되어 있다면, 소비자는 자연스럽게 광고주를 인식할 수 있으므로 '광고주 명시'에 해당한다고 볼 수 있다.

② 정보원의 효과

그렇다면 동일한 광고 내용을 어떤 정보원을 통해 전달할 때 더 효과적일까? 마케터는 브랜드의 공식 채널을 통해 광고하는 것이 더 효과적일지, 혹은 인플루언서 마케팅 등 브랜드 외부 정보원을 통해 커뮤니케이션하는 것이 더 나을지 고민이 필요하다. 탕 등(Tan et al., 2021)의 연구에 따르면, 동일한 광고 내용이라도 게시자가 기업일 경우 인플루언서보다 더 높은 브랜드 인지도를 형성하는 것으로 나타났다. 이는 인플루언서 마케팅보다 기업이 직접 정보원이 될 때 더 매력적으로 보일 수 있음을 시사한다. 그러나 이 연구는 인플루언서의 다양한 특성을 고려하지 않고 콘텐츠 내용만을 중심으로 분석한 것이므로 다양한 요인을 함께 고려할 필요가 있다. 예를 들어,

러우와 위안(Lou & Yuan, 2019)의 연구에서는 인플루언서의 신뢰성, 매력도, 팔로워와의 유사성이 브랜디드 콘텐츠에 대한 신뢰를 높이며, 이는 다시 브랜드 인지도와 구매 의도에 긍정적 영향을 미치는 것으로 나타났다. 즉, 광고의 효과는 단순히 누가 전달하느냐에 따라 결정되기보다는, 그 정보원이 지닌 특성과 소비자와의 관계 맥락에 따라 달라질 수 있음을 의미한다.

5) 프로모션 믹스에서 IMC로

(1) IMC의 중요성

프로모션 믹스는 제품 및 서비스를 소비자에게 인지시키고 판매를 촉진하기 위해 PR, 판매 촉진, 직접 마케팅, 광고 등을 조합하는 전략을 의미한다. 각각의 마케팅 커뮤니케이션 수단을 어떻게 조합하고 활용할지에 중점을 두는 것이다. 예를 들어, 패스트푸드점의 신메뉴 판매 증진을 목표로 할 때, TV 광고를 통해 신메뉴를 알리고, 언론 보도를 진행하며, 특정 요일에 매장을 방문한 고객에게 할인 쿠폰을 제공하는 판매 촉진을 함께 사용하는 방식이다. 이처럼 프로모션 믹스는 다양한 커뮤니케이션 채널을 조합하여 사용하는 것이다. 하지만 디지털 미디어의 등장과 디지털 전환으로 인해 커뮤니케이션 채널 간의 경계가 점점 모호해지고 있다. 디지털 플랫폼의 등장으로 소비자의 참여 방식이 변화했기 때문이다. 프로모션 믹스의 각 요소가 융합되고 있는 셈이다.

대표적인 예시로는 인플루언서 마케팅을 통한 공동구매 사례가 있다. 이는 광고와 인적 판매(personal selling)의 경계를 허무는 사례로, 기업은 인플루언서와 협업하여 구독자들이 자사 제품을 보다 저렴하게 구매할 수 있도록 마케팅을 전개할 수 있다. 공동구매의 강점은 인플루언서를 통해 상품 정보를 전달하면서 구매 촉진도 동시에 이루어질 수 있다는 점이다. 인플루언서는 자신을 구독하는 유저들에게 직접적으로 정보를 제공하여 신뢰를 형성하고, 즉각적인 구매로 이어지도록 유도할 수 있다. 공동구매는 광고주를 경시하며 유료의 형태(공동구매 수수료)로 집행되기 때문에 '광고'의 특성을 지닌다. 인플루언서는 일반적으로 브랜드와 협약을 맺고 대가를 받기 때문에 유료 매체로서의 '광고' 속성도 지닌다. 동시에 인플루언서(판매자)와 구독자(소비자)가 서로 상호작용하며 제품을 판매한다는 점에서 '인적 판매'의 특성도 갖는다.

본래 인적 판매는 대면 형식으로 진행되는 것이 일반적이지만, 디지털 매체를 통해 실시간으로 상호작용하며 피드백을 주고받고, 이에 대한 답변을 제시할 수 있다는 점에서 인적 판매의 속성을 반영하고 있다고 볼 수 있다. 또한 구독자의 관심사나 니즈를 반영해 맞춤화된 메시지를 전달할 수 있다는 점에서도 인적 판매의 특성을 지닌다.

프로모션 믹스 요소들의 경계가 무너지고 있다는 것은, 이제 '구매 행위'를 직접적인 메시지로 전달하기보다는 콘텐츠를 통해 간접적으로 경험하게 하고, 즐거움을 선사함으로써 브랜드에 대한 태도를 호의적으로 만드는 것이 중요해졌다는 것을 의미한다. 구글은 이러한 변화에 주목하여, 전통적인 '인지-고려-구매'로 이어지는 선형적인 마케팅 퍼널(Marketing Funnel) 대신, 현대 소비자는 다양한 디지털 접점에서 정보를 검색(Searching)하고, 소셜 피드를 스크롤(Scrolling)하며 영감을 얻고, 콘텐츠를 스트리밍(Streaming)하며, 그 제품을 쇼핑(Shopping)까지 이어진다고 설명한다. 이처럼 소비자의 행동 경로가 점점 더 유연하고 예측 불가능해짐에 따라, 단순히 채널별로 프로모션을 조합하는 접근만으로는 효과적인 커뮤니케이션을 기대하기 어렵다. 이제는 다양한 접점에서 일관된 핵심 메시지를 어떻게 통합적으로 설계하고 전달할 것인지에 대한 전략적 고민이 필요하다. 즉, 통합적 마케팅 커뮤니케이션(Integrated Marketing Communication: IMC)의 중요성이 더욱 강조되고 있다.

(2) IMC의 핵심 개념

통합 마케팅 커뮤니케이션(IMC)이라는 개념은 1989년 노스웨스턴대학교(North-western University)에서 처음 개발되었다. 당시 미국 광고 대행사 협회(American Association of Advertising Agencies: 4As), 광고주 협회(Association of National Advertisers), 그리고 노스웨스턴대학교의 공동 후원으로 미국 주요 광고주 및 광고 대행사를 대상으로 설문조사가 진행되었으며, 이 연구는 이후 IMC 논의의 출발점이 되었다(Schultz & Schultz, 1998). 문헌에 따르면, 4As에서 제시한 IMC 정의는 1989년 이후 가장 널리 인용되고 사용되어 왔다(Kliatchko, 2005).

"A concept of marketing communications planning that recognizes the added value of a comprehensive plan that evaluates the strategic roles of a variety of communication disciplines and combines these disciplines to provide clarity, consistency, and maximum communication impact."

"다양한 커뮤니케이션 수단의 전략적 역할을 평가하고, 이들을 결합하여 명확성, 일관성, 그리고 최대의 커뮤니케이션 효과를 제공하는 포괄적인 계획의 부가가치를 인식하는 마케팅 커뮤니케이션 기획 개념이다."

이후 다수의 학자들이 IMC의 개념을 확장하고 구체화하였다. 노왁과 펠프스(Nowak & Phelps, 1994)는 IMC의 주요 구성 요소로 다음의 세 가지를 제안하였다. 첫째, '한 목소리(one-voice) 마케팅 커뮤니케이션'은 모든 마케팅 채널에서 일관된 이미지, 메시지 또는 콘셉트를 유지해야 함을 강조한다. 둘째, '통합(integrated) 마케팅 커뮤니케이션'은 광고 등의 커뮤니케이션 활동이 단순히 브랜드 이미지를 구축하는 데에 그치지 않고, 구체적인 행동 반응까지 유도해야 함을 의미한다. 셋째, '조정된(coordinated) 마케팅 커뮤니케이션'은 광고, PR, 다이렉트 마케팅 등 다양한 수단이 유기적으로 운영되어야 함을 강조하며, 이러한 조정은 브랜드 인지도 및 이미지 형성은 물론, 타깃 오디언스의 행동까지 유도할 수 있게 한다(Kliatchko, 2005).

이후 슐츠와 슐츠(Schultz & Schultz, 1998)는 IMC 개념을 더욱 확장하여, 이를 단순한 메시지 전달을 넘어 전략적 비즈니스 프로세스로 규정하였다. 이들은 IMC를 다음과 같이 정의하였다.

"IMC is a strategic business process used to plan, develop, execute, and evaluate coordinated, measurable, persuasive brand communication programs over time with consumers, customers, prospects, and other targeted, relevant external and internal audiences."

"IMC는 소비자, 고객, 잠재 고객 및 기타 관련된 외부·내부 대상과 장기적인 관계 속에서, 조정되고 측정 가능하며 설득력 있는 브랜드 커뮤니케이션 프로그램을 기획하고, 개발하며, 실행하고 평가하는 데 사용되는 전략적 비즈니스 프로세스이다."

이러한 정의에는 단기적 메시지 전달 이상의 의미가 포함된다. 슐츠(Schultz)는 IMC를 장기적인 관계 구축, 브랜드 가치 창출, 성과 측정이 가능한 전략 시스템으로 보고 있으며, 단순한 메시지 통일이 아닌, 조직 차원의 통합적 의사소통 구조로 해석하고 있다. 〈표 2-3〉은 기존 문헌에서 제시된 IMC 정의들을 정리한 것이다. 정의는 학자마다 다소 차이를 보이지만, 공통적으로 메시지의 통합적 관리, 일관성 유지, 관계 지향성 등을 강조한다.

한편, 클리아츠코(Kliatchko, 2005)는 다양한 학자의 IMC 정의를 분석하여 IMC 개념에 내포된 핵심 요소들을 [그림 2-37]과 같이 피라미드 형태로 시각화하여 정리하였다. 피라미드 하단일수록 더 많은 학자들이 공통적으로 강조한 요소들이다. 특히 피라미드의 가장 아래층에는 조정(coordination)과 일관성(consistency)이 있다. 이는 IMC가 단순히 다채널을 사용하는 전략이 아니라, 광고, PR, 이벤트, 다이렉트 마케팅, 디지털 및 소셜 미디어 등 여러 채널 간의 조화를 바탕으로 하나의 브랜드 정체성과 메시지를 일관되게 유지하는 것임을 보여 준다. 즉, 다양한 채널이 활용될수록 각 커뮤니케이션 도구 간의 조정이 중요해지며, 이를 통해 수용자에게 혼란 없는 브랜드 경험을 제공할 수 있다.

(3) 프로모션 믹스와 IMC의 비교

앞서 패스트푸드점의 신메뉴 판매 증진이라는 목표를 중심으로, 프로모션 믹스를 활용해 소비자와 어떻게 커뮤니케이션할 수 있는

〈표 2-3〉 IMC에 대한 다양한 정의

저자(연도)	정의	
American Association of Advertising Agencies (4As) (1989)	IMC as "a concept of marketing communications planning that recognizes the added value of a comprehensive plan that evaluates the strategic roles of a variety of communication disciplines and combines these disciplines to provide clarity, consistency, and maximum communication impact."	IMC는 다양한 커뮤니케이션 분야의 전략적 역할을 평가하고 이들을 결합함으로써, 보다 명확하고 일관된 메시지를 전달하고 커뮤니케이션 효과를 극대화할 수 있는 포괄적 계획의 중요성을 인식하는 마케팅 커뮤니케이션 계획 개념이다.
Schultz, D. (1991)	"the process of managing all sources of information about a product/service to which a customer or prospect is exposed which behaviorally moves the consumer toward a sale and maintains customer loyalty."	고객이나 잠재 고객이 접하게 되는 제품/서비스에 대한 모든 정보 출처를 관리하여 소비자가 구매에 이르도록 행동을 유도하고 고객 충성도를 유지하는 과정이다.
Duncan, T. (1994)	"the process of strategically controlling or influencing all messages and encouraging purposeful dialogue to create and nourish profitable relationships with customers and other stakeholders."	고객 및 기타 이해관계자와의 수익성 있는 관계를 구축하고 유지하기 위해, 모든 메시지를 전략적으로 통제하거나 조율하고, 목적 있는 대화를 촉진하는 과정이다.
Nowak & Phelps (1994)	"one-voice marketing communications, Integrated communications, Coordinated marketing communications."	하나의 목소리를 내는 마케팅 커뮤니케이션, 통합된 커뮤니케이션, 조정된 마케팅 커뮤니케이션이다.
Schultz & Schultz (1998)	"IMC is a strategic business process used to plan, develop, execute, and evaluate coordinated, measurable, persuasive brand communication programs over time with consumers, customers, prospects, and other targeted, relevant external and internal audiences."	IMC는 소비자, 고객, 잠재 고객 및 기타 관련된 외부·내부 대상과 장기적인 관계 속에서, 조정되고 측정 가능하며 설득력 있는 브랜드 커뮤니케이션 프로그램을 기획하고, 개발하며, 실행하고 평가하는 데 사용되는 전략적 비즈니스 프로세스이다.

출처: Duncan & Caywood (1996); Kliatchko (2005).

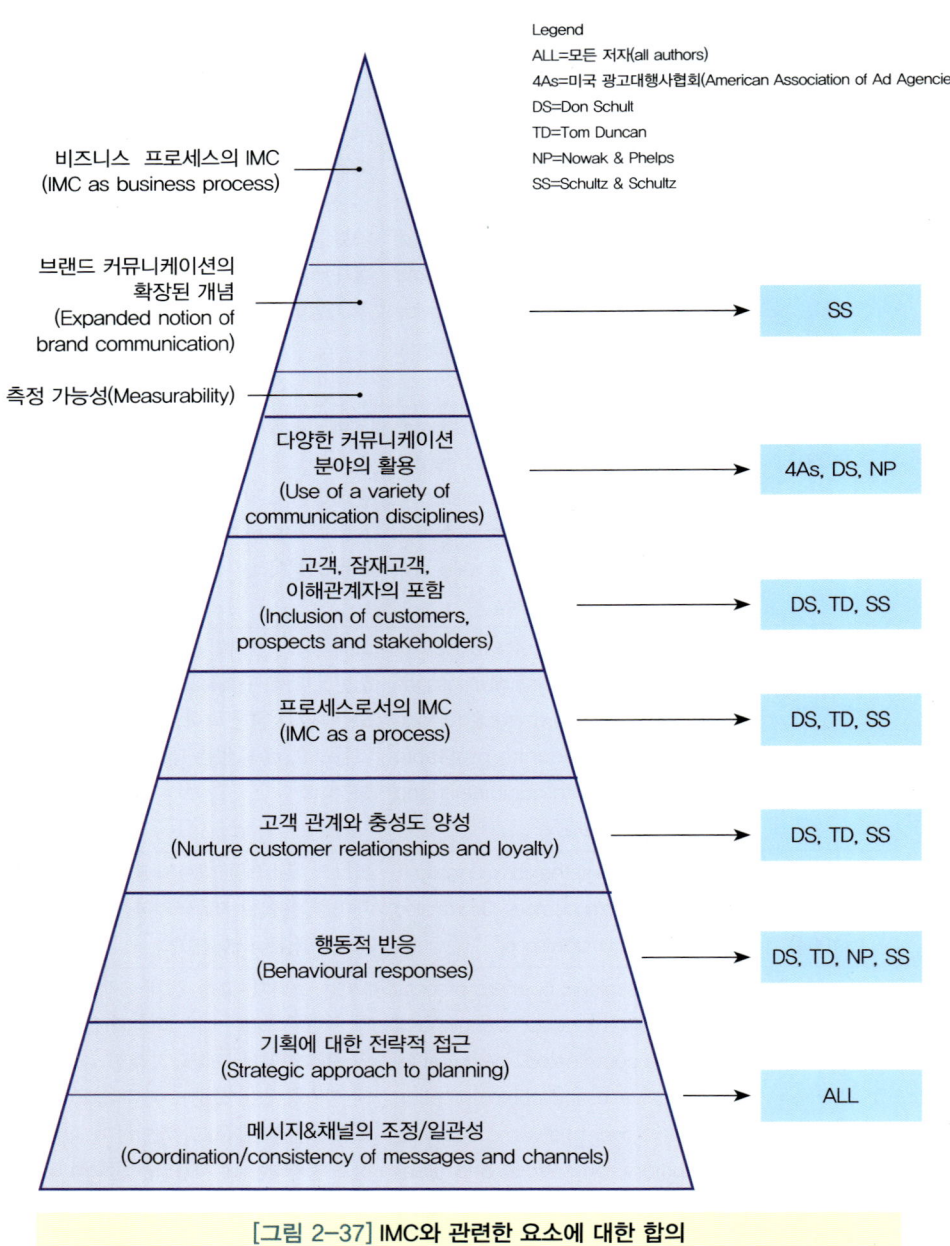

[그림 2-37] IMC와 관련한 요소에 대한 합의

출처: Kliatchko (2005).

지를 살펴보았다. 이제 이 사례를 IMC(통합 마케팅 커뮤니케이션) 관점에서 재구성해 보면 다음과 같다. '신선하고 건강한 재료로 만든 햄버거'라는 일관된 메시지를 개발한다. 이 메시지에는 브랜드의 가치를 녹여 내면 더 효과적이다. 다양한 채널을 이용하여 앞으로 진행될 마케팅 커뮤니케이션에서는 해당 메시지가 사용될 것이다. 마케팅 채널에 사용될 메시지가 독립적이지 않다는 것이다. TV 광고에서는 '신선한 재료'와 '건강함'을 보여 주는 영상 콘텐츠를 제작하였다면, 소셜미디어에서는 '#신선함, #건강함'의 해시태그를 중심으로 관련 콘텐츠를 업로드하는 것이다. 모든 채널에서 소비자가 동일한 경험을 느낄 수 있도록 마케팅을 설계하는 것이 핵심이다. TV 광고로만 마케팅 캠페인이 진행되는 것이 아닌 마케팅 커뮤니케이션의 핵심 메시지(key message)와 컨셉을 중심으로 유튜브, 메타 등 다양한 매체에 업로드할 디지털 콘텐츠 기획을 통해 메시지를 확산(viral)시키는 것이다.

IMC는 단순히 여러 채널을 병렬적으로 활용하는 것을 넘어서, 브랜드의 스토리와 가치를 중심으로 메시지를 전략적으로 통합·관리하는 과정이다. 특히 오늘날과 같은 디지털 환경에서는 소비자 행동 데이터와 브랜드 전략을 기반으로 메시지를 설계하고, 이를 시간의 흐름에 따라 다양한 접점에서 일관성 있게 노출시키는 실행 역량이 중요하다. 따라서 어떤 채널을 쓸 것인가를 계획하는 수준에서 멈추는 것이 아니라, 소비자의 맥락을 깊이 이해하고 이를 반영한 통합 설계를 통해 커뮤니케이션 효과를 극대화하는 것이 요구된다. 이 과정에서 고객 행동 데이터는 유용한 근거가 되며, 타깃에 맞는 메시지 조정과 최적화에 핵심적 역할을 한다. 고객 행동 데이터는 IMC 과정에 있어서 소비자들이 브랜드를 접하는 다양한 접점(Brand

Contact point)에서 발생하는 경험의 결과이고, 목적에 적합한 미디어 전략 등을 설계함에 있어서 매우 중요한 핵심 요소이다. 결국 이제는 광고 한 편으로 마케팅이 종료되는 시대가 아니라, 브랜드가 전달하고자 하는 메시지를 중심으로 소비자와 지속적이고 통합적인 관계를 형성하는 IMC의 중요성이 더욱 커지고 있으며, 프로모션 믹스에서 IMC로의 이동이 필요할 때이다. 〈표 2-4〉를 통해 프로모션 믹스와 비교하여 IMC가 가지는 장점을 한눈에 파악할 수 있다.

〈표 2-4〉 프로모션 믹스와 IMC의 비교

항목	프로모션 믹스 (Promotion Mix)	IMC (통합 마케팅 커뮤니케이션)
개념	전통적 4P 중 하나(Promotion)의 하위 개념으로, 개별 마케팅 커뮤니케이션 수단(예: 광고, PR)의 조합에 초점을 두고 있음	마케팅 커뮤니케이션 전체를 전략적으로 통합 관리함
메시지 일관성	각 마케팅 커뮤니케이션 수단이 개별적으로 운영될 수 있으며, 핵심 메시지, 콘셉트 등이 불일치할 수 있음	모든 채널에서 일관된 메시지와 브랜드 경험을 유지하는 것이 핵심임
범위	주로 광고, 판매 촉진, 홍보, 인적 판매에 한정	프로모션 믹스 도구를 포함하여 고객과 브랜드가 접하는 모든 접점
관리 방식	각 마케팅 커뮤니케이션 수단이 분리된 방식으로 운영됨	고객 중심으로 통합된 전략적 접근을 지향함
기대 효과 및 성과 측정 방식	단기 매출 혹은 캠페인 반응 중심	브랜드 가치, 관계 형성, 소비자 경험 등 장기적 성과까지 고려
데이터 활용	제한적, 채널 중심의 실행 위주	CRM, 행동 데이터 등 데이터 기반 메시지 설계 및 타깃팅

(4) 고객 구매 여정과 IMC

IMC를 디지털 중심으로 운영할 때에는 통합적인 접점을 관리하는 것이 중요한 포인트이다. 디지털 중심의 고객 의사결정 여정(Consumer Decision Journey: CDJ)에서는 모든 접점(contact point)을 최적화하고 관리하는 형태로 진행된다. 여기서 접점이란 디지털 환경에서 브랜드와 소비자가 다양한 상호작용을 통해 브랜드 경험이 일어나는 지점을 의미한다(정해동, 2009). 브랜드 경험은 브랜드에 대해 감각적·정서적·인지적·행동적·관계적 요소가 결합된 총체적 개념이라고 할 수 있다(김찬숙, 나건, 2014). 이를 우리는 CDJ라고 이야기한다. CDJ란 소비자가 제품이나 서비스를 탐색하고 구매한 후, 충성도로 이어지는 전 과정을 의미한다. 마케터는 모든 소비자를 대상으로 애초부터 마케팅을 전개할 수 없기 때문에 적절한 타깃을 발굴하고, 소비자가 의사결정을 내리는 각 단계에서 그들의 니즈(Needs)를 파악해야 한다. 이에 소비자를 명확히 정의하고 CDJ를 분석하는 것은 IMC 효과를 극대화하는 데 필수적인 요소이며, CDJ 과정에서 장애물을 최소화하기 위한 노력이라도 할 수 있다(〈표 2-5〉 참조).

〈표 2-5〉 CDJ 단계별 IMC 프로그램

단계	감각	정서	인지	행동	사회
목적	오감 자극	상호작용	정보 제공	행동 변화	관계 형성
IMC 프로그램	인테리어 제품 디자인 포장재 오프라인 광고	디지털광고 고객 서비스 유튜브 콘텐츠	교육 콘텐츠 세미나 튜토리얼 인플루언서 리뷰	프로모션 쿠폰 이벤트 팝업 스토어	SNS 그룹 커뮤니티 CSR

과거에는 CDJ를 분석하기 위해 구매자를 대상으로 한 인터뷰나 설문조사와 같은 전통적인 방법이 주로 활용되었다. 이러한 방법은 여전히 유효하지만, 최근에는 AI와 기술의 발전을 통해 CDJ를 설계하는 새로운 방식이 주목받고 있다. 그중 대표적인 사례로는 어센트코리아의 '리스닝마인드(Listening Mind)' 플랫폼이 있다. 이 플랫폼은 소비자가 구매 전 정보를 탐색하는 과정에서 '검색 키워드(Search Keyword)'에 주목한다. 특히 검색 키워드는 소비자의 의도를 파악할 수 있는 중요한 데이터로, 이를 '검색 의도(intent)' 데이터라고 칭한다. 리스닝마인드는 검색어와 CDJ를 연결하여 단계별로 소비자의 주요 접점과 의도를 분석할 수 있도록 설계되었다([그림 2-38] 참조).

아울러, 최근에는 이 플랫폼이 AI 기술의 대표 주자인 ChatGPT와 연동되어 대시보드 없이도 간단히 질문만으로 CDJ를 설계하고 관련 키워드를 발굴할 수 있는 기능을 제공하고 있다. 이러한 기술은 마케터가 소비자의 행동을 보다 정교하게 이해하고, 이를 바탕으로 효과적인 마케팅 전략을 수립하는 데 있어 중요한 도구로 자리 잡고 있다.

(5) 오프라인 경험과 IMC

디지털 매체를 중심으로 기획된 IMC는 오프라인 경험으로도 확장되고 있다. 이를 대표하는 사례가 최근 성수동 일대에서 활발히 전개되고 있는 오프라인 팝업이다. 이러한 오프라인 팝업은 소비자에게 브랜드의 핵심 가치를 직접적으로 체험하게 하고, 이 경험은 SNS를 통해 개인적인 이야기로 공유되면서 확산되는 형태로 진화하고 있다. 팝업 스토어는 SNS를 통해 브랜드를 간접적으로 접한 소

4. 마케팅 믹스 전략의 진화: 4P에서 4C로, 그리고 AI와의 결합

CDJ X 인텐트 맵핑(예: 스마트폰)

초기 탐색 Initial Exploration	정보 탐색 Browsing	경험 탐색 Experience	구매 확정 Comfirmation	Own 구매 후 경험	Retention 유지
브랜드/제품을 결정하지 못한 Non-Brand 상태로서 소비자들의 정보 탐색 구간	검토할 브랜드/제품 정보 관련 기능, 스펙, 용도 등 키워드 탐색	검토 중인 제품/서비스 리뷰 및 이용후기, 전문가 평가 등	구매 고려 중인 제품/서비스 가격 구매 조건, 할인 정보 등 베스트 딜을 탐색하는 구간	제품/서비스 구매 후 활용법 이슈 해결 악세서리, 부품 관련 탐색 구간	제품 만족에 대한 감성을 나눌 커뮤니티에 참여하여 재구매와 관련된 정보 탐색
Folding Flip / Price / Color	Product Name / Price	Review	Stores	Cover	Earphone / Manuel
Camera / Size / Battery	Specs / Gaming	Youtube	Sales	Screen Protector	Tips & Tricks / Youtube
Apps / Service	Screen Display / Battery	Reply	Promotion	Accessories	Support / membership
	Gaming / UI	Comparison	Reward	Charger	Pen / Review coupon
토픽 수: 500개 키워드 수: 1,000개 브랜드 수: 0개	토픽 수: 300개 키워드 수: 2,000개 브랜드 수: 10개	토픽 수: 100개 키워드 수: 500개 브랜드 수: 3개	토픽 수: 10개 키워드 수: 200개 브랜드 수: 2	토픽 수: 5개 키워드 수: 100개 브랜드 수: 10개	토픽 수: 10개 키워드 수: 100개 브랜드 수: 10개

Point of Purchase

[그림 2-38] CDJ X 인텐트 맵핑 예시

출처: 리스닝마인드 홈페이지.

비자뿐 아니라, 아직 브랜드를 접하지 못한 잠재 고객에게도 도달할 수 있는 방식으로 다수의 브랜드에서 활용되고 있다. 오프라인에서 브랜드를 직접 경험한 소비자가 이후 디지털 매체를 통해 해당 브랜드의 핵심 메시지(key message)에 노출되었을 때, 더 높은 관심과 주목을 이끌어 낼 수 있기 때문에 이는 효과적인 마케팅 커뮤니케이션 수단이 된다.

특히 오프라인 팝업에서 소비자가 제품이나 서비스를 촉각적으로 체험하도록 유도하는 것은 매우 전략적인 접근이다. 미국의 경영학자 필립 코틀러는 그의 저서 『마켓 6.0』에서 이러한 '촉감 피드백(tactile feedback)'이 효과적인 이유를 '소유 효과(endowment effect)'로 설명한다. 소유 효과란 사람들이 자신이 소유한 물건에 대해 더 높은 가치를 부여하고 강한 애착을 느끼는 심리적 경향을 말한다. 예를 들어, 애플스토어에서 소비자가 제품을 자유롭게 체험하도록 유도하거나, 자동차 브랜드가 시승 체험을 제공하는 것도 이러한 효과를 활용한 전략이다. 이를 메타버스 환경에 적용한다면, 사용자가 자신의 아바타에게 럭셔리 브랜드의 옷을 착용하게 함으로써 마치 실제로 제품을 소유한 것처럼 느끼게 할 수 있다. 이러한 몰입적 체험은 소비자의 애착을 강화하고, 결국 제품 구매로 이어질 가능성을 높인다.

이처럼 온·오프라인 공간에서는 소비자와 브랜드 간의 다양한 상호작용이 발생할 수 있기 때문에, 단순한 프로모션 믹스보다는 브랜드 경험 중심의 IMC 전략이 더욱 중요해지고 있다. 삼성전자는 에버랜드 정문에 신제품 '갤럭시 Z 폴드6·Z 플립6' 체험 캠페인을 진행한 바 있다([그림 2-39] 참조). 이 캠페인의 핵심 콘셉트는 '바오 패밀리'를 활용하여 자연스럽게 갤럭시 신제품과 AI 기능을 연계하는

[그림 2-39] 온·오프라인이 통합된 브랜드 경험을 통한 우수 캠페인 사례

출처 : 삼성전자 뉴스룸(2024. 8. 11.).

것이었다. 오프라인 체험존은 판다가 나무에 매달리거나 앉는 모습을 갤럭시 Z 시리즈의 폴더 디자인과 연계하여 구성함으로써 재미를 주었고, 많은 소비자들이 인증샷을 남기며 SNS를 통해 긍정적으로 확산되었다. 또한 판다가 놀이기구를 타는 모습을 FCOH 숏폼 콘텐츠로 제작하여 간접 체험 기회를 제공함으로써 소비자 반응을 더욱 증폭시켰다. 그 결과, '바오 패밀리' 체험존은 20만 명 이상이 방문하였으며, SNS상 콘텐츠 인게이지먼트는 350만 회를 돌파하며 성공적인 온·오프라인 통합 경험 사례로 주목받았다.

  이처럼 다양한 온·오프라인 통합 경험은 브랜드 접점에서 소비자가 느끼는 정서적 유대감을 기반으로 브랜드 가치를 형성하는 핵심 요인이 된다. 특히 디지털 채널을 통해 브랜드와 소비자가 상호작용을 극대화하며 장기적인 관계를 형성해 나갈 수 있다.

5. AI를 활용한 브랜드 콘텐츠 전략

1) 브랜드 메시지 전략

앞서 살펴본 바와 같이, 디지털 시대에도 브랜드가 소비자에게 전달하는 메시지의 본질은 변하지 않는다. 오히려 디지털 환경에서는 콘텐츠의 중요성이 더욱 강조되고 있다. 수많은 콘텐츠와 메시지가 하루가 다르게 소비자에게 노출되고 있는 현실에서, 브랜드는 그 속에서 살아남고 기억되기 위해 메시지 전략에 더욱 집중할 필요가 있다. 실제로 메시지와 콘텐츠 개발의 중요성은 지금도 학계에서 지속적으로 연구되고 있는 주제이기도 하다.

메시지 유형을 구분하는 전통적인 방식에는 성/감성 메시지, 긍정/부정 메시지, 손실/이익 메시지 등이 있다. 그러나 디지털 환경에서는 어떤 메시지와 콘텐츠가 실제로 생산되고 있는지에 대한 지속적인 모니터링이 필요하다. 예를 들어, 박정이, 임지은, 황장선 (2018)은 유튜브 채널 100개에서 선정한 600개의 콘텐츠를 분석하여 콘텐츠의 내용적 특성과 메시지 전략에 대해 살펴보았다. 이들의 연구에 따르면, 콘텐츠 유형은 광고의 목적을 반영하고, 메시지 전략은 그 목적을 효과적으로 달성하기 위한 전략적 수단으로 이해될 수 있다. 구체적으로는 콘텐츠 유형을 기업 중심형(제품 중심형, 브랜드 중심형)과 소비자 중심형(경험 기반형, 상징 기반형)으로 구분하였으며, 메시지 전략은 정보적(이성적, 긴급 필요, 일상적) 전략과 감정전이적(자아적, 사회적, 감각적) 전략으로 분류하였다(〈표 2-6〉 참조). 이와 같은 유형 분류는 디지털 콘텐츠 환경에서도 브랜드 메시지 전

〈표 2-6〉 유튜브 브랜드 채널 콘텐츠 분석 유목

변인	주요 유목	세부 유목	
콘텐츠 유형	기업 중심형	제품 중심형 브랜드 중심형	광고 목적: 광고 메시지를 통해 달성하고자 하는 지향점
	소비자 중심형	경험 기반형 상징 기반형	
메시지 전략	정보적	이성적 긴급 필요 일상적	광고 전략: 1) 광고에서 전달하고자 하는 커뮤니케이션 2) 핵심 아이디어
	감정 전이적	자아적 사회적 감각적	
크리에이티브 전략	비교 광고/USP/선매적(preemptive)/과장/일반 정보적/사용자 이미지/브랜드 이미지/사용 기회/일반 감성적		광고 전술: 광고 메시지를 어떻게 전달할지 의사결정
정보원 유형	유명인/전문가/일반인/기타		

출처: 박정이, 임지은, 황장선(2018)에서 재구성.

략을 효과적으로 설계하는 데 실질적인 시사점을 제공한다.

이처럼 디지털 콘텐츠 중심으로 변화한 시대에도 소비자의 심리적 타점(sweet spot)을 자극하여 행동을 유발하는 메시지 전략은 여전히 유효하며, 마케터에게는 지속적으로 고민해야 할 중요한 과제로 남아 있다. 다만, 오늘날의 메시지는 이미지, 동영상, 텍스트 등 다양한 디지털 포맷으로 구현되고 있으며, 생성형 AI 툴을 활용해 메시지의 제작부터 A/B 테스트 기반의 최적화까지 수행하는 사례도 증가하고 있다. 다음은 AI를 활용해 광고 메시지를 새롭게 기획하거나 실행한 실제 사례들이다.

(1) 인간이 작성한 메시지 vs. AI가 작성한 메시지

광고 카피를 사람이 작성했을 때와 AI가 작성했을 때, 어느 쪽이 소비자의 반응을 더 이끌어 낼 수 있는지에 대한 실험은 매우 흥미로운 논의이다. 예를 들어, 다음 두 문장을 비교해 보자. 첫 번째 문장은 "집 담보로 현금대출 받으세요. 한번 보세요!(Access cash from the equity in your home. Take a look!)"이며, 두 번째 문장은 "네, 맞습니다. 집에 묶인 현금을 잠금 해제할 수 있죠. 클릭해서 신청하세요!(It's true. You can unlock cash from the equity in your home. Click to apply!)"이다. 전자는 인간이 작성한 문구이고, 후자는 인공지능 스타트업 '퍼사도(Persado)'가 생성한 문구이다. 동일한 금융 기업(JP모건)의 광고로 사용되었을 때, 후자의 카피가 전자보다 클릭률이 450% 더 높게 나타났다(배소진, 2019).

퍼사도는 기계학습과 자연어 처리(NLP) 기술을 기반으로, 소비자의 감정을 분석하고 그에 맞는 언어를 생성할 수 있는 AI 플랫폼을 개발해 왔다. 이 시스템은 100만 건 이상의 실제 광고 문구 데이터를 학습하여, 각각의 문장이 유발한 감정 반응을 분류하는 방식으로 진화해 왔다. 이로 인해 퍼사도의 AI는 '소비자에게 어떤 감정을 자극해야 더 효과적인가'라는 질문에 응답할 수 있는 능력을 갖추게 되었다. 예컨대, 여행사를 위한 메시지로 '기간 한정 저렴한 항공편, 지금 예약하세요'라는 문구 대신, '나 자신에게 일생에 남을 여행을 선물해 보세요. 지금 떠나 볼까요?'라는 감성 중심의 메시지를 제시한다(정보통신기술진흥센터, 2016).

또 다른 예로, 소매업체가 일반적으로 'All dresses 25% off this week only(이번 주 한정 드레스 25% 할인)'와 같은 프로모션 메시지를 쓴다면, 퍼사도의 AI는 'Own the room. Summer styles are here(자

신만의 공간을 만드세요. 여름 스타일이 기다리고 있어요'이라는 식의 감정적이고 상징적인 메시지를 생성해 낼 수 있다(persado, 2019). 퍼사도의 설명에 따르면, 이러한 문구는 수천 개의 헤드라인을 분석해 소비자의 행동을 이끌어 낸 성과 중심 데이터를 기반으로 만들어진 결과물이며, 특히 '명성(prestige)'과 '주목(center of attention)'이 구매 결정에 큰 영향을 미친다는 패턴을 학습해 반영한 것이다. 이와 같은 AI 기반 광고 문구는 페이스북, 마이크로소프트 등 전 세계 250개 이상의 기업에서 실제로 사용되며 마케팅 효과를 높이고 있다.

광고 창작 능력에서 AI가 인간과 거의 동등한 수준에 도달했음을 보여 주는 사례도 있다. 2016년 일본의 껌 브랜드 '클로렛츠(Clorets)'는 홈페이지에 두 개의 광고 영상을 올리고([그림 2-40] 참조), '어떤 광고가 더 창의적인가'를 주제로 대중 투표를 진행했다. 두 광고 모두 같은 문구인 '빨리 입을 상큼하게, 10분 동안 오래 가는'을 바탕으로 제작되었으나, 영상 내용은 달랐다. 한 광고는 인간이, 다른 하나는 AI가 제작한 것이었다. 참가자들에게 광고의 출처를 밝히지 않고 투표를 진행한 결과, 인간이 제작한 광고가 54%의 선택을 받아 근소한 차이로 앞섰으나, AI 광고가 더 창의적이라는 응답도 46%로 높은

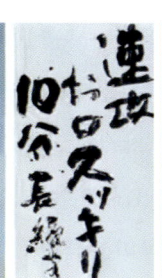

[그림 2-40] 사람이 제작한 클로렛츠 광고 중 일부(좌),
AI가 제작한 클로렛츠 광고 중 일부(우)

수치를 기록하였다. 이는 AI가 단순한 자동화 도구를 넘어 창의적 콘텐츠 생산 주체로 자리 잡을 수 있음을 시사하는 캠페인이었다.

최근에는 AI가 작성한 대본을 기반으로 실제 광고 영상까지 제작한 사례도 등장했다. 2023년 1월 10일, 영화 〈데드풀〉의 주연이자 광고대행사 MNTN/Maximum Effort의 CCO인 라이언 레이놀즈(Ryan Reynolds)는 민트모바일(Mint Mobile)의 광고 영상을 공개하였다. 그는 ChatGPT에게 '라이언 레이놀즈의 말투로 민트모바일의 홀리데이 프로모션 광고 대본을 작성하라'는 지시를 내렸고, 그 결과 생성된 대본을 그대로 낭독하는 형식의 광고를 유튜브와 SNS에 게시했다. 유머와 약간의 조롱이 섞인 레이놀즈 특유의 화법을 반영한 이 광고는 화제를 불러일으켰고, AI가 실제 브랜디드 콘텐츠의 창작 과정에 개입한 새로운 사례로 주목받았다.

(2) 광고 콘텐츠 생성 플랫폼

한편, 광고 운영의 효율성과 자동화를 목표로 하는 국내 시도도 주목할 만하다. 디지털 광고 대행사 차이커뮤니케이션은 2023년 'CHAI GPC(Generative Pre-trained Creator)'라는 통합형 AI 기반 광고 콘텐츠 생성 플랫폼을 출시했다([그림 2-41] 참조). 기존의 AI 마케팅 툴이 이미지를 생성하고, 카피를 작성하는 등 개별 기능에 초점을 맞추었다면, CHAI GPC는 디자인이 적용된 광고 이미지를 자동으로 생성하고, 과거 성과 데이터를 분석해 최적화된 광고 문구까지 자동으로 제안한다. 이 플랫폼은 매체별로 요구되는 다양한 규격과 가이드를 충족시키며, 별도의 편집 없이 곧바로 적용 가능한 고품질 광고 소재를 제공한다. 특히 AI 제작물에서 자주 문제가 되는 저작권 문제를 고려하여, CHAI GPC는 저작권이 해결된 오픈소스를 기반으

[그림 2-41] CHAI GPC(Generative Pre-trained Creator) 소개

출처: 차이커뮤니케이션 보도자료.

로 콘텐츠를 생성함으로써 법적 리스크까지 최소화하였다.

이처럼 AI는 이제 콘텐츠 기획과 메시지 전략의 영역에서도 보조적 수단을 넘어서 핵심적인 창작 파트너로 자리하고 있다. 마케터는 디지털 시대의 기술 환경 속에서, 인간의 통찰력과 AI의 데이터 기반 창작 능력을 융합하여 가장 효과적인 메시지를 끌어내는 전략을 고민해야 할 시점이다.

2) AI를 활용한 크리에이티브 콘텐츠 전략

앞에서 살펴본 메시지 전략에 기반하여 전통적인 광고 미디어에서는 핵심 카피와 비주얼을 기반으로 광고 크리에이티브가 구성되었다면 최근에는 다양한 디지털 콘텐츠를 통해 브랜드 메시지가 콘텐츠에 직간접적으로 자연스럽게 녹아드는 형태가 많아지고 있다. 이렇게 디지털 콘텐츠에 브랜드 메시지가 녹아드는 형태는 크게 직접적으로 노출하는 경성 콘텐츠(hard-sell contents)와 간접적으로 노출하는 연성 콘텐츠(soft-sell contents)로 구분할 수 있다(최모세, 조창환, 2019). 경성 콘텐츠는 브랜드 메시지를 직접 노출하여 광고 메시지 노출 효과를 극대화할 수 있으나 콘텐츠를 소비하려는 소비자들에게 오히려 거부감이 발생할 수 있고, 연성 콘텐츠는 광고 메시지가 상황이나 제품 노출 형태이기 때문에 광고 메시지의 거부감을 최소화할 수 있다는 점이 장점이나 자칫 광고 메시지 침투력이 약해질 수 있다([그림 2-42] 참조). 특히 최근에는 브랜디드 오리지널 콘텐츠, 인

경성 콘텐츠-기업의 브랜드 오리지널 콘텐츠
〈HD현대〉

- 유지태, 김동준이 등장하는 HD현대오일뱅크 유튜브 오리지널 콘텐츠
- 누적 조회 수 1천만 회를 넘기며 바이럴 효과
- 기름 1L를 의인화한 '오일전사'들의 B급 감성 자극

연성 콘텐츠-유튜버 협업 사례
〈넥센타이어〉

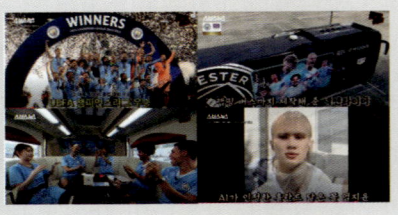

- 맨체스터시티 방한 기념 넥센타이어 인플루언서 마케팅 사례
- 홀란드, 포든 등 주요 선수들이 넥센타이어 버스에 탑승해 '문명특급' MC와 인터뷰를 진행
- 홀란드 닮은꼴 엄지윤과의 만남
- 오가닉 조회 수 660만 외 기록

[그림 2-42] 경성 콘텐츠와 연성 콘텐츠의 예시

출처: 최모세, 조창환(2019)에서 재구성.

플루언서 등의 시장이 커지면서 디지털 콘텐츠 형태에서 브랜드 메시지 노출 효과를 극대화하려는 시도들이 계속되고 있다.

이러한 맥락에서 브랜드 메시지를 디지털 콘텐츠에 녹여 내는 전략은 점점 더 중요해지고 있으며, 생성형 AI의 활용을 통해 콘텐츠 제작의 속도와 효율성 또한 비약적으로 향상되고 있다. 예를 들어, 패션 브랜드 랄프 로렌(Ralph Lauren)은 2025년 홀리데이 시즌을 맞아 브랜드의 상징인 폴로 베어를 활용한 몰입형 브랜드 경험을 제공하였다([그림 2-43] 참조). AI 기능이 탑재된 인터랙티브 디스플레이를 통해 폴로 베어가 소비자에게 손을 흔들거나 춤을 추고, 셀카를 함께 찍는 등 실시간 상호작용을 연출하였다. 이 캠페인은 런던, 도쿄, 시카고의 매장에 설치되어 지나가는 사람들의 시선을 사로잡았다.

[그림 2-43] 랄프 로렌 플래그십 스토어의 인터랙티브 윈도우 디스플레이

출처: Sillo (2024. 11. 25.).

사실 랄프 로렌은 이전에도 3D 홀로그램 디스플레이, 몰입형 가상 매장 등 다양한 혁신 기술을 마케팅에 도입해 왔다. 브랜딩 책임자인 데이비드 로렌은 상징적인 폴로 베어를 인터렉티브한 캐릭터로 재탄생시킴으로써 개인적이고 현대적인 경험을 선사하고 새로운 소비자들이 브랜드와 교감할 수 있도록 끌어들일 것이라 설명하였다. 이처럼 디지털 콘텐츠는 단지 온라인에서만 소비되는 것이 아니라, 오프라인 공간에서도 브랜드 경험을 혁신적으로 설계하고 확장시킬 수 있는 수단이 되고 있다. AI와 같은 첨단 기술을 활용한다면, 상상 속에서만 존재했던 매력적인 매장을 구축할 수 있을 것이다.

AI 기술과 상호작용하는 과정을 담아, 'AI는 상상도 할 수 없는 햄버거'라는 메시지를 강조한 광고 콘텐츠도 있다. 미국의 햄버거 프랜차이즈인 '하디스(Hardee's)'는 이미지 생성 AI 툴인 DALL·E에게 "하디스의 슈퍼스타(SUPER STAR) 버거를 상상하라"라고 요청하며, 그 상호작용 과정을 담은 'unAimaginable' 콘텐츠를 제작하였다([그림 2-44] 참조). 이 캠페인은 ChatGPT 등 생성형 AI 플랫폼이 발전함에 따라, AI가 사람의 창의성을 대체할 수 있다는 불안에 대한 대안을 고민하는 가운데 기획되었다. DALL·E에게 이미지 생성을 요청한 결과, 도출된 이미지들은 의외로 초현실적이고 기묘한 형태였다. 이에 하디스는 100% 순쇠고기 숯불구이 패

[그림 2-44] 하디스의 'unAimaginable' 광고 영상 중 일부

티 2장, 치즈 2장 등 구체적인 레시피 정보를 입력하며 다시 버거를 상상해 보라고 했지만, 여전히 기괴한 이미지들만 제시되었고, 하디스의 슈퍼스타 버거를 정확히 구현한 이미지는 단 하나도 생성되지 않았다. 10,000번이 넘는 시도 끝에도 인공지능은 해당 버거를 제대로 표현하지 못했다.

이처럼 하디스는 AI와의 상호작용 과정을 그대로 광고 영상에 담아, AI가 결코 대체할 수 없는 '진짜 버거'의 가치를 역설적으로 강조하였다. 'unAimaginable' 캠페인은 전 세계적으로 주목받고 있는 AI라는 주제를 창의적으로 활용한 사례로, 지금 이 순간 하디스의 진짜 버거를 즐기는 경험만큼은 결코 대체할 수 없다는 메시지를 전달하였다. AI가 콘텐츠를 전부 제작한 것은 아니었지만, 'AI는 만들 수 없는 광고'를 통해 AI에 대한 초기의 두려움과 위협을 줄이려는 의도를 담고 있는 창의적 캠페인이었다.

AI는 브랜드 콘텐츠에서 이미지 생성은 물론 영상 편집까지 수행한다. 롯데그룹은 2024년 신년 광고에서 영상 제작의 전 과정을 AI로 진행하였다([그림 2-45] 참조). 앞선 하디스 사례처럼, 생성형 AI를 활용해 이미지를 제작하고 이를 광고 소스로 활용한 사례는 존재했으나, 영상 제작의 모든 단계를 AI로 수행한 경우는 드물었기 때문에 큰 주목을 받았다. 2024년 1월 17일 롯데 공식 유튜브 채널에 공개된 이 영상은 약 두 달 만에 37만 조회 수를 기록하였다. 광고는 30초 분량으로, '새해 희망'을 주제로 기획되었으며, 광고에 사용된 카피와 슬로건, 이미지(사진 및 일러스트), 배경음악까지 모든 요소가 생성형 AI를 통해 제작되었다. 이처럼 콘텐츠에 필요한 모든 구성 요소를 AI로 제작하고 별도의 촬영 없이 완성한 이 사례는 대표적인 Non-shooting Film 사례라고 할 수 있다. 이처럼 AI는 브랜드 콘텐

[그림 2-45] AI를 통해 제작된 롯데 신년 광고 중 일부

출처: 롯데 LOTTE 유튜브(2024. 1. 17.).

츠의 다양한 영역에서 무한한 협업 가능성을 보여 준다.

또한 AI를 활용하여 동화를 제작한 브랜드 콘텐츠 사례도 있다. 베스킨라빈스는 산리오 캐릭터즈와 협업하여 2023년 4월 '이달의 맛'을 출시하며 생성형 AI인 ChatGPT가 작성한 동화를 선보였다. ChatGPT에게 산리오의 캐릭터인 '쿠로미'와 '마이멜로디'를 주인공으로 동화를 작성해 달라고 요청한 후, 베스킨라빈스가 해당 스토리라인을 각색하여 콘텐츠로 완성하였다([그림 2-46] 참조). 이 동화 영상은 2023년 3월 31일 공개된 이후 약 1년 동안 501만 회에 가까운 조회 수를 기록하며 큰 관심을 받았다.

[그림 2-46] ChatGPT와 협업하여 제작된 베스킨라빈스 콘텐츠 중 일부

출처: 베스킨라빈스 유튜브(2023. 3. 31.).

3) AI를 활용한 브랜드 정보원(인플루언서) 전략

(1) 가상 인플루언서의 장점

AI가 직접 광고 모델로 등장하여 소비자의 눈길을 사로잡고 있다. 특히 AI를 활용해 창조된 가상 인플루언서(Virtual Influencers)는 기존의 마케팅 패러다임을 흔들며 소비자의 이목을 사로잡고 있다. 이들은 단순히 유명인을 대체하는 수준을 넘어, 브랜드 커뮤니케이션의 새로운 주체로 자리 잡고 있다. 가상 인플루언서는 AI 기술을 기반으로 창조된 가상의 인물로, 소셜미디어를 비롯한 다양한 채널에서 활동하며 소비자와 소통한다. 가상 인플루언서는 크게 두 가지 유형으로 나눌 수 있다. 하나는 실존하는 인물을 AI 기술로 가상화하여 재현한 경우이며, 다른 하나는 현실에 존재하지 않고 전적으로 가상 공간에서만 창조된 경우이다.

가상 인플루언서가 주목을 받는 가장 큰 이유 중 하나는 기존 인플루언서가 가지고 있는 한계를 극복할 수 있기 때문이다. 가상 인플루언서를 활용했을 때의 두드러지는 특징은, 첫째, 콘텐츠의 확장성 및 효율성이다. 시공간의 제약을 받지 않고 무한한 콘텐츠를 생성할 수 있다. 예를 들어, 수십 개의 지역을 배경으로 촬영한 콘텐츠 영상을 하루 만에 제작할 수 있으며, 동시에 여러 언어로 제작할 수 있는 것이다. 동일한 콘셉트를 지닌 콘텐츠라 할지라도 유명인을 통해 촬영하면 수십 개의 지역을 배경으로 촬영하기 위해서는 물리적인 시간과 막대한 인력 및 비용이 필요하며, 이를 다양한 언어로 제작하기 위해서는 몇 배의 투자가 필요하다. 하지만 가상 인플루언서를 활용한다면 이에 대한 제약이 줄어들 수 있는 것이다. 둘째, 리스크 관리가 용이하다는 것이다. 실제 유명인이 겪을 수 있는 개인적 문제, 태도 논란, 범법 행위 등으로부터 발생하는 브랜드 리스크를 원천적으로 차단할 수 있다. 브랜드는 안정적으로 홍보 활동을 지속할 수 있으며, 일관된 메시지를 전달할 수 있다는 점에서 우수하다. 셋째, 특정 세대나 취향을 가진 소비자의 마음을 사로잡기 위해 브랜드의 페르소나에 부합하는 가상 인물을 창조할 수 있다는 것이다. 타깃층이 선호하는 외모, 말투, 배경에 부합하게 제작이 가능하기 때문에 그들을 공략하는 데에 효과적으로 활용될 수 있다.

지금부터 사례를 통해 가상 인플루언서가 어떻게 활용되고 있는지에 대해 더 자세하게 살펴보고자 한다.

첫 번째 사례는 실존하는 배우가 AI를 활용하여 가상의 형태로 소비자와 인터랙션하는 경우이다. 영국의 제과업체인 '캐드버리(Cadbury)'는 코로나 팬데믹으로 인해 어려움을 겪고 있는 인도의 소상공인을 돕고자 #NotJustACadburyAd 캠페인을 진행하였다. 이 캠페인은 인도에서 큰 인기를 얻고 있는 배우이자 브랜드 홍보대사인 칸의 얼굴과 음성을 통해 지역 상점 이름을 언급하며 가게를 홍보하는 영상을 제작해 주는 캠페인이다. 칸이 실제로 모든 가게를 직접 언급하며 광고 영상을 제작하는 것은 아니다. 생성형 AI 기술을 도입하여 칸의 얼굴과 음성을 조합하여 영상을 제작하는 것이다. 많은 소상공인이 캠페인에 참여함에 따라 13만 개의 광고가 제작되었다. 이는 AI 기반 가상 인플루언서가 실제 존재하는 인물의 영향력을 효율적으로 확장하여 사회적 가치까지 창출한 대표적인 사례이다.

두 번째 사례는 컴퓨터 그래픽으로만 제작된 가상 인플루언서가 홈쇼핑을 이끌어 나간 경우이다. 국내에서 큰 인기를 불러 모았던 가상 인플루언서로는 '루시'가 있다([그림 2-47] 참조). 루시는 가상의 얼굴을 실제 촬영한 이미지에 합성하는 방식으로 2021년 롯데홈

[그림 2-47] 루시의 인스타그램에 업로드된 셀피

출처: 루시의 공식 인스타그램.

[그림 2-48] '갤럭시 언팩' 행사에 참석한 루시 사진
(온라인, 모바일 화면에만 나타남)

출처: 연지연(2024. 9. 25.).

쇼핑을 통해 개발되어 왔으며, 화제성을 모았을 때는 18만 팔로워까지 돌파했었다. 루시는 2023년에 롯데홈쇼핑 쇼호스트 자격을 정식으로 부여받고 활동한 바 있다. 루시는 방송 도중 시청자와 밸런스 게임을 하며 소비자와 소통을 이어 갔다. 가상 인플루언서인 루시를 쇼호스트로 앞세웠던 것은 홈쇼핑에 관심이 저조하였던 MZ 소비자의 눈길을 잡기 위한 전략이었다. 실제로 루시가 진행한 방송에서는 MZ세대(1980년대 초~2000년대 초 출생) 소비자의 접속이 늘면서 지갑 3종의 완판을 기록하기도 하였다. 이 외에도 루시는 2023년 삼성전자의 '갤럭시 언팩' 행사에 VIP로 초청받아 참석하는 등 실제 인간과 유사한 활동을 펼쳐 왔다([그림 2-48] 참조).

그렇다면 가상 인플루언서가 지니고 있는 어떠한 특성이 태도와 행동에 영향을 미치게 되는 것일까? 이에 학계에서는 가상 인플루언서와 관련한 연구가 다수 진행되어 왔다. 예를 들어, 이진균(2022)의 연구에서는 가상 인플루언서의 신뢰성, 매력성, 전문성을 높게 지각할수록 긍정적인 브랜드 태도를 형성하게 되며, 이는 SNS 구전을 높이는 것으로 나타났다. 이와 비슷하게 조단양과 한광섭(2022)의 연구에서는 지각된 유사성, 신뢰성, 매력성, 호기심이 브랜드 태도를 높이고, 이는 브랜드 애착을 높이며, 결국 구매 의도에 긍정적인 영향을 미치는 것으로 나타났다. 이러한 연구 결과들은 가상 인플루언서가 소비자의 감정적, 인지적 반응을 효과적으로 이끌어 낼 수 있는 새로운 커뮤니케이션 도구임을 시사한다.

(2) 가상 인플루언서 정체성을 공개해야 할까

가상 인플루언서를 마케팅에 활용할 때 브랜드가 직면하는 중요한 질문은 가상의 존재임을 소비자에게 밝혀야 하는가이다. 이 문제는 법적·윤리적 측면뿐만 아니라 소비자의 인식과 행동에 미치는 영향까지 고려해야 하는 복잡한 딜레마를 가진다. 현재 국내 법규상으로는 AI 모델을 광고 모델로 기용하더라도 특별히 고지할 의무는 없다. 즉, 법적으로는 소비자가 가상 인플루언서의 정체를 모르더라도 문제가 되지 않는다는 것이다. 그러나 이는 윤리적 책임의 영역에서는 다른 해석을 낳는다. 소비자는 광고 모델이 실제 존재하는 사람에 의해 제작되었을 것이라는 전제하에 광고 메시지를 받아들인다. 그런데 만약 브랜드가 가상 인플루언서의 정체를 숨긴 채 마케팅을 진행할 경우, 이는 소비자를 기만했다는 비판을 받을 수 있다. 실제로 뷰티 브랜드가 AI 모델을 활용하고도 이를 명시하지 않아 소비자들로부터 비판을 받은 사례가 있다.

 2025년 이니스프리는 자사 홈페이지 상세 설명에 AI 모델을 활용해 아이섀도우 제품을 소개하였다. 그러나 소비자가 해당 모델이 누구인지 질문하고 답변을 받는 과정에서, 해당 인물이 AI로 생성된 모델임이 밝혀졌다. 이에 대해 소비자들은 AI 이미지로는 피부 발색이나 뭉침을 제대로 확인하기 어렵다며, 이를 사용한 것이 과장 광고에 해당하는 것 아니냐는 지적을 제기했다(박대기, 2025). 또한 AI를 사용한 사실을 명시하지 않았다는 점에서도 투명성 부족에 대한 비판이 일었다. 논란이 확산되자, 이니스프리는 해당 이미지를 공식 홈페이지와 모든 온라인 판매 채널에서 삭제하였다. 화장품처럼 소비자가 직접 자신의 피부에 사용하는 제품의 경우, 모델의 실제 사용 경험이나 후기, 진정성을 중요하게 생각하기 때문에 신뢰성 훼손으로 이어질 가능성이 높다. 소비자가 브랜드에게 보이는 신뢰는 브랜드의 중요한 자산 중 하나이다. 만일 AI 모델을 활용했다는 사실이 뒤늦게 밝혀질 경우, 소비자는 해당 브랜드가 투명하지 않다고 판단할 수 있다. 이는 장기적으로 브랜드에 대한 불신으로 이어져 매출 감소까지 초래할 수 있는 위험성이 존재한다.

그럼에도 불구하고 브랜드는 가상 모델의 정체성을 명확히 밝히는 것에 대해 신중한 태도를 보인다. 이는 소비자가 가상 존재임을 인지하는 순간, 해당 인플루언서의 인간다움에 대한 지각이 낮아지고, 이로 인해 정서적 거리감이나 이질감이 형성될 수 있기 때문이다. 또 다른 이유는 임과 이(Lim & Lee, 2023)의 연구에서 찾아볼 수 있다. 이들의 연구에 따르면 가상 인플루언서임을 밝혔을 때 준사회적 상호작용(parasocial interaction)이 감소하는 것으로 나타났다. 준사회적 상호작용은 일방향적인 매체 소비 상황에서도 느낄 수 있는 심리적 유대감이다. 이는 실제 상호작용 없이도 소비자가 상대방과 친밀감을 느끼며, 마치 현실의 사회적 관계처럼 인식하게 되는 현상이다. 예를 들어, 유명인은 나를 인지하지 못하지만, 반복적인 콘텐츠 소비를 통해 소비자는 점차 그들과 친밀한 관계를 맺고 있다고 느낄 수 있다. 이러한 준사회적 상호작용은 광고 모델에 대한 신뢰, 몰입, 정보 수용 태도를 높이기 때문에 소비자가 인플루언서와 준사회적 유대를 형성하도록 유도하는 전략은 마케팅 커뮤니케이션에서 매우 중요한 요소라고 할 수 있다.

그런데 가상 인플루언서임을 밝히면 사람들은 그들을 인간이 아닌 인공적인 캐릭터로 유형화하고 준사회적 상호작용을 형성하는 데에 영향을 미치기 때문에 출처를 밝히는 것에 있어서는 신중해야 한다. 그러나 가상 객체의 정체성 공개가 항상 부정적인 결과를 초래하는 것은 아니다. 오히려 콘텐츠의 맥락 또는 감정적 접근 방식을 신중하게 설계한다면 긍정적인 효과를 이끌어 낼 수 있다. 임과 이(Lim & Lee, 2023)의 연구는 가상 인플루언서가 부정적인 감정(예:

슬픔, 분노)을 표현할 때의 위험성을 지적한다. 가상의 존재가 인간의 고유한 감정인 슬픔을 표현할 경우, 소비자는 진정성이 없다고 느껴 불편함을 느끼거나 준사회적 상호작용이 저해될 수 있다. 반면, 가상의 객체임을 밝혔음에도 불구하고 가상 인플루언서가 긍정적인 감정(예: 기쁨, 즐거움, 유머)을 공유할 때는 준사회적 상호작용을 촉진하는 것으로 나타났다. 소비자는 가상 인플루언서의 긍정적인 에너지를 보며 함께 즐거움을 느끼고, 이는 오히려 그들과의 관계를 더욱 공고히 하는 계기가 될 수 있는 것이다.

특히 가상의 객체가 인간과 유사한 행동을 보일 때는 불쾌한 골짜기(Uncanny Valley)' 현상을 고려해야 한다. 창의력에 있어서는 어쩌면 사람이 생성형 AI를 넘어서기 힘들지도 모른다. 최소한 효율성에 있어서는 이미 사람을 넘어섰다. 몇 초 만에 브랜드 이름 수십 개를 만들어 내고, 이제는 가상의 사람까지 만들어 준다. 사람들이 생성형 AI가 만든 가상의 인물을 접할 때 느끼는 감정을 잘 표현한 이론이 바로 불쾌한 골짜기이다. 이는 인간이 아닌 객체가 인간과 유사할수록 친밀감을 느낄 수 있지만, 인간과 매우 흡사한 수준으로 동일해지면 오히려 강한 불쾌감을 유발하게 되는 현상을 말한다. 이러한 불쾌감은 주로 피부 질감, 눈동자의 움직임, 표정, 감정 표현 방식 등에서 발생된다. 로봇공학자들이 로봇을 만들어 사람들에게 보여준 감성적 반응 결과를 인간 유사도와 관련지어 도식화한 것이 유래가 되었지만, 이제는 로봇을 넘어 AI가 만든 가상 인플루언서, 가상 모델에도 널리 적용되고 있다. 쉽게 말해서, 인간과 유사한 가상 객체가 유사성이 증가하면 호감도가 어느 정도 커지다가 특정 시점에서는 호감도가 크게 떨어지는 시점이 있는데, 이 시점을 골짜기라고 보고 이를 시각화한 것이 바로 불쾌한 골짜기 도형이다. 그렇다면 사람들은 AI가 만든 유사 인간을 접했을 때 단계적으로 어떤 반응을 보일까?

　사람들은 처음 생성형 AI가 만든 사람과 유사한 객체를 보았을 때 "어! 신기한데? 재미있네!"라는 최초 호기심 반응을 보이지만 시간이 지나고 자주 노출이 되고 유사함 정도가 커지면서 신기함을 느끼는 것을 넘어서서 효율성에 주목하게 된다([그림 2-49] 참조). 예를 들어, 이 가상 인간이 사용된 콘텐츠를 접하면서 기존에 우리가 할 수 없었던 새로운 장면(예: 모차르트가 살아나서 춤추는 장면, 오래전 죽은 유명 가수가 실제 현직 가수와 콜라보 하는 장면)을 연출하게 되면 AI의 생산 효율성에 감탄하게 된다. 예를 들어, "이게 가능하다는 말이야? 정말 잘 만들었네" "이건 사람이 만드는 것은 불가능해" "멋지고 대단하다" 등의 반응이다. 또 다른 소비자 반응으로는 적합도 판단이 있을 것이다. 예를 들어, "굳이 왜 AI를 사용했지?" "왜 AI가 사용 후기를 말하지? 실제로 써 본 사람이 아닌데…" 등의 반응이다. 다음 단계의 반응은 불쾌함이다. 어느 시점에서는 인간과의 유사성이 어색하고 불편하게 느껴지고 이질감이 나타난다. "소름 돋네" "무섭네" 등의 반응이다. 예를 들어, 서울 우유에 등장한 박은빈 배우의 어린 시절의 가상의 모습은 너무나 진짜 같아서 많은 소비자들이 실제 모델이라고 착각하였고 추후 사실을 알게 된 사람들은 소름이 돋

호기심 ➡	적합성/효과성 ➡	불쾌함 ➡	진정성
"우와 신기하네"	"잘 만들었네~ 멋지네"	"소름 돋네! 무섭네!"	"완전 찐 이네! 진심이네!"

[그림 2-49] 유사인간에 대한 4단계 반응

는다는 반응을 보였다. 마지막 단계는 진짜 인간의 감정을 자극하고 공감을 얻어 낼 수 있는 진정성의 영역으로 도달할 수 있다. 예를 들어, 코로나19 팬데믹이 장기화됨에 따라 경제적으로 어려움을 겪고 있는 인도의 소상공인을 돕기 위해 몬델레즈 그룹의 제과 브랜드인 캐드버리(Cadbury)가 기획한 광고가 좋은 예이다. 이는 인도 발리우드의 슈퍼스타인 샤룩칸(Shah Rukh Khan)이 광고로 출연하는 것으로 그 방식이 매우 획기적이었다. 머신러닝 기반의 AI를 이용하여 약 13만 여 곳의 인도 내 지역 상점 브랜드를 노출하는 온라인 광고를 제작한 것이다. 샤룩칸이 실제 13만 여 개의 광고를 촬영한 것이 아닌 AI가 샤록 칸의 표정과 목소리를 학습하여 제작한 것이다. 이 광고는 그 우수성을 인정받아 2023년 칸광고제에서 크리에이티브 효과 라이언즈(Creative Effectiveness Lions) 그랑프리를 수상하였다. 이에 따라 학계에서는 가상 인플루언서의 불쾌한 골짜기를 완화할 수 있는 방안에 대한 논의가 이루어지고 있다. 예를 들어, 구툴레악 등(Gutuleac et al., 2024)의 연구는 릴 미켈라(Lil Miquela)와 같이 인간과 유사한 외형을 지닌 가상 인플루언서가 실제 인물과 함께 등장하는 게시물처럼, 사회적 단서(social cues)가 제공될 경우 불쾌감이 완화된다는 것을 보여 준다. 이러한 전략은 가상 인플루언서를 마케팅 모델로 활용할 때 발생할 수 있는 소비자 반감이나 신뢰 저하 등의 리스크를 줄이는 데에 기여할 수 있다.

이러한 사례를 보여 주는 광고 중 하나로는 서울 우유가 있다. [그림 2-50]과 같이 서울우유 광고('A2+우유')에는 배우 박은빈을 닮은 아역배우 3명이 등장하는데, 이는 AI 딥러닝 기술을 적용하여 박은빈 배우의 어린 시절 사진을 학습한 후 딥페이크 기술을 활용한 것이다(뉴스1, 2024). 광고는 시간의 흐름에 따라 제품 패키지가 변화

[그림 2-50] 서울우유A2+우유 광고 중 일부

출처: 서울우유 유튜브(2024. 4. 12.).

하는 것을 보여 주며 유아의 아역배우에서 성인까지 성장하는 모습을 담아 내고 있다. 해당 영상은 유튜브에서 105만 회를 넘어가며 높은 조회수를 기록하고 있다. 영상에 대한 반응은 다양했다. 앞서 언급한 것과 같이 "기괴하다 ㄷㄷ"와 같은 부정적인 반응도 있었으나 "요즘 AI 기술 너무 좋네" "난 왜 딥페이크가 더 좋지?"라는 긍정적인 반응도 있었다(위키트리, 2024). 인간과 흡사한 모습의 가상 모델을 사용하는 것에 대한 일부 부정적인 반응이 있을 수는 있으나 앞서 살펴본 연구와 같이 사회적 단서가 제공될 경우 불쾌감이 완화될 수 있으며, 이는 긍정적인 반응을 이끌어 내는 데 일조했을 것으로 예상된다. 즉, 가상 모델만 등장하는 것이 아닌, 실제 존재하는 배우와 함께 등장함으로써 불쾌감이 완화된 것으로 보인다. 그렇기 때문에 인간과 유사한 가상의 객체를 사용할 때는 사회적 단서를 곁들이는 것이 중요하다. 또한 해당 영상에는 "AI 모델을 썼다고 밝히지 않고 써도 되는 걸까?"라는 반응을 보이기도 하였다(위키트리, 2024). AI를 사용했음에도 고지하지 않는 것은 자칫하면 소비자 기만으로 이어질 수 있다.

이와 같은 내용을 종합적으로 볼 때, 가상 인플루언서 마케팅에서 이들의 정체성을 공개할지 여부는 단순히 '해야 하는가, 말아야 하는가'의 문제가 아니다. 핵심은 '어떤 맥락에서, 어떤 방식으로 공개하는가'에 있다. 브랜드는 소비자의 신뢰를 유지하기 위해 가상의 존재임을 투명하게 밝히되, 그들의 정서적 몰입을 방해하지 않는 전략적인 커뮤니케이션 전략 수립이 필요하다.

4) AI 기반 광고 크리에이티브-실시간 A/B 테스트

디지털 광고 시장에서 'A/B 테스트', 즉 크리에이티브 요소 두 가지를 비교하여 어떠한 결과물이 클릭률(CTR)이나 전환율(Conversion)을 높이는지 알아보는 테스트는 오랫동안 가장 기본적이면서도 광고 효율을 높일 수 있는 방법으로 여겨졌다. 하지만 오늘날 소비자는 더 복잡하고 빠르게 반응한다. 특히 어느 소비자에게는 A안이 효과적이지만, 다른 소비자에게는 B안이 더 효과적일 수 있다. 모든 소비자에게 특정 콘텐츠가 효과적이지 않다는 것이다.

오늘날 광고 콘텐츠는 실시간으로 반응을 보면서 그에 맞추어 조정하기도 한다. 캠페인을 시작하기 이전에 결정된 '한 가지 크레에이티브'만을 가지고 일괄적으로 노출하는 것이 아닌, 소비자의 실시간 행동 데이터를 기반으로, 그 순간 가장 반응할 만한 광고 요소들을 조합해 내는 기술이 등장하였다. 이를 동적 크리에이티브 최적화(Dynamic Creative Opimization: DCO)라고 한다.

광고 하나에는 다양한 요소가 포함된다. 예를 들어, 헤드라인 문구, 배너 색상, 버튼 디자인, 제품 이미지, 제품 설명 문구, 프레임 색상이 있다. 이 각각의 요소는 여러 개의 옵션을 가질 수 있다. 배너 색상을 노란색으로 할 수도 있을 것이며, 빨간색, 파란색 등 다양하게 변형이 가능하다([그림 2-51] 참조). 만일 앞선 여섯 가지 요소에 대해 각각 다섯 가지 형태로 변형을 할 수 있다고 가정하면 15,625가지(5×5×5×5×5×5)의 조합이 가능하다. 이렇게 만들어진 수천 가지의 광고 조합 중에서 AI는 사용자 행동, 클릭 이력, 방문 시간, 디바이

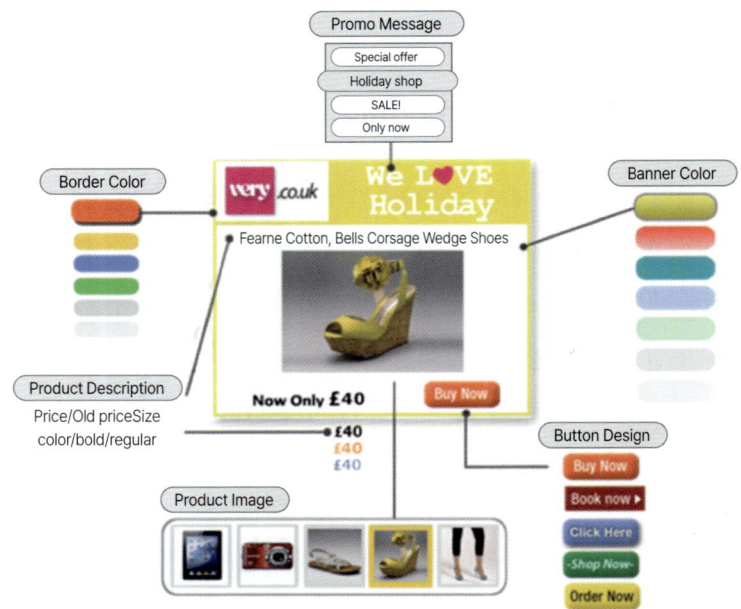

[그림 2-51] 프로그래매틱 크리에이티브: Dynamic Creative Optimization

출처: Adobe.

스, 위치 정보 등을 실시간으로 분석하여 가장 반응할 확률이 높은 조합을 선택해 노출한다. 이는 단순히 A안, B안 중 하나를 선택하는 것이 아닌 실시간으로 광고를 조립하는 셈이다.

예를 들어, 미국의 슈퍼마켓 체인인 '크로거(Kroger)는 AI를 이용하여 시간, 날짜, 기기 등의 다양한 맥락을 고려해 그에 적합한 메시지가 조합되어 타깃에게 노출되게 하였다. AI는 다양한 맥락에서 가장 효과적인 메시지 조합 방식을 학습하고, 이를 후속 노출에 자동으로 적용하여 참여율을 높여 가는 방식으로 작동되었다. [그림 2-52]와 같이 24가지의 조합이 활용되었으며, 캠페인을 진행한 결과 전자상거래 페이지 방문이 259% 증가하고, 클릭률이 42%, 거래량이 17%, 총수익이 16% 증가하였다.

AI로 수십 개의 크리에이티브를 만들어 내고 개인화된 크리에이티브 요소를 전달함으로써 큰 성과를 거둔 또 다른 사례로는 글로벌 화

[그림 2-52] 크로거(Kroger)의 크리에이티브 조합 예시

출처: Claritas. (n.d.).

장품 기업인 로레알(L'Oréal's)의 대표 브랜드 중 하나인 가르니에 인디아(Garnier India)가 있다. '가르니에 인디아'는 헤어 제품을 알리기 위해 잠재고객 세그먼트를 이용하여 TV 프로그램 시청자, 영화 애호가 등 37개의 핵심 그룹을 파악하고, 세그먼트에 맞는 기본적인 광고 카피를 제작하였다. 그다음, 구글의 스튜디오(Studio) 등의 기술을 활용하여 타깃 고객, 이미지, 카피를 결합하여 무려 10만 개의 크리에이티브를 변형하고 생성하였다. 이후 구글의 'Display & Video 360'을 활용하여 디스플레이 인벤토리 전반에 동적이고 상황에 적합한 광고를 조합하여 타깃 고객에게 전달하였다. 광고가 노출되는 맥락 또한 고려 되었는데, 예를 들어 좋아하는 TV 프로그램을 보고 있는 여성 타깃에게는 "화려한 변화를 주자(colorful twist)"라는 메시지가, 최신 영화와 관련한 콘텐츠를 보고 있는 영화 애호가에게는 "당신도 머리카락에 대한 좋은 평가를 받을 수 있다(great reviews for your hair, too)"라는 메시지가 전달되었다([그림 2-53] 참조). 이 캠페인은 단 2주 만에 2,100만 명 이상의 순 방문자(unique users)에게 도달하였으며, 광고 회상도(ad recall)를 42% 높이고 클릭률(CTR)을 22% 높였다. 특히 10만 개의 광고 버전을 제작하였음에도 불구하고 광고 소재를 제작하고, 광고를 트래피킹(trafficking; 광고 집행 과정에서 광고를 각 채널에 업로드하고 설정하며 실질적으로 운영하는 업무)하는 시간을 87% 절약할 수 있었다고 한다(Google Marketing Platform, n.d.).

이와 같이 AI를 DOC에 활용하고, 크리에이티브를 제작하는 데에 활용한다면, 클릭률과 전환율을 높이는 등 광고 효율을 극대화할 수 있으며, 광고비가 낭비되는 것을 최소화할 수 있다. 물론 DOC가 광고 제작의 모든 것을 담당하지는 않는다. AI가 수학적으로 조합해서 크리에이티브 요소를 만들 수는 있지만, 감성적 스토리텔링이 결여

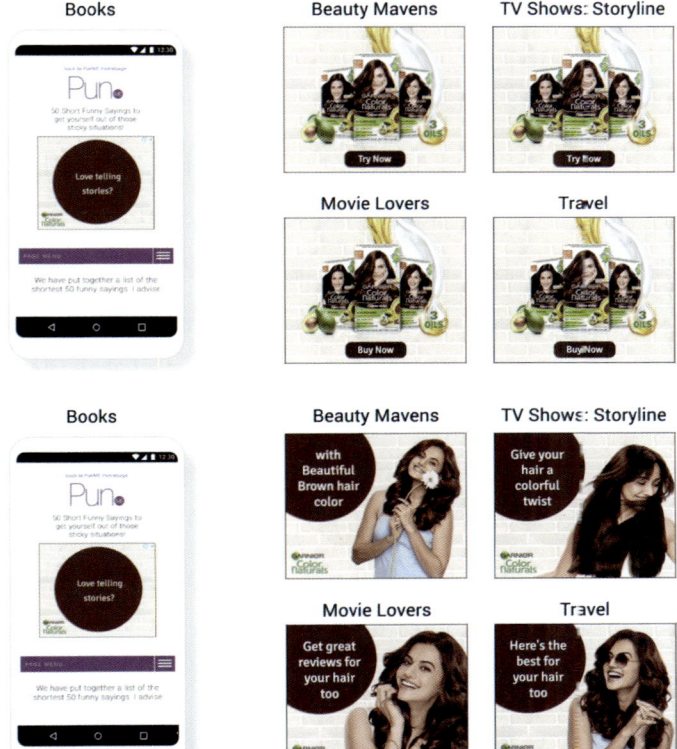

[그림 2-53] 가르니에 인디아가 AI를 활용하여 제작한 10만 개의 크리에이티브 중 일부 예시

출처: Google Marketing Platform.

되면 소비자 마음을 움직이기가 어렵다. 따라서 기획자와 디자이너는 여전히 중요한 역할을 지닌다. 이들은 광고의 톤앤매너, 핵심 메시지, 감성적 연결 포인트를 고려하여 크리에이티브 요소를 생각해 내야 하며, 이러한 설계를 확정하고 최적화하는 데에 AI가 도울 뿐이다. 마케터와 AI의 만남은 지금까지 경험하지 못한 개인화된 경험을 만드는 데 큰 기여를 할 것으로 기대된다.

6. 미디어 믹스 전략과 광고구매 집행

앞에서 살펴본 것처럼 AI는 리서치와 전략 수립 과정부터 콘텐츠 제작까지 모든 영역에 영향을 미치고 있다. AI를 통해 차별적 콘텐츠 제작했다면, 그다음 단계는 이렇게 제작된 콘텐츠를 어떤 미디어를 통해 노출하고 행동을 일으킬지 결정하는 단계이다. 즉, 마케팅 캠페인의 목표를 달성하기 위해 온·오프라인의 다양한 매체를 최적으로 조합하여 핵심 성과 지표(Key Performance Indicator: KPI)를 달성하는 단계이다. 이처럼 미디어는 목적과 성격, 유형에 따라 다양한 방식으로 구분이 가능하다. 최적의 미디어 전략을 위해서는 기존 미디어들부터 최근 등장한 새로운 미디어들의 특성을 충분히 이해하고 미디어 전략을 고려해야 한다.

1) 미디어 유형 구분 및 통합 미디어 필요성

미디어는 일단 크게 두 가지로 나눈다. TV와 라디오, 신문 등으로 대표되는 전통 미디어(Traditional media)와 유튜브, 소셜미디어로 대표되는 디지털 미디어이다. 먼저, 전통 미디어는 많은 대중(mass) 대상으로 영향력이 있으며 효율적으로 많은 노출과 도달(reach)을 할 수 있다. 디지털 미디어는 디지털 플랫폼과 서비스에서 사용자의 상호작용(interactive)을 통해 발생된 트래픽(traffic)을 기반으로 하며 개개인 맞춤 커뮤니케이션이 가능하다. 또한 전통 미디어는 디지털 미디어와 대비되어 유산과 유물의 뜻을 가진 레거시라는 단어와 결합하여 레거시 미디어(Legacy Media) 또는 올드 미디어(Old Media)라고도 불리곤 한다. 이에 디지털 미디어를 전통 미디어와 상대적으로 새롭게 등장하는 미디어로 보고 그동안 뉴미디어라고 구분했던 것이다. 그러나 이런 전통 미디어와 뉴미디어의 구분은 기술과 시대에 따라 변화해 왔다. 17세기 말 신문이 처음 등장했을 때는 신문이 뉴미디어로 주목받았고, 20세기 초반에는 TV, 그 이후로는 케이블 TV가 뉴미디어라고 불렀다. 이처럼 기술의 발전에 따라 새롭게 등장하는 미디어를 뉴미디어로 봐야 하며, 향후에는 AI가 접목된 새로운 형태의 디바이스와 미디어가 등장한다면 그 미디어가 뉴미디어라고도 볼 수 있을 것이다.

그렇다면 최근 주목받고 있는 뉴미디어에는 어떤 것들이 있을까? 대표적으로는 유튜브가 있다. 유튜브는 국내 이용률이 가장 사용률이 높은 디지털 미디어로 2024년 기준 월 평균 40시간의 사용량을 보이고 있으며, 이는 2019년 21시간 대비 2배 이상 증가한 값이다(이성민, 2024). 한때는 유튜브가 MZ세대를 대변하는 미디어로 주목받았으나 최근에는 10대부터 60대까지 높은 전 세대에서 높은 이용률을 보이고 있다(이성민, 2024). 이처럼 유튜브가 전 세대 높은 커버리지를 보이고 있는 이유는 동영상 플랫폼으로서 다양한 속성을 복합적으로 가져서 콘텐츠 생산자와 사용자의 다양한 욕구를 대부분 충족하는 유일한 플랫폼이기 때문이다. 먼저, 유튜브는 사용자가 동영상을 업로드하고 공유해서 좋아요, 댓글 등의 행위로 쉽게 소통할 수 있다는 점에서 소셜미디어가 가진 속성을 가지고 있다. 또한 방송사, 엔터사, 인플루언서, 개인 아마추어 사용자까지 콘텐츠 생산자들도 쉽게 채널을 개설해서 콘텐츠를 유통할 수 있다. 게다가 최근에는 전통 미디어가 가지고 있던 뉴스 및 저널리즘 역할로서도 구독자 수가 100만 이상의 많은 채널에서 콘텐츠를 생산하고 있으며,

현장성이 중요한 스포츠, 정치적인 이슈에 대해 누구나 쉽게 실시간 중계 송출이 가능한 상황이다. 이제는 유튜브는 단순 동영상 뉴미디어를 넘어 과거 공중파처럼 생활 속 메인 미디어라고 할 수 있다.

 유튜브가 굳건하게 동영상 영역을 주도하면서도 또 새롭게 성장하고 있는 동영상 플랫폼이 있다. 바로 OTT(Over-the-Top)이다. OTT는 인터넷을 통해 웰메이드 영화, 예능, 방송 등 기존 미디어 콘텐츠를 직접 시청자에게 구독을 통해 제공하는 서비스이다. 코로나19 시대에 집에 있는 시간이 증가하고, 우수한 콘텐츠들이 OTT에서 독점 공개되면서 이제는 시청자들에게 필수적인 콘텐츠 시청 플랫폼이 되었다. OTT 서비스들은 월 구독료를 기반으로 운영되기 때문에 광고 미디어로서 역할이 없었으나, 최근에는 저렴한 월 구독료를 내면서 광고를 시청하는 사용자도 꾸준히 증가하고 있다. 특히 OTT는 시청자가 어떤 콘텐츠 선호부터, 시청 시간 등 시청 데이터를 알 수 있기 때문에 타깃팅이 더욱 효과적으로 진행이 가능하다. 기존 TV 미디어가 표본 기반으로 축적된 데이터를 기반으로 프로그램을 선택하여 광고를 집행했다면, OTT는 전수 데이터를 모두 가지고 있기 때문에 기존 TV 미디어보다 더욱 정확한 타깃팅이 가능한 것이다. 이처럼 유튜브와 OTT는 최근 동영상 콘텐츠 소비의 주를 이루고 있으며, 반대로 전통 미디어에서의 인기 콘텐츠 시청률은 지속 하락 추세에 한 자릿수를 넘지 못하고 있다. 사실상, 유튜브, OTT가 메인 미디어가 된 상황이다.

 동영상 콘텐츠뿐만 아니라, 최근 소비자의 온라인 구매 형태에 따라 새롭게 주목받고 있는 미디어는 리테일 미디어(Retail Media)이다. 리테일이란 아마존, 쿠팡처럼 온라인 유통사 사이트와 앱 내 광고를 의미한다. 리테일 미디어 광고는 구매 목록에 자연스럽게 노출되는 네이티브 광고 형태(Native AD)와 디스플레이 광고 형태가 있다. 쿠팡에서 '광고' 표시가 있는 제품들을 볼 수 있는데, 이는 관련 제품을 검색, 장바구니에 넣었던 사람들을 대상으로 노출되기 때문에 구매로 연결될 확률이 더욱 높다. 이처럼 구매의 최접점으로서 리테일 미디어가 주목받는 것뿐만 아니라 중장기적으로 더욱 중요한 이유가 있다. 최근 글로벌적으로 개인정보 유출 등으로 인해 구글 등 글로벌 플랫폼에서 서드 파티 데이터(쿠키: 사용자의 흔적)를 단계적으로 제공하지 않을 것으로 예상되며 리테일 플랫폼들이 보유한 소비자들의 구매 행동 데이터들의 가치가 더욱 증가할 것이고 더욱 정교한 타깃팅이 가능해질 것이다.

지금까지 전통 미디어뿐만 아니라 최근 중요한 디지털 미디어인 유튜브, 뉴미디어로 주목받는 리테일 미디어까지 살펴보았다. 이렇게 각 미디어가 가진 특성과 트렌드를 지속적으로 파악하는 것은 결국 최적의 미디어 믹스 전략을 수립하기 위함이다.

그렇다면 우리는 어떤 미디어 선택을 어떻게 해야 할까? 새로운 미디어가 등장하면 지속 추가하면 되는 것일까? 과거, 디지털 미디어가 시장 크기가 크지 않던 초기에 전통 미디어를 보조하는 뉴미디어로서 역할을 수행할 때에는 디지털 미디어를 뉴미디어로 규정하고 전통 미디어에 추가하는 미디어 운영이 대부분이었다. 그러나 최근에는 전통 미디어뿐만 아니라 디지털 미디어가 메인이 되고, 디지털화된 소비자의 온·오프라인 통합 경험이 중요한 소비자의 행동이 되면서 통합 미디어 믹스 전략이 중요해졌다. 이는 브랜드 메시지를 단순 노출하는 차원을 넘어 온·오프라인 경계를 뛰어넘어 고객 의사결정 여정(Consumer Decision Journey: CDJ)에 따라 소비자에게 일관된 경험을 제공하고, 상호작용을 일으켜야 하는 것이다. 최근 소

〈표 2-7〉 전통적인 미디어 믹스와 고객 여정에 따른 온·오프라인 통합 미디어 믹스의 비교

구분	전통적인 미디어 중심의 믹스	고객 여정에 따른 온·오프라인 통합 미디어 믹스
정의	• TV, 라디오, 신문, 잡지 등 전통적인 매체를 활용하여 대중을 대상으로 메시지를 전달하는 방식	• 고객의 구매 여정(인지, 고려, 구매, 유지 등)에 따라 맞춤형 채널을 활용하는 방식
특징	• 대중 매체 중심의 일방향적 커뮤니케이션 • 넓은 도달 범위와 브랜드 인지도 강화에 효과적 • 캠페인 중심으로 운영	• 고객의 단계별 니즈와 행동에 맞춘 맞춤형/메시지의 상호작용 중심 • 디지털 채널 활용 증가 • 데이터 기반의 개인화된 접근
타깃	• 광범위한 대중. • 기본적 인구통계학적 특성(성별, 특정 연령대, 지역 등)	• 구매 여정 단계별로 세분화된 고객. • 행동 데이터, 관심사, 구매 이력 등을 기반으로 한 맞춤형 타깃
KPI	• 도달률(reach) • 노출 빈도(frequency) • 브랜드 인지도 및 선호도	• 도달(reach) 및 조회(view) • 전환율(conversion rate) • 고객 참여도(engagement) • 고객 생애 가치(CLV)
미디어 유형	• TV, 라디오, 신문, 잡지, 옥외 광고 등 전통 매체 중심 • 대규모 도달을 위한 매체 활용	• 기존 전통 미디어 활용 • 소셜미디어, 검색 광고, 이메일 마케팅, 디스플레이 광고 등 디지털 매체 • 고객 행동 데이터를 활용한 맞춤형 채널
한계점	• 타깃팅이 제한적이고 비효율적 • 투자 대비 수익률(Return on Investment: ROI) 측정이 어려움 • 고객 개별 니즈를 반영하기 어려움	• 데이터 품질과 분석 역량에 의존 • 초기 세팅과 운영 비용이 높을 수 있음 • 고객 여정이 복잡할 경우 전략 수립이 어려움

비자들의 행동 패턴을 더욱 구체적으로 살펴보면 디지털 기기에서 정보를 탐색하고, 오프라인에서 실제로 경험하고 구매하며, 그 경험들을 다시 소셜미디어를 통해 재공유하는 연결하는 형태를 보이고 있다. 게다가 고객 여정에 따른 통합 미디어 믹스 전략은 고객의 행동 데이터를 기반으로 여정 단계별 최적의 접점과 예산을 배분하기 때문에 전환율이 높고 효과적이라 할 수 있다(〈표 2-7〉 참조).

2) 미디어 바잉과 오디언스 바잉, 프로그래매틱 바잉

미디어 바잉(Media Buying)은 특정 미디어의 광고 공간과 시간을 구매하는 방식을 의미한다. 이는 미디어 자체를 중심으로 광고를 집행 관리하는 방식으로 전통적인 미디어 지면 관리라 볼 수 있다. 광고주는 대행사, 매체사와 협의하여 최종 광고비를 결정하게 되고, TV와 신문, 라디오 등 전통 미디어에서 많은 도달(reach) 효과를 기대한다. 이를 위해서는 앞서 통합적으로 미디어를 선정하는 것을 넘어 미디어 구매하는 방식 역시 이해가 필요하다.

통상적으로 미디어를 집행하기 위해서는 '바잉을 한다'라는 의미를 사용한다. 여기서 바잉은 전통 미디어에서 나온 미디어 바잉(Media Buying)으로 나온 개념으로 물건을 산다는 의미처럼 방송국 TV 프로그램의 광고 영역(15초, 30초), 인쇄 광고 지면, 라디오 등 미디어 지면을 구매하는 것이다. 많이 알려진 대로 프로세스는 광고주가 대행사에 바잉 요청을 하고, 대행사가 방송국이나 랩사를 통해 해당 미디어를 구매하면서 중간 이해관계자들이 수수료를 취하는 방식이다. 그러나 디지털 미디어 바잉은 전통 미디어의 바잉과 대부분 유사하나 중간 과정에서 데이터 기반의 분석 플랫폼 등의 등장이 매우 다양하게 개입된다. 이 과정에서 대표적인 개념이 오디언스 바잉(Audience Buying)과 프로그래매틱 바잉(Programmatic Buying)이다.

먼저, 오디언스 바잉은 기존 바잉에서 매체 지면을 구매하는 접근이 아닌 타깃 오디언스를 중심으로 광고 지면을 구매하는 것이다. 소비자의 인구통계학적 기준부터 관심사, 행동 등 타깃 개인이 가진 다양한 특성을 조합하여 정밀하게 광고 메시지와 소재를 노출할 수 있는 것이다. 이는 고정된 미디어 지면을 바잉해서 소비자에게 노출하는 것보다 소비자의 기존 행동 데이터에 기초하여 유효한 오디언스 그룹 대상으로 하기 때문에 효과성을 더욱 높일 수 있다. 이와 관련하여 또 알아야 하는 개념은 프로그래매틱 바잉이다. 이는 광고 구매 과정을 AI와 알고리즘을 통해 자동화한 방식을 의미한다. 프로그래매틱 광고는 광고를 사고파는 전 과정을 사람이 아닌 사전에 만들어진 알고리즘에 기반하여 광고 목표와 광고비를 설정한 후 실시간 입찰(real-time bidding)을 통해 성과를 관리한다. 이는 사용자(user)가 모바일 어플리케이션과 다양한 웹을 다니면서 발생하는 흔적(쿠키)으로 사용자의 관심사, 검색 키워드 등을 수집·분석하여 사용자에게 가장 적합한 광고들을 선별적으로 노출한다.

지금까지 개념을 살펴봤을 때, 오디언스 바잉과 프로그래매틱 바잉의 차이점이 무엇일까 하는 생각이 들 수 있다. 오디언스 바잉과 프로그래매틱 바잉 행위의 결과가 모두 기존 지면 중심의 바잉이 아닌 유효한 타깃 그룹 중심으로 바잉하는 형태로 동일하기 때문이다. 현시점에서 결과적으로 이야기하면, 오디언스 바잉은 디지털 미디어 타깃팅의 지향점이고, 프로그래매틱 바잉은 이를 위한 기술과 시스템의 방법론이라 할 수 있다. 오디언스 바잉이 전통 지면 중심의 미디어 바잉과 대립적으로 설명되는 큰 개념이고, 프로그래매틱 바

〈표 2-8〉 **미디어 전략 수립을 위한 바잉 방식의 개념과 특징**

구분	미디어 바잉 (Media Buying)	오디언스 바잉 (Audience Buying)	프로그래매틱 바잉 (Programmatic Buying)
정의	특정 미디어 채널(예: TV, 라디오, 신문, 웹사이트)에서 광고 지면 구매	타깃 오디언스(소비자 집단)를 중심으로 광고를 집행	으디언스 바잉을 위해 자동화된 기술과 알고리즘을 사용해 실시간 경매로 광고를 그매하고 타깃팅하는 방식
특성	• 채널 중심 접근 • 고정된 광고 슬롯 구매 • 대규모 도달에 적합 • 전통적인 미디어(예: TV, 라디오)에서 주로 사용	• 타깃 특정과 행동 중심. • 소비자 데이터를 기반으로 타깃팅 가능 • 다양한 채널 활용 가능 • 특정 소비자 집단(예: 연령, 관심사, 행동)을 대상으로 광고 집행	• 자동화된 광고 구매 • 실시간 경매 기반 • 정교한 타깃팅 가능 • 실시간 데이터 분석 및 최적화 가능 • 다양한 플랫폼과 채널에서 광고 집행 가능
장점	• 대규모 도달 가능 • 브랜드 인지도 강화에 효과적 • 전통적인 미디어 채널 활용 가능 • 특정 시간대나 프로그램을 통해 집중적인 노출 가능	• 타깃 오디언스에게만 광고 노출 • 예산 낭비 감소 • 데이터 기반 전략 수립 가능 • 다양한 채널에서 동일한 타깃 오디언스에게 도달 가능	• 광고 구매 과정 자동화로 시간과 비용 효율적 • 실시간 최적화로 성과 극대화 및 관리 가능 • 세밀한 타깃팅 가능(예: 위치, 디바이스, 행동)
한계점	• 타깃팅이 제한적 • 소비자 데이터 활용 부족 • 성과 측정이 어려움 • 고정된 슬롯 구매로 유연성이 부족함 • 디지털 환경에서 경쟁력이 낮아질 수 있음	• 소비자 데이터 퀄리티에 따른 성과 편차 있음 • 미디어 채널의 특성을 간과할 가능성 • 전통적인 미디어(예: TV, 라디오)에서는 활용이 어려움	• 기술 의존도가 높음 • 초기 세팅 및 관리가 복잡할 수 있음 • 데이터 프라이버시 이슈 • 광고비가 실시간 경매에 따라 변동될 수 있음 • 투명성 부족 문제(예: 광고 사기)

잉이 이를 위한 실행 방법으로 보면 된다. 그렇다면 이 개념을 왜 따로 언급했을까? 디지털 미디어 시장 초기에는 오디언스 바잉과 프로그래매틱 바잉이 별도 시장처럼 논의되던 시기가 있었다. 이는 오디언스 바잉에 대한 군집에 대한 타깃팅이 먼저 시작되고, DSP와 DMP와 애드테크 시장이 새롭게 등장하면서 다른 시장으로 출발하였으나, 결과적으로는 단순 지면 구매를 넘어 두 접근 모두 디지털 기반의 최적의 타깃(right target) 중심의 바잉을 하려는 것으로 귀결되었다. 이에 최근 업계에서는 용어는 다르지만 사실상 같은 개념으로 통용되어 쓰이고 있다. 이처럼 바잉을 위해 알아야 하는 바잉의 정의와 특징은 〈표 2-8〉을 통해 확인 가능하다.

그렇다면 디지털 AI 시대에는 무조건 디지털 미디어 중심으로 운영하고, 타깃을 찾기 위해 프로그래매틱 바잉이 가장 효과적인 방법일까? 대답은 'No'이다. 그 이유로 다음 몇 가지를 설명하고자 한다.

첫째, 캠페인의 정성적 목적과 정량적 목표에 적합한 미디어 믹스 전략과 바잉이 이루어져야 한다는 것이다. 진행될 캠페인이 브랜드 메시지와 콘텐츠 노출을 통해 브랜드 인지도와 선호도 등 인식 전환을 목적으로 하는지, 퍼포먼스처럼 구매 접점의 미디어 바잉을 통해 전환과 매출을 증대시킬지에 따라 미디어 믹스 전략이 달라져야 한다. 또한 제품 업종이 디지털 친화적인 플랫폼과 서비스라고 해서 무조건 디지털 중심의 미디어가 아닌 그 플랫폼의 브랜드 상황에 따른 운영을 해야 한다는 것이다. 예를 들어, 코로나19 시대에 무신사, 배달의민족, 스픽, 오늘의 집 등 다양한 스타트업이 TV 광고를 대규모로 집행했던 것을 기억할 것이다. 디지털 플랫폼이기 때문에 디지털 중심의 어플리케이션 다운로드 중심의 매체 집행도 꾸준히 했을 것이지만, 결국 노출량이 우수한 TV 등 전통 미디어와 크리에이티브를 통해 사용자 수도 늘리고 사람들의 인식상 선도적인 인식을 구축한 것이다. 근 5년이 지난 이 시점에 이 광고를 집행한 서비스들은 이제는 스타트업이 아닌 카테고리를 대표하는 서비스로 자리 잡고 있음을 알 수 있다. 이처럼 전통 미디어는 '무조건 올드해'가 아닌 캠페인 목적과 목표를 고려하여 통합적으로 접근해야 한다는 것이다.

둘째, 미디어와 크리에이티브를 동시에 고려해서 미디어 전략을 수립해야 한다. 과거 캠페인 방식은 크리에이티브를 개발하여 각 미디어에 맞게 변형하였다. 최근에는 미디어가 노출을 넘어 체험과 몰입을 통해 확산도 고려해야 하고, 미디어도 매우 다양해졌기 때문에 효과 증대를 위해 미디어 유형과 맥락에 맞는 크리에이티브가 필요하다. 예를 들어, 코엑스의 국내 최대 규모 곡면형 디스플레이 광고는 농구장 크기의 4배로 매우 주목도가 높은 옥외 영상 지면이다. 따라서 이동하는 사람들의 시선을 잡기 위해 돌출도 있는 크리에이티브를 고려할 필요가 있다. 반대로, 최근에는 숏폼 사용이 크게 증가하고 있는데, 숏폼 광고의 경우 많은 디지털 콘텐츠에서 주목받기 위해 핵심 메시지를 빠르게 보여 주려는 크리에이티브가 필요하다. 이처럼 미디어 다변화와 함께 크리에이티브 역시 적합하게 다변화되고 있으며 항상 미디어와 크리에이티브를 동시에 고려해야 한다.

셋째, 미디어 모니터링 및 관리의 중요성이다. 과거에 사람이 일일이 검수와 세팅했던 시기에 비해 최근 많은 미디어가 자동으로 소재가 교체되고 타깃들에게 노출되고 있다. 이에 따라 오히려 AI가 자동으로 제작된 크리에이티브가 노출되어 브랜드 이미지에 부정적 영향을 줄수 도 있고, 원치 않은 광고가 사용자에게 지속 노출되어 부정적인 피드백을 받기도 한다. 또는 다양한 미디어어 자동으로 노출되다 보니 다소 유해하거나 검증되지 못한 미디어에 광고가 노출되는 경우도 있다. 이처럼 미디어 믹스와 바잉 후 집행 단계에서도 지속적으로 광고 소재 노출 현황을 모니터링하고 관리하는 역할이 필요하다.

7. 디지털 마케팅 효과 측정

AI 시대의 도래는 마케팅 효과 측정의 패러다임을 근본적으로 변화시키고 있다. 전통적으로 효과 측정은 캠페인 종료 이후에 이루어졌으며, 결과를 다음 기획에 반영하는 순환적 구조를 보였다. 이때 사용된 방법은 광고 노출 이후의 매출 증대 여부 비교, 소비자 대상의 설문조사나 포커스 그룹 인터뷰와 같은 정성적 접근 등이 주를 이루었으며, 이는 시간과 비용이 많이 들 뿐 아니라, 소비자 행동을 간접적으로 추론하는 데 그쳐 명확한 인과관계를 파악하는 데 한계가 있었다. 하지만 AI와 빅데이터 분석 기술의 발전은 효과 측정을 실시간으로 수행할 수 있도록 만들었고, 전략 수립과 실행 간의 시간 격차를 줄이며 마케팅 프로세스를 더욱 민첩하게 변화시키고 있다. 특히 AI는 캠페인 실행 이후 결과를 분석하는 데 그치지 않고, 캠페인 실행 이전에 성과를 예측하고 사전에 의사결정을 내릴 수 있는 기반을 마련해 주고 있다. 이는 마케팅 의사결정에서 선제적(anticipatory) 접근을 가능하게 한다.

1) 채널 간 상호작용 분석 플랫폼

어도비(Adobe)의 믹스 모듈러(Mix Modeler)는 AI 기반의 통합 마케팅 성과 측정 도구로, 채널 간 상호작용을 고려한 모델링을 통해 보다 정교하고 빠른 분석을 제공한다. 이 제품의 책임자인 기요시 이하라(Kiyoshi Ihara)는 다음과 같은 점을 강조한다(Adobe, 2024).

- "시중에 있는 툴 대부분은 각 채널의 성과를 완전히 측정한 후에 다음 채널을 측정하는 순차적인 방식의 모델을 사용합니다. 이런 방식은 채널 간의 관계를 고려하지 않기 때문에 예측과 계획이 어렵고, 시간도 오래 걸립니다."
- "정보는 균형이 중요합니다. 신뢰성, 정확성, 시의성이라는 삼박자가 맞아야 하죠. 중요한 결정을 내려야 하는 순간에 3개월이 지난 정보는 정확성을 떠나 아무런 소용이 없습니다."
- "채널들 간의 영향을 측정하기 위해서는 각 채널을 다른 채널과 비교할 수 있는 툴이 필요했습니다."
- "계획이 가능하도록 예측 기능도 개선해야 했습니다. 기존 툴은 인사이트와 실행 사이에 상당한 격차가 있습니다. 따라서 이런 인사이트와 추천을 적시에 행동에 옮기도록 실시간으로 제공하는 것이 중요했습니다."

이러한 변화는 마케팅 전략 수립을 '사후 평가' 중심에서 '선제적 조정' 중심으로 이동시킨다. AI는 캠페인 실행 이후의 결과 분석에 머무르지 않고, 실행 이전 단계에서부터 성과를 예측하고 시뮬레이션함으로써 마케터가 보다 능동적이고 전략적인 의사결정을 내릴 수 있도록 지원한다. 즉, AI는 인사이트와 실행 사이의 시간 격차를 최소화하고, 실시간 피드백 루프를 통해 분석 결과를 즉시 실행에 반영할 수 있는 기반을 제공한다.

결국, AI 기반의 마케팅 효과 측정은 단순한 자동화나 효율성 향상을 넘어, 마케팅 프로세스 전체를 통합하고 재구성하는 기술적 기반으로 기능한다. 정밀한 측정보다 중요한 것은 '지금 이 순간'에 유의미한 결정을 내릴 수 있는 실시간 정보이며, 이는 AI가 제공하는 가장 본질적인 가치 중 하나이다.

기술적 관점에서 어도비의 Mix Modeler는 예측 기반의 AI를 활용하여 마케팅 믹스 모델링(Marketing Mix Modeling: MMM)과 멀티 터치 기여도 분석(Multi-Touch Attribution: MTA)이라는 두 가지 접근을 통합한 고도화된 분석 솔루션이다([그림 2-54] 참조). MMM은 회귀 분석을 통해 다양한 마케팅 활동이 전환에 미치는 효과를 측정한다. 그러나 이는 데이터 분석에 시간이 오래 걸린다는 단점이 있다. 이와 달리, MTA는 개별 소비자의 구매 여정에서 터치포인트 데이터를 기반으로 각 접점의 기여도를 정밀하게 추정하며, 보다 세분화된 인사이트를 제공할 수 있다는 강점을 가진다([그림 2-55] 참조). 다

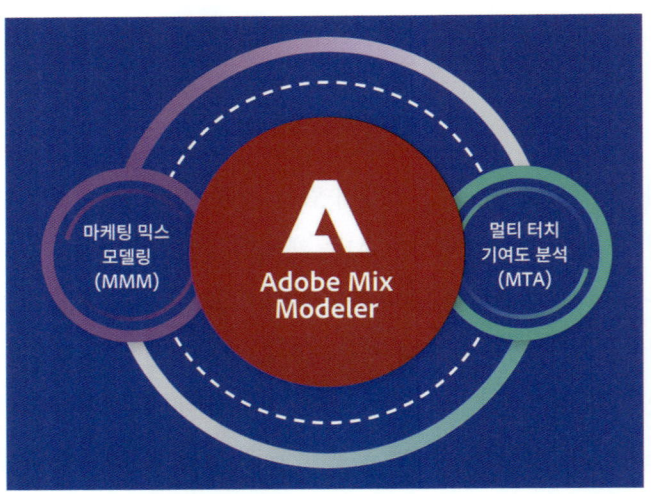

[그림 2-54] Adobe Mix Modeler에 포함된 주요 기술

출처: Adobe. (2024).

만, 일반적으로는 디지털 채널 위주의 데이터에 국한되어 있어, 오프라인 효과나 전체적 전략 수립에는 한계가 있었다. 어도비의 Mix Modeler는 이 두 접근의 한계를 보완하여 거시적 관점과 미시적 분석을 통합적으로 수행할 수 있도록 설계되었다. 예를 들어, 기존 분석 도구에서는 반영이 어려웠던 물가상승률, 실업률과 같은 거시경제 지표나, 프로모션 일정, 날씨 패턴과 같은 실무적 변수를 마케터가 직접 선택하여 모델에 반영할 수 있다. 이를 통해 다음과 같은 실제적인 질문에 대해 정량적으로 시뮬레이션할 수 있게 된다.

"유니폼 증정 이벤트는 시즌 초와 후반 중 언제 진행하는 것이 가장 높은 참여율을 유도할 수 있을까?"

"SNS 캠페인은 인스타그램과 유튜브 중 어느 채널의 ROI가 더 높을까?"

이러한 시나리오 기반의 예측과 상대적 ROI 계산 기능은 데이터 중심의 의사결정을 가능하게 하며, 마케팅 믹스 구성과 예산 편성의 효율을 극대화할 수 있게 해 준다. 마케터는 Mix Modeler를 통해 예산 비율, 실행 시기 등 다양한 변수 조합을 설정하여 시나리오별 결과를 비교 분석할 수 있으며, 시스템은 이를 바탕으로 최적의 실행 시점과 채널별 지출 분배를 자동으로 제안한다([그림 2-56] 참조). 무엇보다도, Mix Modeler와 같은 AI 기반 예측 시스템의 가장 큰 강점은 전체 비용을 증가시키지 않고도 ROI를 향상시킬 수 있다는 점에 있다.

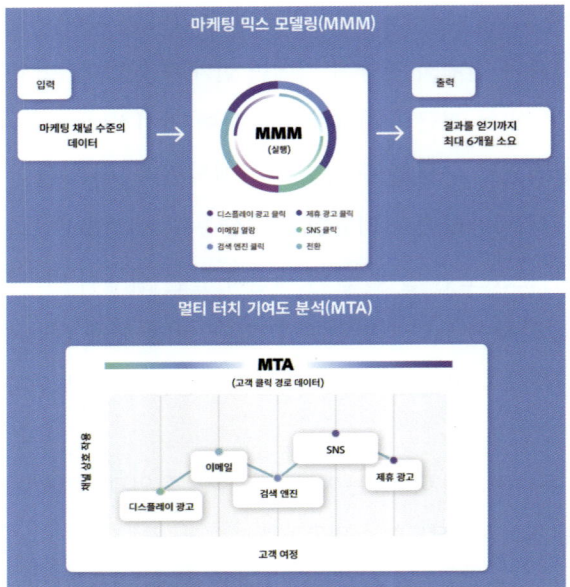

[그림 2-55] Adobe Mix Modeler의 MMM과 MTA 소개

출처: Adobe. (2024).

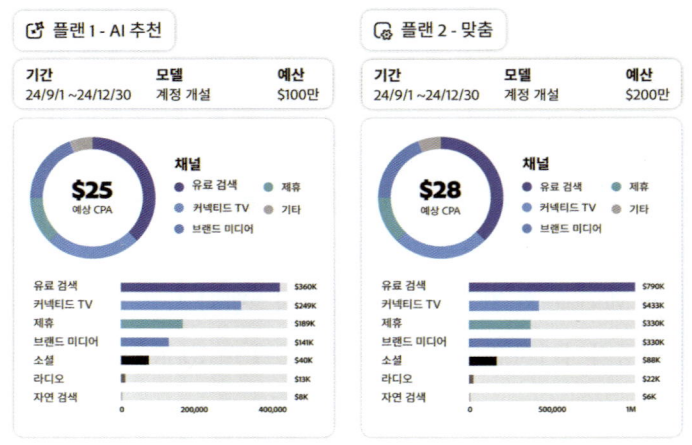

[그림 2-56] Adobe Mix Modeler의 시나리오 추천 예시

출처: Adobe. (2025).

2) 고객 여정 분석 플랫폼

고객 여정에 따른 통합 미디어 전략 수립에 다양한 플랫폼이 있으나 국내외 가장 선도적인 플랫폼은 어도비의 고객 여정 분석(Adobe Customer Journey Analytics) 플랫폼이라 할 수 있다. 어도비의 고객 여정 플랫폼은 디지털 채널과 오프라인 채널의 고객 여정을 세밀하게 AI로 분석하고, 그에 따라 생성형 AI를 통해 제작물도 바로 제공할 수 있다. 즉, AI 기반으로 고객의 접점 분석부터 모니터링, 콘텐츠 제작, 미디어 바잉까지 마케팅의 A부터 Z까지 모든 과정을 'One-stop Service'로 가능하다.

특히 어도비 플랫폼에서 고객 여정을 분석하는 데 있어서 중요한 모델은 바로 어트리뷰션(Attribution) 모델이다. 어트리뷰션을 해석해 보면 '기여'라는 뜻으로 발생한 행동에 대한 원인을 어떻게 설명하느냐의 의미이다. 즉, 소비자의 구매 여정에서 각 접점(디지털 광고, 소셜미디어, 검색 등)이 구매 결정에 얼마나 기여했는지를 분석하는 모델이다. 예를 들어 다음과 같은 고객 여정과 기여도가 있다고 생각해 보자(〈표 2-9〉 참조).

이렇게 각 접점별로 100%을 기준으로 기여한 정량적 수치가 확인이 되면, 이를 통해 각 접점의 ROI를 계산하고, 마케팅 비용을 어떻

〈표 2-9〉 고객 여정과 접점별 기여도(예시)

인지 단계	관심 단계	의도 단계	구매 단계	충성도 단계
TV광고: 40% DA: 30% 소셜미디어: 20% SA : 10%	SA: 50% 소셜미디어: 30% 이메일: 20%	SA: 60% 리타깃팅: 30% 소셜미디어: 10%	이메일: 50% SA: 30% 리타깃팅: 20%	이메일: 70% 소셜미디어: 30%

게 투자해야 가장 효과적이고 효율적인지 확인할 수 있다. 이를 각 접점별로 기여도를 기반으로 ROI를 계산한다(〈표 2-10〉 참조).

이처럼 Adobe Attribution 모델은 특히 AI와 머신러닝을 기반으로 마케터가 설정한 각 접점의 기여도를 정량적으로 평가하고, 이를 기반으로 ROI를 계산하게 된다. 이를 통해 마케터는 어떤 단계에서 어떤 접점(매체)에 얼마를 투자해야 가장 효과를 극대화하고 효율적인지 관리하고 예측할 수 있게 된다.

〈표 2-10〉 접점별 기여도 및 ROI 계산(예시)

*검색 광고:
- 인지 단계(10%) + 관심 단계(50%) + 의도 단계(60%) + 구매 단계(30%)
  = 총 150% 기여
- 7. ROI: 10,000 투자→15,000 수익(150% ROI)

*이메일
- 관심 단계(20%) + 구매 단계(50%) + 충성도 단계(70%) = 총 140% 기여
- ROI : 5,000 투자→7,000 수익(150% ROI)

AI가 발전할수록 Adobe Attribution은 개개인에 맞게 더욱 다변화될 수 있다. 지금보다 개인별 고객 여정이 더욱 복잡해지고 다양해지기 때문에 고객 여정의 세그먼트를 다양하게 군집화하여 각 그룹의 목적에 맞게 접점 관리와 예산 배분을 해야 한다. 예를 들어, 인지도 개선이 필요한 A 집단에게는 도달 중심의 미디어에 대한 예산을 많이 사용해야 하고, 전환이 중요한 B 집단에서는 제품 체험에 예산을 증액시키고, C 집단에서는 구매 전 단계의 리드를 만들어 내기 위한 예산을 배분할 것이다(〈표 2-11〉 참조). 이때, AI가 기존 집행해 왔던 데이터와 다양한 데이터를 통합 분석하여 단순히 한 집단만의 고객

여정이 아닌, 각 세그먼트 및 개인별 고객 여정을 분석해서 개인에 특화된 고객 여정 믹스를 활용할 수 있게 될 것이다.

한편, 디지털 중심의 마케팅 환경이 확산되었음에도 불구하고, 마케팅 효과 측정을 온라인 채널에만 국한해서는 안 된다. 오프라인 경험 역시 여전히 브랜드와 소비자 간의 강력한 접점을 형성하며, 이러한 접점에서 발생하는 상호작용을 데이터 기반으로 측정하려는 노력 역시 병행되어야 한다. 물론 오프라인에서는 소비자 행동을 추적하기 어렵기 때문에 경험을 측정하는 것은 쉽지 않다. 특히 재정적 문제 등으로 AI를 오프라인에 도입하기에 다소 어려움이 있다. 또한 AI 기술을 오프라인 공간에 도입하기에는 비용이나 인프라 측면에서 진입 장벽이 존재한다. 그럼에도 불구하고, 오프라인에서 색다른 소비자 경험을 제공하고자 한다면, 브랜드가 특정 행동을 취했을 때 소비자가 어떤 반응을 보이는지, 주의를 기울이는지 혹은 무관심하게 반응하는지를 면밀히 분석할 필요가 있다. 이러한 점에서 '쿨러스크린스(Cooler Screens)'의 사례는 AI 시대에 오프라인 효과

〈표 2-11〉 AI 기반 고객 여정 세그먼트 분석 및 예산 배분(예시)

고객 그룹	주요 목표	인지	관심	구매 전 (리드 형성)	제품 체험	구매
A	브랜드 인지도 강화	50% (TV, OTT, 유튜브)	30% (검색, 소셜)	0%	0%	20% (리타깃팅)
B	제품 체험 제공	0%	20% (이메일, 소셜)	0%	60% (샘플, 체험)	20% (리타깃팅, 할인쿠폰)
C	구매 전 단계 리드 확보 & 전환	0%	20% (이메일, 소셜)	70% (검색, 리타깃팅)	0%	10% (구매 페이지 최적화)

측정의 가능성과 혁신을 잘 보여 주는 사례라고 할 수 있다.

쿨러스크린스는 2019년 미국 최대 약국 체인인 월그린스(Walgreens)와 협업하여, 냉장 진열대에 사물인터넷(IoT)과 엣지 AI 기술을 접목한 디지털 스크린 기반 상품을 선보였다. 이 시스템은 [그림 2-57]과 같이 냉장고 문 자체에 디스플레이가 탑재되어, 내부에 진열된 상품 정보를 실시간으로 디지털 화면에 표시한다. 해당 냉장고에는 안면 탐지, 모션 센서, 시선 추적 기능이 장착되어 있어 소비자의 성별, 연령대, 시선의 움직임과 같은 데이터를 수집할 수 있으며, 이를 기반으로 개인화된 광고를 노출시키는 것이 가능하다. 뿐만 아니라, 특정 광고에 대한 소비자의 반응을 실시간으로 측정할 수 있어, 오프라인 공간에서도 디지털 채널과 유사한 수준의 세밀한 효과 측정이 가능해진다.

예를 들어, 냉장고 디스플레이를 통해 특정 프로모션 상품이나 이벤트를 안내하거나 브랜드 메시지를 영상으로 송출할 수 있으며, 디스플레이의 시각적 특성을 활용하여 이미지나 텍스트 요소에 움직임을 부여함으로써 소비자의 주의를 끌고 몰입감을 유도한다. 광고 노출 이후 소비자의 반응을 분석함으로써, 어떤 메시지가 구매 행동으로 이어졌는지, 특정 성별이나 연령대에서 구매 반응이 어떻게 나타났는지, 어느 시간대에 반응률이 높았는지 등 다양한 지표를 실시간으로 수집할 수 있다.

실제로 쿨러스크린스는 2023년까지 서클 K(Circle K), 크로거(Kroger) 등 미국 내 1만 개 이상의 소매 유통망에 해당 스크린을 설치하며 확장세를 이어 갔다. 이는 온라인 쇼핑이 지속적으로 성장하는 환경 속에서도, 오프라인 공간에서의 소비자 경험을 기술적으로 재정의하고자 하는 시도로, 소비자에게 차별화된 브랜드 경험을 제공한 혁신적인 사례라고 할 수 있다. 특히 AI 기술을 활용해 주어진 상황에 가장 적합한 광고 콘텐츠를 실시간으로 제안하는 맥락 기반 마케팅(contextual marketing)의 성격을 띠며, 오프라인 소비자 행동을 정밀하게 분석하고 최적화된 메시지를 전달할 수 있는 가능성을 제시하고 있다. 이처럼 AI는 온라인을 넘어 오프라인 영역에서도 마케팅 효과 측정의 지평을 넓히고 있으며, 물리적 공간에서도 데이터 기반 의사결정을 가능하게 하는 핵심 기술로 주목받고 있다.

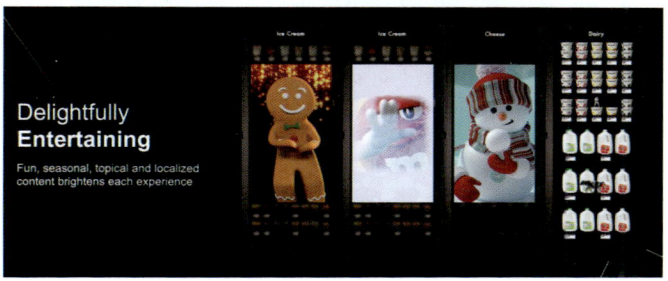

[그림 2-57] 냉장고 문에 부착된 쿨러스크린 디스플레이 설명 자료

출처: Cooler Screens 홈페이지.

8. AI 마케팅의 지속가능성

1) DEI의 가치

AI 기술은 단순한 자동화 도구를 넘어 마케팅의 핵심 동력으로 자리 잡고 있다. 과거 마케팅이 인지도 제고나 판매 증진에 초점을 맞췄다면, 이제는 환경·사회·지배구조(ESG)를 포함한 '지속가능성'이 핵심 가치로 부상하고 있다. 윤리적 소비, 포용성, 다양성, 투명성 등을 중시하는 소비자들이 점차 늘어나면서, 브랜드는 사회적 책임을 반영한 마케팅 전략을 채택할 필요성이 커지고 있다. 이 과정에서 AI는 지속가능한 마케팅을 실현하는 유효한 도구가 될 수 있다.

특히 다양성(Diversity), 형평성(Equity), 포용성(Inclusion), 즉 DEI는 오늘날 기업이 구현해야 할 핵심 사회적 가치이다. 다양성(Diversity)은 인종, 성별, 연령, 문화, 종교, 장애, 정치적 관점 등 다양한 배경을 가진 개인들이 조직에서 함께하고 있는지를 의미한다. 러쉬, 구글, AT&T 등 주요 글로벌 기업들은 매년 조직 구성원들의 다양성 비율을 공개하며 투명성을 높이고 있다. 공정성(Equity)은 절차나 분배에 있어 공정을 추구하는 것이다. 이는 사회적 배제 등으로 출발선이 다른 이들에게 균등한 성장의 발판을 마련해 주는 것이다. 포용성(Inclusion)은 다양한 배경을 가진 구성원들이 환영받고 존중받는다고 느끼며, 이를 통해 소속감을 느끼며 일을 할 수 있도록 돕는다. 다음 사례를 통해 기업이 DEI를 맞추기 위해 어떠한 전략을 갖추고 있는지 구체적으로 확인할 수 있다. 프랑스 다국적 소매 기업인 세포라(Sephora)는 〈표 2-12〉과 같이 '뷰티 소매산업에서 DEI 챔피언이 된다'라는 비전과 함께 '모든 아름다움을 옹호하며, 직원/소비자/지역사회를 위한 포용적인 환경을 조성한다'는 미션을 발표했다. 그 중 포용적 마케팅에서는 다양한 인종의 아름다움을 위해 다양한 표현을 추진하는 것이 포함될 수 있다.

이러한 DEI 지표는 기업의 인적 자본 가치와 브랜드 평판을 측정하는 중요한 기준이 된다. DEI는 단순히 조직 문화뿐만 아니라 외부

〈표 2-12〉 세포라의 DEI 활동

이해관계자	DEI 활동	(활동에 따른) DEI 목표
임직원	(1) 다양한 채용	관리직급(리더십)에서 대표성이 낮았던 인재를 유치, 모집, 유지한다.
	(2) 진화된 기업	사무실 관리직급의 경험과 기회에 평등한 접근을 보장한다.
	(3) 진화된 매장	매장 관리직급의 경험과 기회에 평등한 접근을 보장한다.
	(4) 장애 없는 채용	장애가 있는 직원 채용을 위한 'All Abilities Hiring' 이니셔티브를 운영한다.
	(5) 지속적 학습	DEI 스토리를 통해 포용적이고 반인종차별적인 직장을 만든다.
	(6) 공평한 보상	모두에게 공평한 보상(혜택)을 제공한다.
소매업체	(7) 매장 경험	우리 매장에서의 무의식적인 편견을 해결하고 완화한다.
	(8) 포용적 마케팅	모든 형태의 아름다움을 위해 포용적인 마케팅과 다양한 표현을 추진한다.
파트너	(9) 자선활동	12개 자선단체 지원을 확대한다.
	(10) 브랜드/제품 다양성	매장에서의 흑인 소유 브랜드를 늘리고 15% 유지 서약을 지킨다.
	(11) 공급업체 다양성	대표성이 낮았던 공급업체에 대한 지출을 늘린다.

출처: 국민권익위원회(2023).

커뮤니케이션 전략과도 긴밀하게 연결되어 있다. 예를 들어, 소비자들은 자신과 유사한 배경 혹은 입장(예: 문화, 인종, 성소수자에 대한 관점)을 가진 이미지나 메시지에 더 강한 신뢰와 호감을 갖는다. 그러나 만일 마케팅에서 백인 우월 중심의 이미지만을 강조한다면, 이는 다문화적 배경이나 다양한 신체적 특성을 가진 소비자들을 배제하게 될 것이다. 하지만 AI는 소비자의 다양성을 포착하고 마케팅에 반영하는 데에 중요한 역할을 한다. 기존의 마케팅 전략이 놓치기 쉬웠던 소외된 집단(예: 특정 문화권에 속한 사람들)을 파악하고 반영하는 데 강력한 도구가 될 수 있으며, 이는 단순한 타깃팅을 넘어, 진정성 있는 포용적 메시지를 설계하는 데에 기반이 될 수 있다.

실제로 구글은 인종 편향성을 개선하기 위한 노력의 일환으로, 'Monk Skin Tone Scale(MST)'을 도입하여 피부 톤의 다양성을 반영하고자 노력하였다. 구글은 자사의 스마트폰(Pixel 시리즈) 및 Google Photos, 이미지 검색 등 다양한 서비스에 피부 톤 다양성(Real Tone)을 반영하기 위한 기술 개발을 진행해 왔다. 특히 2022년 하버드대학교 사회학자 엘리스 몽크(Dr. Ellis Monk)와 협력하여 Monk Skin Tone Scale(MST)이라는 10단계 피부 톤 지표를 발표하였다. 이는 사용자가 "웨딩 메이크업" "아이섀도 룩" 등을 검색할 때, 자신의 피부 톤에 맞는 결과가 제시되도록 도우면서 더 정확하고 포용적인 경험을 제공하고 있다.

피부 톤을 정확하게 분류하려는 연구는 학계에서 지속적으로 이루어지고 있다. 기존의 척도들이 가진 한계, 즉 어두운 피부 톤의 다양성을 충분히 반영하지 못하거나 색상을 정확히 분류하지 못하는 문제점을 보완하기 위한 연구들이 활발히 진행되고 있다. 예를 들어, 사우디아라비아의 제다대학교(University of Jeddah)와 같은 여러 연구 기관에서는 피부색뿐만 아니라 모발, 홍채 색상 등 개인의 시각적 특성을 종합적으로 분석하여 보다 정밀한 분류를 가능하게 하는 시스템을 개발하고 있다(김은영, 2025). 이러한 기술은 기업이 AI를 통해 소비자의 다양성을 존중하고, 모든 사용자에게 포용적인 경험을 제공하는 도구가 될 수 있음을 보여 준다. '나에게 적합한' 정보를 받는다는 인식은 소비자 경험의 질을 높이고, 브랜드에 대한 신뢰도를 강화하는 중요한 요소가 될 것이다.

현재 K뷰티 브랜드들은 '퍼스널 뷰티' 서비스를 통해 1:1 맞춤형 케어를 제공하는 데 주력을 다하고 있다. 단순히 제품을 테스트하는 것을 넘어 AI를 활용하여 소비자 개인의 피부 상태에 적합한 제품을 추천하고 그에 따른 맞춤형 관리를 제공하고 있다. 예를 들어, 아모레 성수에서는 [그림 2-58]과 같이 AI 피부 진단 기술을 통해 소비자에게 적합한 맞춤형 에센스를 제작하는 솔루션을 제공하고 있다. 에센스 외에도 AI를 통해 소비자의 피부 톤과 상태를 진단한 후 파운데이션, 립스틱 등 맞춤으로 제작된 제품을 제공하고 있다. 특히 2023년 4월부터 시작한 맞춤형 파운데이션 서비스는 이용 고객이 2025년 누적 1만 명을 돌파하였으며, 아모레 성수의 체험 서비스 이용자 중 외국인 비율이 86%일 정도로 그 인기는 글로벌하게 인정받고 있다(노유림, 2025). 이러한 서비스에서 중요한 것은 소비자의 피부 톤을 정확하게 분류하는 것이다. 그런데 만일 소비자가 AI를 통해 제품을 추천받았으나 색상 분류의 폭이 작거나 정확한 분류를 하지 못하여 잘못된 제품을 추천받는다면 큰 기대 위반을 가져올 것이다. 소비자의 정체성과 배경을 세밀하게 이해한 맞춤형 마케팅은 더 깊은 공감과 충성도를 유도하며, 브랜드의 DEI 성과를 자연스럽게 강화하게 될 것이다.

[그림 2-58] 왼쪽부터 아모레 성수의 AI 셀프 측정존, 조제실, 테스트존

출처: 아모레퍼시픽 홈페이지.

AI 기술을 마케팅에 도입할 때, 이는 단순히 효율성과 자동화 수준을 높이는 것을 넘어 윤리적 책임과 규제 준수의 틀 안에서 운용되어야 한다는 점에서 '지속가능성'과 깊은 관련이 있다. 특히 콘텐츠 제작 및 활용 측면에서, AI가 생성한 결과물에 대한 출처 표기는 투명성 및 브랜드 신뢰성 확보의 핵심 요소로 작용한다.

2) 저작권과 관련한 이슈

AI 기반의 콘텐츠에 대한 저작권과 관련된 규제도 점점 명확해지고 있다. 2024년 구글은 AI 등 신기술을 이용하여 인물, 물체, 배경 등을 합성한 콘텐츠는 관련 정보를 반드시 공개해야 한다는 정책을 발표했다. 이는 단순한 가이드라인이 아니라, 딥페이크, 가짜뉴스 등 부정적으로 활용될 가능성을 사전에 차단하고 신뢰를 유지하기 위한 필수 조치로 이해된다. 이러한 맥락은 국내 법제도에서도 유사하게 나타난다. 2026년 1월 시행 예정인 「인공지능 발전과 신뢰 기

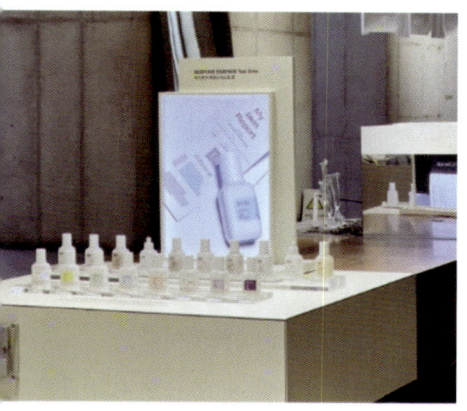

반 조성 등에 관한 기본법」(이하 「인공지능기본법」)의 제31조 2항에 따르면 "인공지능사업자는 생성형 인공지능 또는 이를 이용한 제품 또는 서비스를 제공하는 경우 그 결과물이 생성형 인공지능에 의하여 생성되었다는 사실을 표시하여야 한다."라고 명시하고 있다. 또한 동조 1항에 따르면 "인공지능사업자는 고영향 인공지능이나 생성형 인공지능을 이용한 제품 또는 서비스를 제공하려는 경우 제품 또는 서비스가 해당 인공지능에 기반하여 운용된다는 사실을 이용자에게 사전에 고지하여야 한다."라고 명시하고 있다. 즉, AI 활용 여부를 AI를 이용하여 콘텐츠를 제작할 때에는 사전 고지를 하는 것이 법적으로도 요구되는 추세이다.

이러한 변화는 마케터의 전략적 판단에도 중대한 영향을 미친다. 예를 들어, 브랜드와 관련한 영상을 생성형 AI로 제작했다면, 사용자는 이를 인지한 뒤 콘텐츠를 시청하게 된다. 이때 AI를 활용하여 생성한 콘텐츠라는 정보를 사전에 명시한다면, 브랜드의 신뢰성과 윤리적 이미지를 제고하는 데에 긍정적 영향을 줄 수 있으며, 오히려 '첨단 기술을 신뢰할 수 있게 활용하는 브랜드'라는 인식을 심어 줄 수 있다.

그러나 저작권과 관련된 이슈는 보다 복잡하다. 2025년 6월, 문화체육관광부와 한국저작권위원회는 '생성형 AI 활용 저작물의 저작권 등록 안내서'를 통해 명확한 입장을 밝혔다. 안내서에 따르면, '인간의 창작적 기여'가 포함된 경우에만 저작권 등록이 가능하며, AI

가 단독으로 산출한 결과물은 저작권 보호를 받을 수 없다. 이는 현행법상 저작물이 '인간의 사상 또는 감정을 표현한 창작물'로 정의되기 때문이다. 따라서 마케터는 AI와 협업하여 제작한 콘텐츠가 인간의 개입이나 편집을 거쳤다면 기업의 소유로 등록할 수 있지만, AI가 단독으로 생성한 콘텐츠는 법적으로 보호받기 어렵다. 이는 AI가 제작한 콘텐츠를 내부적으로 활용하는 데에는 문제가 없지만, 외부 유통 시에는 법적 리스크를 사전에 파악하고 조치해야 하는 것이다.

인간의 창작적 기여가 있었다는 사실은 어떻게 입증할 수 있을까? '생성형 AI 활용 저작물의 저작권 등록 안내서'에 따르면, 최종적인 판단은 법원이 내리지만, **통제가능성과 예측가능성**이 확보될 경우 창작적 기여가 인정될 가능성이 높다고 설명한다. 여기서 통제가능성이란 표현하고자 하는 바를 창작자가 결정하고, 그에 따라 표현 방법과 과정을 주도할 수 있는가를 의미하며, 예측가능성은 창작자가 표현하고자 하는 것을 의도대로 실현했는가를 의미한다. 즉, 마케터가 표현하고자 한 분명한 의도를 가지고 있었고, 그것이 AI 창작물에 명확하게 반영되었는지가 핵심이라는 뜻이다. 예를 들어, 생성형 AI에게 프롬포트를 통해 "~해 줘"라고 하고, 우연히 생성된 결과물이라면, 해당 결과물에는 인간의 사상이나 감정이 담겨 있다고 보기 어렵다. 2025년 7월 기준으로 미국은 프롬포트를 저작물로 보호하고 있지 않다.

한편, 안내서에서는 GAI 산출물 이후에 인간의 창작적 기여가 더해진 경우뿐만 아니라, GAI 사용 이전에 인간의 창작이 선행된 경우에도 '인간의 창작적 기여'로 인정될 수 있으며, 이에 따라 저작권 등록이 가능하다고 명시하고 있다. 하지만 인간의 기여가 사소한 경우(예: 오탈자 수정 등의 사소한 교정, 사소한 크기 조정, 단순한 색상 변경)

에는 인간이 했다 할지라도 창작적 기여로 보기 어렵다. 따라서 생성형 AI를 활용해 콘텐츠를 제작할 경우, 콘텐츠의 방향성과 핵심 표현을 창작자가 주도했다는 점을 명확히 입증할 수 있어야 한다. 결국, AI 마케팅은 기술적 혁신과 법적·윤리적 책임 사이의 균형 속에서 지속가능성을 확보해야 한다. 이는 단순히 법을 준수하는 차원을 넘어, 소비자와의 신뢰 관계를 형성하고, 브랜드의 사회적 책임을 실현하며, 더 넓게는 디지털 생태계의 건강성을 유지하는 데 기여한다.

나아가 AI 마케팅이 진정한 지속가능성을 갖추기 위해서는, 기술을 통해 다양성과 포용성을 확대하는 동시에 저작권과 같은 법적 책임을 성실히 이행하는 노력이 요구된다. 이는 브랜드 평판 보호를 넘어, 기술 중심 사회에서 기업의 신뢰성과 책임감을 입증하는 핵심 지표가 될 수 있다.

3) FAT의 중요성

AI 알고리즘을 지속적으로 유용하게 활용하기 위해 중요하게 고려되어야 하는 또 다른 요소로는 FAT가 있다. FAT란 Fairness(공정성), Accountability(책임성), Transparency(투명성)을 의미한다. 공정성은 알고리즘이 차별적이거나 불공정한 결과를 만들어 내서는 안 된다는 것을 의미한다(Yang & Stoyanovich, 2017). 이는 데이터의 편향성과도 관련이 있다. AI가 데이터를 학습하는 과정에서 사회적으로 존재하는 관습적인 편향성이 개입될 수 있다. AI가 학습한 과거 데이터에 성별, 인종, 연령 등과 같은 불평등한 구조가 반영되어 있다면, 알고리즘은 이러한 불공정함을 재생산할 수 있는 것이다. 예를 들어, 2018년도에 아마존이 개발하고 있었던 AI 채용 시스템이 남성을 더 우수한 지원자라는 편향된 패턴을 학습하는 것으로 나타나 도입이 취소되었던 사례가 존재한다. 지원자의 이력서를 검토하여 인재를 선발할 수 있는 기술을 개발해 오고 있었으나 성 중립성이 보장되지 않으며 여성을 차별하는 것으로 나타난 것이다.

이러한 차별성은 광고를 제작할 때도 반영되어 사회적 고정관념을 강화할 위험이 있다. 예를 들어, 알고리즘이 기부를 모금하는 광고에는 흑인 아동이 자주 등장한다는 것을 학습하고, 추후 AI를 활용하여 광고물을 제작할 때 이 패턴을 활용한다면 사회적 고정관념을 더욱 강화될 것이다. 기부금을 모금하기 위한 공익 광고를 AI를 통해 제작할 때, 특정 인종(예: 흑인 아동)만을 반복적으로 등장시킨다면 이는 지원이 필요한 집단을 특정 인종과 연결하여 고정관념을 강화하고 차별적인 시각을 만들어 내는 데에 일조할 수 있는 것이다. 그렇기 때문에 AI를 통해 광고를 기획할 때는 차별성 혹은 편향성이 개입되어 있지는 않은지 검토할 필요성이 있다.

이러한 불공정성은 비단 학습 과정에서만 나타나는 것이 아니다. 광고 집행 과정에서도 불공정 사례가 나타날 수 있다. 예를 들어, AI가 과거 채용 데이터를 학습함에 있어 남성이 고임금 직종에 더 많이 채용되었다는 기록이 누적되어 왔다면, 이를 학습한 알고리즘은 남성을 인재에 더 적합하다는 것으로 간주하고 남성에게만 고임금 직종 광고를 더 많이 노출할 가능성이 존재한다. 광고주가 성차별을 의도하지 않았더라도 데이터 자체에 편향이 존재하였기 때문에 결과적으로는 불공정한 광고 집행을 하게 될 수 있는 것이다. 그렇기 때문에 광고 집행을 할 때 플랫폼에만 의존하기보다는 AI 알고리즘의 의사결정 과정이 공정하게 작동되고 있는지 점검할 필요성이 있다.

실제 광고 플랫폼의 불공정한 운영으로 소송이 진행되었던 사례가 있다. 페이스북의 모회사인 메타플랫폼은 주택 임대 광고의 불공정성으로 미 주택도시개발부와 소송을 진행한 바 있다. 집주인이 광고할 때 원한다면 외국인이나 장애인, 이슬람교 등은 주택 광고를 볼 수 없도록 해 온 것이다. 이는 누구나 볼 권리가 있는 주택 광고를 알고리즘이 인종, 성별 등에 따라 제한하면서 「공정 주택법(Fair Housing Act)」을 위반한 사례이다. 이에 따라 메타는 벌금 11만5,054달러(한화 약 1억5000만 원)를 부과하고 논란을 일으킨 주택 알고리즘 광고(special ad audience) 사용을 중단하는 것으로 정부와의 소송을 종결하였다.

그다음으로 FAT를 구성하고 있는 두 번째 개념인 **책임성**은 시스템 설계자/개발자 및 활용하는 사용자와 관련 있는 것으로, 이해관계자나 사회에 미치는 영향에 대해 책임질 수 있어야 한다는 것이다. 직관적으로 이해할 수 있는 예시는 가짜 뉴스이다. AI를 활용해서 가짜 뉴스가 생성되고 배포되었을 때, 그에 대한 책임은 누가 질 수 있는가이다. 누가 책임을 질 수 있는가에 대해 명확히 결론을 내리기는 어렵지만, AI를 활용할 때는 중요하게 고려되어야 하는 요소이다.

마지막으로, FAT를 구성하고 있는 요소는 **투명성**이다. 투명성을 알고리즘이 어떻게 작동되는지에 대해 사용자가 이해할 수 있어야 한다는 것이다. 알고리즘은 블랙박스의 구조를 지니고 있어 작동 원리를 파악하기에는 어려움이 있다. 하지만 운용자가 AI를 어떻게 활용하였는지에 대한 설명을 사용자에게 제공하는 것은 투명성을 높이는 데에 일조할 수 있다. 그러한 측면에서 ChatGPT가 써 준 대로 제작한 아임닭의 광고를 주목할 만하다([그림 2-59] 참조). 2023년 공개된 "[아임닭X 챗GPT full ver.] 국내 최초, 인공지능이 써 준 그대로 만든 광고의 탄생"은 주목할 만하다. 해당 영상은 재생과 동시에 "이 광고는 AI 플랫폼을 활용하여 각색, 수정 없이 그대로 제작하였습니다"의 문구가 뜬다. 이후에 ChatGPT의 답변에 따라 광고 영상이 제작되는 내용을 담고 있다. 수용자에게 알고리즘의 원리를 투명하게 공개하고 이해하는 것이 어려운 환경에서 제작 과정을 공유하는 것은 투명성을 높이는 데에 일조할 것이다.

수용자가 FAT를 지각하는 것이 중요한 이유는 무엇일까? 이에 대한 해답은 여러 논문을 통해 확인할 수 있다. 신(Shin, 2019)의 연구와 신 등(Shin et al., 2020)의 연구에 따르면, 알고리즘의 공정성, 책임성, 투명성을 높게 지각할수록 서비스에 대한 신뢰도가 높아지는 것으로 나타났다. 이는 수용자들이 AI 알고리즘을 단순히 일회적으로 수용하는 차원을 넘어, 실제로 유용한 기술로 인식하고 장기적 활용 가치가 있다고 판단하게 만드는 계기가 될 수 있다. 그 결과, AI를 도

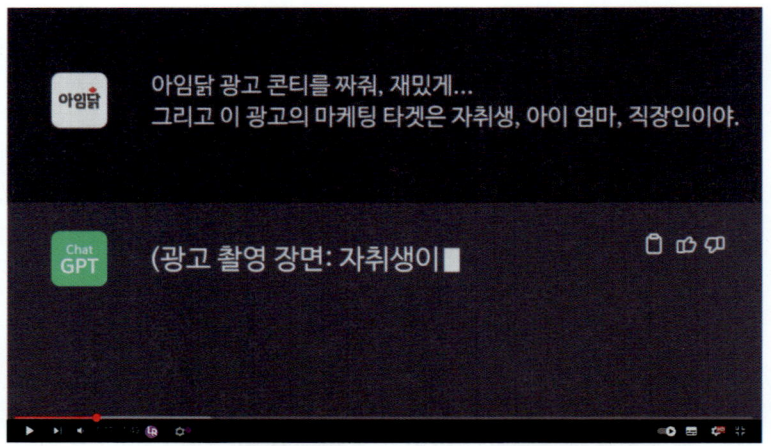

[그림 2-59] [아임닭X챗GPT full ver.] 중 일부

출처: 아임닭 유튜브 채널.

입·운영하는 기업에 대한 신뢰 또한 강화된다. 반대로, FAT 지각이 낮으면 AI 전반에 대한 불신이 증폭되어 사용자의 서비스 이탈이나 규제 강화 요구로 이어질 가능성이 높다. 따라서 FAT는 단순히 기술적 운영 원칙에 그치지 않고, AI 활용의 사회적 정당성과 지속가능성을 뒷받침하는 핵심 기반으로 이해되어야 한다.

9. AI 마케팅의 미래 및 고려사항

1) AI 마케팅의 미래

AI 시대의 마케팅은 앞으로 어떻게 변화할 것인가? AI 서비스가 새롭게 출시될 때마다 사람들이 놀라는 것은 바로 사람들의 생각보다 기술 발전 속도가 매우 빠르게 진행되고 있다는 것이다. 더욱 놀라운 것은 현재가 AI 시장의 초입기에 해당한다는 점이다. 따라서 지금 시점에서 AI를 통한 마케팅의 미래를 예측하는 일은 쉽지 않다. 그럼에도 불구하고 이 장에서는 이론적·실무적 시각을 바탕으로 AI 마케팅의 미래를 과감히 조망하고자 한다.

첫째, 바로 AI는 마케팅의 모든 단계를 지원하는 'Agent' 역할을 할 것이라는 점이다. 2023년, ChatGPT와 같은 LLM 기반 AI가 처음 등장했을 때 마케터들은 이를 자료를 수집하고 분석하며 시각화하는 데 매우 효율적인 도구로 여기고 단순 도구 차원으로 생각하였다. 그러나 2025년 현재, 불과 2년 만에 AI 기술은 빠르게 발전하여 마케팅의 기획, 실행, 효과 측정 등 모든 분야에 활용될 수 있는 수준과 가능성을 제시했다. 시장 리서치 단계에서는 LLM을 활용해 시장을 이해하고, 기업이 보유한 내·외부 데이터를 검색 증강 생성(Retrieval-Augmented Generation: RAG) 기술을 통해 분석하여 정확도를 더욱 높이고 있는데, 여기서 RAG는 LLM의 답변 정확도를 향상시키기 위해 외부 학습 데이터 소스를 참조하는 방식이다. 특히 경쟁사의 활동(신제품 출시, 가격 변화, 마케팅)을 실시간으로 분석할 수 있는 환경이 조성되면서 과거보다 훨씬 빠른 대응이 가능해졌다. 제품 개발과 콘텐츠 제작에서도 AI의 활용이 확대되고 있다. 과거에는 단순 이미지 중심의 소재 제작이나 포스터 디자인에 국한되었지만, 이제는 브랜드 디자인, 제품 이미지, 동영상 제작 등으로 영역이 확장되었다. AI를 통해 제작되는 이미지와 동영상의 품질이 크게 향상되면서, 과거 외부 파트너사에 의존하던 작업들이 기업 내부에서 처리 가능한 수준에 이르렀다. 이처럼 데이터 분석부터 콘텐츠 제작까지 AI가 'agent'로서 모든 단계에 개입하고 고도화함으로서 전반적으로 마케팅의 업무가 효율적이고 상향 평준화될 것이다. 따라서 앞으로는 AI 마케팅 Agent로 인해 시장은 더욱 치열해질 것으로 예상되고, 이를 위해 마케터들은 더욱 창의적이고 실질적인 마케팅 아이디어를 개발하는 것이 중요해질 것이다.

둘째, 디지털 중심의 마케팅 ROI 통합 효과 측정 모델이 앞으로 더욱 고도화될 것으로 보인다. 마케팅이 전통 미디어 중심에서 디지털 미디어 시대로 넘어오면서 가장 큰 차이는 마케팅 효과를 측정할 수 있다는 점이다. 이러한 이유로 마케팅에서 가장 큰 비중을 차지하는 광고비에서도 디지털 광고비가 지속적으로 증가하고 있다. 국내 기준으로 전체 광고 시장 약 16조 원 중 디지털 광고비가 60% 이상을 차지하는 상황이다. 전통 미디어는 매년 감소하고 있는 반면, 디지털 관련 사업은 매년 5~10% 수준으로 성장하고 있다. 디지털 미디어에서 이루어지는 소비자의 반응은 모두 데이터를 통해 정량적으로 표현할 수 있다. 이미 많은 디지털 광고 플랫폼에서 AI가 잠재 타깃팅, 성과 최적화, 소재 추천 등의 업무를 수행하고 있다. 다양한 AI 모델들이 등장하면서, 오프라인 접점에서 발생하는 소비자 행동이나 소셜미디어에 공개된 구매 정보가 디지털 광고 플랫폼의 성과와 연계될 가능성이 커지고 있다. 이러한 변화는 마케팅에 큰 혁신을 가져올 것이다. AI 기반의 온·오프라인 통합 마케팅 ROI 모델이 개발되고 상용화될 것으로 예상된다. 마케터는 마케팅 비용(input)을 통해 성과(output)을 창출하는 역할을 맡고 있다. 오랜 시간 동안 ROI를 고민해 왔던 마케터들은 이제 AI를 통해 더욱 정밀하게 ROI를 측정하고 설계할 수 있게 될 것이다.

셋째, 마케팅에서는 디지털 콘텐츠를 주도하는 다양한 이해관계자들과의 콘텐츠 에코시스템 구축(building a content ecosystem)이 점점 더 중요해질 것이다. AI 서비스가 상용화되고 일상화됨에 따라 저작권 문제는 더욱 다양해지고 복잡해질 것으로 예상된다. AI는 대규모 데이터(텍스트, 이미지, 영상, 음악 등)를 학습하여 콘텐츠를 생성하는데, 이 과정에서 학습한 데이터가 저작권으로 보호된 자료일 경우, 이를 무단으로 사용했을 때 저작권 침해가 발생할 수 있다. 또한 AI가 생성한 콘텐츠의 책임 소재가 창작자인지, AI 플랫폼인지에 대한 명확한 기준이 아직 없으며, 소유권 역시 명확하게 정의되지 않은 상태이다. 이러한 상황에서 마케터는 크게 두 가지 집단을 고려해야 한다.

첫 번째 집단은 인플루언서와 작가 등 전통적으로 디지털 콘텐츠를 생산하는 집단(Intellectual Property Provider)이다. 이들은 AI 시대에 저작권 침해 가능성이 커짐에 따라 브랜드 마케팅과 협업할 때

법적 이슈를 더욱 면밀히 검토할 것이다. 또한 AI 시대에는 단순히 콘텐츠 생성 결과물을 기업에 제공하는 형태를 넘어, 지적 재산권(IP)을 다각도로 활용하는 방식으로 협업이 변화할 가능성이 크다.

두 번째 집단은 콘텐츠의 권리를 보호하고 감시하는 집단(Intellectual Property Advocate)이다. AI를 통해 누구나 쉽게 디지털 상에서 콘텐츠를 생산하고 유포할 수 있는 환경이 조성되면서, 콘텐츠 저작권과 관련된 분쟁이 과거보다 훨씬 더 많아질 수 있다. 특히 AI는 국내뿐만 아니라 글로벌 데이터를 활용하기 때문에 분쟁의 범위가 사실상 전 세계로 확대될 가능성이 크다. 이는 마케터가 AI 시대에 브랜드 콘텐츠를 생산하고 유통하는 과정에서 고려해야 할 사항이 과거보다 훨씬 많아지고, 그 범위도 넓어졌음을 의미한다. 따라서 앞으로 마케터는 콘텐츠 생산과 저작권 보호를 지속적으로 관리할 수 있는 시스템을 구축해야 한다. 이를 통해 두 집단과의 협력을 강화하고, AI 시대의 복잡한 저작권 문제를 효과적으로 대응할 수 있을 것이다.

넷째, AI 시대에는 브랜드 진정성(brand authenticity)을 바탕으로 한 독창적 경험(exclusive experiences with originality)을 더욱 강조해야 한다. AI 시대에는 콘텐츠의 양과 선택지가 폭발적으로 증가함에 따라 브랜드가 진정성을 바탕으로 타 브랜드와 다른 독창적이고 몰입감 있는 경험을 제공하는 것이 필수적이다. 여기서 진정성이란 브랜드의 내적 가치와 소비자가 느끼는 외적 경험이 일치하는 정도를 의미하며, 이는 단순한 진실성을 넘어선 개념이다. 소비자는 브랜드의 메시지와 행동이 일관성을 유지하며 본질적 가치를 담고 있는지를 점점 더 중요하게 평가하고 있다. 따라서 브랜드는 AI 기술을 활용해 창의적이고 차별화된 경험을 제공하는 동시에, 이러한 경험이 브랜드의 핵심 가치와 긴밀히 연결되도록 해야 한다. 이는 소비자의 신뢰를 구축하고 브랜드 경쟁력을 강화하는 데 핵심적인 역할을 한다. 특히 브랜드 팝업 스토어와 같은 물리적 공간에서의 경험은 소비자에게 브랜드의 가치를 직접적으로 체험할 기회를 제공하며, 이를 통해 강렬한 인상을 남길 수 있다. 이러한 오프라인 경험은 소비자들이 SNS를 통해 자발적으로 공유하면서 온라인상에서 확산되고, 결과적으로 브랜드의 파급력을 극대화하는 데 기여한다. 또한 AI 기술은 온·오프라인의 접점에서 소비자 행동 데이터를 수집하고 분석하는 데 용이하며, 이를 통해 더욱 개인화된 경험을 설계할 수 있다. 이러한 기술적 활용은 소비자와의 정서적 연결을 강화하고 몰입형 경험(immersive experience)을 제공하는 데 중요한 역할을 한다. 결국, AI 시대의 마케팅은 단순히 디지털 중심의 사고에 머무르지 않고, 개인화된 온오프라인 통합 경험을 설계하는 것이 더욱 중요해질 것이다. 브랜드는 단순한 노출을 넘어 진정성을 기반으로 독창적이고 몰입감 있는 경험을 제공함으로써 소비자와의 신뢰를 구축하고, 지속적으로 타 브랜드와 다른 차별적 경쟁력을 만들어야 한다.

2) 마케터 역량의 변화

AI 시대의 도래는 마케팅 업계에서 요구되는 인적 자원의 역량을 새롭게 정의하고 변화시키고 있다. 전통 미디어 기반의 마케터, 디지털 미디어 중심의 마케터, 그리고 AI 시대의 마케터는 각 시대의 기술 발전과 미디어 환경에 따라 요구되는 역량이 다르게 변화해 왔다(〈표 2-13〉 참조). 이는 그 시대의 미디어 환경과 기술 구현의 수준, 소비자의 수용도 등 다양한 고려 요소가 영향을 미치기 때문이다.

〈표 2-13〉 마케터 역량 변화

구분	전통 미디어 마케터	디지털 미디어 마케터	AI 시대 마케터
데이터	경험/직관 중심 (소량 샘플 데이터)	대량 데이터 분석 (AI 활용)	실시간 데이터 분석 + 예측 분석
콘텐츠	콘셉트 개발 중심 (인간 고유 능력)	AI 보조 창의성 (기계-인간 협업)	AI 생성 콘텐츠 최적화
타깃팅	인구통계학적 데이터 기반	실시간 행동 데이터 기반	개인화된 AI 모델 기반
실행	오프라인 채널 중심 (예: TV, 신문)	온·오프라인 통합 (AI 도구 활용)	AI 자동화 접점 시스템 운영
비용관리	제작비/매체비	유연한 미디어 운영	AI ROI 모델 관리
효과측정	도달&노출 중심 (예: TV 시청률)	전환율 중심(AI 예측)	자체 AI 모델/실시간 성과 최적화

그럼에도 이 세 개의 마케터들의 가장 큰 차이는 데이터이다. 데이터의 질적 양적 보유와 분석 차이가 전통 미디어부터 디지털, 향후 AI 시대를 가장 크게 구분 짓는 요소이자 역량이다. 우선, 데이터 활용의 측면에서 전통 미디어 시대에는 소수의 샘플 데이터를 기반으로 시장을 분석하고 의사결정을 내렸다. 지금 시대인 디지털 미디어 시대에 이르러서는 Google Analytics(GA)와 같은 플랫폼을 통해 대량의 데이터를 활용하며, 일부 AI 기술이 도입되었으나 여전히 해당 데이터를 분석하고 관리하는 인적 경험이 중요하게 영향을 미친다. 반면, AI 시대에는 데이터의 수집과 분석을 지금보다 더욱 높은 수준으로 구현하는 것을 넘어 AI가 예측 단계까지 실행할 것으로 예상된다. 즉, 데이터 수집, 분석, 예측까지 데이터에 기초한 모든 마케팅 전략 수립과 운영(AI driven marketing management)이 가능하게 되는 것이다. 콘텐츠 제작과 비용 관리의 측면에서도 변화가 두드러

질 것이다. 전통 미디어 시대에는 높은 제작비와 오프라인 매체비 중심으로 마케팅이 이루어졌으며, 최근 디지털 미디어 시대에는 전환율을 극대화하기 위해 채널 간 균형(balance)에 초점을 맞추는 방식으로 변화하였다. 그러나 향후, AI 시대에는 비용 관리 역시 AI 기반의 자동화된 ROI 모델을 통해 더욱 효율적이고 효과적으로 비용 관리를 할 수 있을 것으로 예상된다.

따라서 AI 시대 마케터는 감히 '솔로프리너'로서 역할을 해야 할 것으로 보인다. '솔로프리너(Solopreneur)'란 solo+enterpreneur의 결합어로 AI를 통해 아이디어에서부터 기획, 재무 관리, 제작, 판매, 고객 응대까지 모든 것을 스스로 만들어 내는 1인 CEO이자 브랜드 매니저이자, 대행사 역할인 것이다. 따라서 미래 AI 시대 마케터는 AI가 만들어 낸 모든 데이터와 결과물을 판단하기 위한 경험과 역량이 매우 중요해질 것이다.

이런 가능성은 다양한 곳에서 언급되고 있는데, 최근 딜로이트

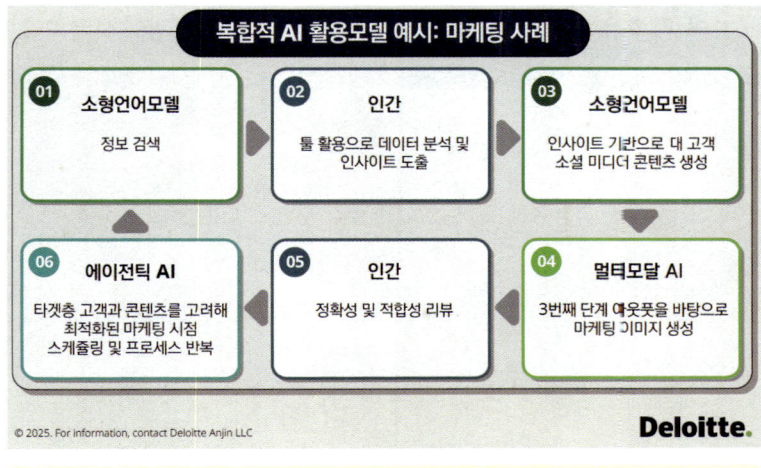

[그림 2-60] 복합적 AI 활용 예시

출처: Deloitte. (2024. 11. 11.).

(2025)가 발표한 보고서에서도 마케터(사람)의 개입과 판단의 중요성을 언급하였다. 이 리포트에 의하면 향후 마케팅 분야에서는 AI를 각 목적에 따라 복합적으로 활용할 것으로 전망하고 있다([그림 2-60] 참조). 예를 들어, 초기 시장 자료를 분석하는 단계에서는 소형 언어 모델(Small Language Model)을 활용하여 정보를 수집하고, 마케터가 이를 바탕으로 인사이트를 도출한다. 이후, 도출된 인사이트를 기반으로 콘텐츠를 제작하고, 그 효과를 지속적으로 측정하는 방식으로 AI를 활용하게 될 것이다. 이는 AI 기술의 특성을 적절히 활용하여 마케팅 효율성을 극대화하는 방향으로 나아가고 있음을 보여준다. 즉, AI를 통해 매 순간 판단하고 결정하는 마케터의 인사이트가 매우 중요해진 것이다.

결론적으로, AI 시대의 마케터는 데이터와 AI 기술을 융합하는 역량이 필수적이다. 이를 통해 더욱 개인화된 콘텐츠를 제공하고, 고도화된 마케팅 ROI를 실시간으로 관리할 수 있을 것으로 기대된다. AI 기술의 발전은 마케팅의 정밀성과 효율성을 제고하는 동시에, 마케터의 역할을 데이터 기반의 전략적 의사결정자로 변화시키고 있다. 이런 변화를 우리는 충분히 이해하고 적극적으로 수용해야 할 것이다.

참고문헌

HelloDD (2019, September 30). AI로 손님 예측, 적중률 98%… "재료손실↓ 매출↑". https://www.hellodd.com/news/articleView.html?idxno=69729

AI Times (2022. 9. 16.). 99% 정확도로 세계 1위 도전한다… QED, 농산물 생산예측 시장에 출사표. http://www.aitimes.com/news/articleView.html?idxno=146790

KB 금융지주 경영연구소(2024. 5. 21.). [KB지식비타민] '정가 대신 시가' 다이내믹 프라이싱(Dynamic Pricing), 누구를 위한 가격전략인가?. https://www.kbfg.com/kbresearch/report/reportView.do?reportId=2000473

국민권익위원회(2023). DEI(다양성, 형평성, 포용성)와 기업윤리.

김상홍(2024. 12. 3.). [러닝팁스] 2024 러닝팁스 19호: 판다랭크! 키워드 분석과 포스팅 작성의 모든 것! 한국방송통신대학교 러닝팁스. https://bsgrad.knou.ac.kr/bbs/ide/3463/730404/artclView.dc

김유나(2025). 호모 데이터쿠스의 데이터 상상력: DT 시대를 이끌 마케터가 반드시 갖춰야 할 데이터 지능. 학지사.

김은영(2025. 5. 27.). 얼굴 사진 하나로 퍼스널 컬러 진단 완료: AI가 당신의 피부색을 80% 정확도로 분석한다. AI Matters. https://aimatters.co.kr/news-report/ai-report/22200/

김찬숙, 나건(2014). 브랜드 경험(감각, 감성, 인지, 행동, 관계) 확장을 위한 플렉서블 아이덴티티에 관한 연구. 디지털디자인학연구, 14(1), 281-290.

김형택(2022). 디지털트랜스포메이션 시대의 디지털마케팅 커뮤니케이션 전략: 플랫폼·미디어·커뮤니케이션 변화에 따른 디지털마케팅 실무 활용서. 비제이퍼블릭.

노유림(2025. 8. 9.). AI가 분석하면 로봇이 파데 만든다… 요즘 K뷰티 힘주는 이것. 중앙일보. https://www.joongang.co.kr/article/25357837

뉴스1(2024. 5. 3.). "박은빈・손석구 아역이 AI?"… 미디어에 들어온 AI 딥페이크 논란. https://www.news1.kr/it-science/general-it/5404386

대한상공회의소(2024. 8. 29.). 국내 기업 AI 기술 활용 실태 조사 [보도자료]. 대한상공회의소. https://www.korcham.net/nCham/Service/Economy/appl/KcciReportDetail.asp?CHAM_CD=B001&SEQ_NO_C010=20120938915&utm_source=chatgpt.com

딜로이트(2025. 3. 5.). AI, 어떻게 진화할 것인가 What's next for AI?. https://www.deloitte.com/kr/ko/Industries/tmt/analysis/how-will-ai-evolve.html

리즈후이(2020). 데이터를 지배하는 자가 세계를 지배한다: 차이나 이노베이션과 빅데이터 전쟁. 더봄.

박남기, 김윤경, 장은채, 이주연, 최어진(2021). 사회성 능력이 인공지능 챗봇의 사회적 사용과 자기노출에 미치는 영향: 사용자의 외로움 정도와 챗봇에 대한 지각된 인간다움의 매개효과. 한국언론학보, 65(5), 367-401.

박대기(2025. 8. 19.). "AI 모델 보고 어떻게 믿죠?" 화장품 광고 논란 [보도자료]. KBS 뉴스. https://news.kbs.co.kr/news/pc/view/view.do?ncd=8333665

박수현(2024. 7. 8.). 네이버, 성장률 단기 반등 어려워… 목표가 25.5만원→24만원. 머니투데이. https://news.mt.co.kr/mtview.php?no=2024070808304782954

배소진(2019. 8. 19.). 이 인공지능은 카피의 미묘한 한 끝 차이 효과도 알고 있다. TTimes. https://www.ttimes.co.kr/article/2019081618257715810

배소진(2023. 10. 7.). 밀당하며 2000개 납품 협상 한 번에… 월마트 신입의 정체. 머니투데이. https://news.mt.co.kr/mtview.php?no=2023100611290923623

성유진(2023. 10. 26.). 定價 이젠 없어요… 데이터 돌려 가격표 10분마다 바

꿉니다. 조선일보. https://www.chosun.com/economy/weeklybiz/2023/10/26/WEUQXAV5K5ES3HBJOP76XPNKZI/

손승혜, 최윤정, 황하성(2011). 기술수용모델을 이용한 초기 이용자들의 스마트폰 채택 행동 연구. 한국언론학보, 55(2), 227-251.

연합뉴스(2024. 7. 15.). 'AI 제안 아이스크림 탄생'… 배스킨라빈스, 구글과 신메뉴 출시. 연합뉴스. https://www.fnnews.com/news/202407151557519266

위키트리(2024. 4. 15.). 박은빈과 쏙 빼닮아 화제인 아역 모델들… 정체 알려지자 네티즌들 '당황'. https://www.wikitree.co.kr/articles/943266

유다정(2025. 1. 25.). 한국, 메타 광고 지출 금액 2조 원 '훌쩍'… 쿠팡이 삼성보다 많이 썼다. 브랜드 리포트. https://www.brandbrief.co.kr/news/articleView.html?idxno=7623

유지연(2022. 5. 23.). 크고 강한 매장만 남겨라… 고수들의 오프라인 전략. 중앙일보. https://www.joongang.co.kr/article/25073326

이성민(2024). 유튜브는 레거시 미디어를 대체할 것인가. GLOBAL ISSUE BRIEF. https://www.nrc.re.kr/board.es?mid=a10301000000&bid=0008&list_no=178613&act=view&nPage=1&otp_id=

이진균(2022). 가상 인플루언서의 특성과 공신력이 소비자 반응에 미치는 영향: 지각된 인간다움의 조절효과를 중심으로. 한국광고홍보학보, 24(4), 347-385.

전자신문(2025. 4. 3.). "데이터 분석해 맞춤형 뷰티 상품 추천"… 롯데온, '뷰티 AI' 출시. 전자신문. https://www.etnews.com/20250403000113

정찬욱(2025). AI, 어떻게 진화할 것인가. 딜로이트 리포트. https://www.deloitte.com/kr/ko/Industries/tmt/analysis/how-will-ai-evolve.html

조단양, 한광섭(2022). 가상 인플루언서의 특성이 구매 의도에 미치는 영향: 불쾌한 골짜기 이론을 중심으로. 한국광고홍보학보, 24(3), 135-169.

조선일보(2025. 7. 15.). 배스킨라빈스와 구글이 만든AI 아이스크림… 어떻게 개발됐나 보니. https://www.chosun.com/economy/market_trend/2024/07/15/CVLNVAQ4BZA3BP5DEPQRN7VDFM/

정해동(2009). 고객접촉점이 마케팅이다. 한언출판사.

정보통신기술진행센터(2016. 8. 24.). 주간기술동향 1760호.

정진옥(2023. 9. 19.). 데이터 기반 가격 책정 AI 도구, "최적 가격으로 비즈니스 목표 달성". GTT 코리아. https://www.gttkorea.com/news/articleView.html?idxno=6858

주재우, 최호진(2024. 2.). 팝업스토어의 미래는 '데이터 수집-검증하는 실험실'. 동아비즈니스리뷰. https://dbr.donga.com/article/view/1101/article_no/11171

박정이, 임지은, 황장선(2018). 유튜브 브랜드 채널 콘텐츠의 커뮤니케이션 전략. 한국광고홍보학보, 20(2), 95-151.

연합뉴스(2023). 쏘카, 국제학회서 모빌리티 업계 최초 '초거대 AI 글로벌 챌린지' https://www.yna.co.kr/view/AKR20230519032500003

최모세, 조창환(2019). MCN 브랜디드 콘텐츠 유형과 상호 작용성에 따른 소비자 반응 연구: 지각된 실재감과 지각된 진정성의 매개효과를 중심으로. 광고학연구, 30(3), 107-139.

한국경제(2025. 4. 1.). 한 번도 뚫린 적 없는 한국… 구글·유튜브도 '절레절레'. https://www.hankyung.com/article/202504012579g

한국경제(2025. 4. 29.). 챗GPT에 '쇼핑' 추가한 오픈AI… 韓 상륙 초읽기. https://www.hankyung.com/article/2025042941061

한광석, 고한준(2007). 판매촉진이 매장 내 소비자에게 미치는 효과: 장기적 측면의 커뮤니케이션 효과와 마케팅 효과를 중심으로. 한국광고홍보학보, 9(2), 145-176.

한유진, 이현수(2023). 딥러닝 기반 점포 이미지 평가 및 포지셔닝 맵 생성 - 커피 전문점 브랜드의 실내공간을 중심으로. 대한건축학회논문집, 39(2).

Adobe. (2023). 2023 state of digital customer experience. Adobe. https://business.adobe.com/

Adobe. (2024). AI 기반의 마케팅 성과 측정 및 계획: Adobe Mix Modeler 로 마케팅 ROI를 극대화하는 방법. Adobe Inc. https://business.adobe.com/kr/resources/sdk/ai-powered-marketing-measurement-and-planning.html

Ai Palette. (n.d). Leveraging AI Platforms for Consumer Insights in Beauty and Personal Care. https://www.aipalette.com/leveraging-ai-platforms-for-consumer-insights-in-beauty-and-personal-care/

Alavi, S., Bornemann, T., & Wieseke, J. (2015). Gambled price discounts: A remedy to the negative side effects of regular price discounts. *Journal of Marketing*, 79(2), 62-78.

Amazon. (2025, March 26). Amazon's AI-powered "Interests" feature automatically finds new products that match your passions and hobbies. About Amazon. https://www.aboutamazon.com/news/retail/artificial-intelligence-amazon-features-interest

Ashforth, B. E., & Humphrey, R. H. (1997). The ubiquity and potency of labeling in organizations. *Organization Science*, 8(1), 43-58.

AT Press. (2015. 4. 16.). ECサイト向け購買行動解析・販促サービス『ZenClerk』購入価格帯予測・クーポン出し分け機能「プライスレンジモジュール」を追加: 一部導入企業では、利用時のCVRが通常時の200％に[プレスリリース]. [EC 사이트용 구매행동 분석・판촉 서비스 'ZenClerk' 구매가격대 예측・쿠폰 분류 기능 「프라이스레인지 모듈 (Price Range Module)」추가: 일부 도입 기업에서 이용 시 CVR이 평상시의 200%에]. AT Press. https://www.atpress.ne.jp/news/60207

Bohner, G., Moskowitz, G. B., & Chaiken, S. (1995). The interplay of heuristic and systematic processing of social information. *European review of social psychology*, 6(1), 33-68.

Brown, R. (2025, January 24). IBM & L'Oréal: Harnessing Gen AI to create greener cosmetics. Manufacturing Digital. https://manufacturingdigital.com/ai-and-automation/how-ibm-lorealwill-use-ai-for-sustainable-cosmetics

Business Digital Transformation Centre (BDTC). (n.d.). What is digital transformation? Retrieved September 9, 2025, fromhttps://bdtc.io/en/what-is-digital-transformation/

Buss. D. (2012. 5. 2.). Ford Fiesta Sales Slump Despite 'Groundbreaking' Social Media Marketing Campaign. Forbes. https://www.forbes.com/sites/dalebuss/2012/05/02/fiesta-sales-slump-suggests-the-end-of-the-movement/

Bernd, H., Schmitt. (2005). Customer experience management: A revolutionary approach to connecting.

Campbell, J., DiPietro, R. B., & Remar, D. (2014). Local foods in a university setting: Price consciousness, product involvement, price/quality inference and consumer's willingness-to-pay. *International Journal of Hospitality Management, 42*, 39-49.

Chaffey, D. (2023). *Digital marketing: Strategy, implementation, and practice* (8th ed.). Pearson Education.

Chaiken, S. (1980). Heuristic versus systematic information processing and the use of source versus message cues in persuasion. *Journal of Personality and Social Psychology, 39*, 752-766.

Chaiken, S. (1987). The heuristic model of persuasion. In M. Zanna, J. Olson, & C. Herman (Eds.), *Social influence: The Ontario Symposium V.5* (pp. 143-177). Erlbaum.

Chaiken, S., Liberman, A., & Eagly, A. H. (1989). Heuristic and systematic information processing within and beyond the persuasion context. In J. S. Uleman & J. A. Bargh (Eds.), *Unintended thought* (pp. 212-252).Guilford Press.

Chaiken, S., & Maheswaran, D. (1994). Heuristic processing can bias systematic processing: effects of source credibility, argument ambiguity, and task importance on attitude judgment. *Journal of Personality and Social Psychology, 66*(3), 460.

참고문헌

Chen, S., & Chaiken, S. (1999). The heuristic-systematic model in its broader context. In S. Chaiken & Y. Trope (Eds.), *Dual-process theories in social psychology* (pp. 73-96). Guilford Press.

Chief AI Officer. (2024, March 17). *How Zara AI predicts fashion trends before they happen*. https://www.chiefaiofficer.com/post/how-zara-ai-predicts-fashion-trends-before-they-happen

Cronley, M. L., Posavac, S. S., Meyer, T., Kardes, F. R., & Kellaris, J. J. (2005). A selective hypothesis testing perspective on price-quality inference and inference-based choice. *Journal of Consumer Psychology, 15*(2), 159-169.

Davenport, T., Guha, A., Grewal, D., & Bressgott, T. (2020). How artificial intelligence will change the future of marketing. *Journal of the Academy of Marketing Science, 48*(1), 24-42.

Djorno, C., Santillana, M., & Yang, S. (2025). Restoring the forecasting power of Google Trends with statistical preprocessing. *arXiv*. https://arxiv.org/abs/2504.07032

Dodds, W. B., Monroe, K. B., & Grewal, D. (1991). The effects of price, brand, and store information on buyers' product evaluations. *Journal of Marketing Research, 28*(3), 307-319.

E-Commerce Times. (2025, April 30). *OpenAI Wants ChatGPT To Be Your Shopping Assistant*. https://www.ecommercetimes.com/story/openai-wants-chatgpt-to-be-your-shopping-assistant-178259.html

Fiske, S. T., & Taylor, S. E. (1991). *Social cognition* (2nd ed.). McGraw Hill.

Gelman, S. A., & Heyman, G. D. (1999). Carrot-eaters and creature-believers: The effects of lexicalization on children's inferences about social categories. *Psychological Science, 10*(6), 489-493.

Go, E., & Sundar, S. S. (2019). Humanizing chatbots: The effects of visual, identity and conversational cues on humanness perceptions.

Computers in Human Behavior, 97, 304-316.

Google Marketing Platform (n.d.) How did L'Oréal make one creative idea work 100K+ different ways? With a little help from Display & Video 360, Studio and GWD. https://marketingplatform.google.com/about/resources/how-did-loreal-make-one-creative-idea-work-100k-different-ways/?utm_source=chatgpt.com

Gonzalez-Díaz, R., Stelldinger, P., & Latecki, L. J. (2021). Digitization. In K. Ikeuchi (Ed.), *Computer vision* (pp. 328-335). Springer.

Google Trends. (2024). New Google Trends: Faster detection, expanded countries, and enhanced filters. Retrieved August 19, 2024, from https://www.reddit.com/r/SEO_Digital_Marketing/comments/1evvedo

Gutuleac, R., Baima, G., Rizzo, C., & Bresciani, S. (2024). Will virtual influencers overcome the uncanny valley? The moderating role of social cues. *Psychology & Marketing, 41*(7), 1419-1431.

Hackleman, E. C., & Duker, J. M. (1980). Deal proneness and heavy usage: Merging two market segmentation criteria. *Journal of the Academy of Marketing Science, 8*(4), 332-344.

Harvard Business School Online. (2025). How to Use Perceptual Mapping to Assess Your Competition. https://online.hbs.edu/blog/post/perceptual-map

Harvard Business Review. (2015, July 10). What to measure if you're mission driven. https://hbr.org/2015/07/what-to-measure-if-youre-mission-driven

HelloPM. (2025, June, 25). Netflix Content Recommendation System-Product Analytics Case Study. https://hellopm.co/netflix-content-recommendation-system-product-analytics-case-study/?utm_source=chatgpt.com

IDC. (2022, October). FutureScape: Worldwide artificial intelligence and automation 2023 predictions. International Data Corporation.

https://www.idc.com/

IRS Global. (2019, April 29). ICT/정보통신 AI(인공지능)을 이용한 비즈니스 모델. IRS Global. https://www.irsglobal.com/bbs/rwdboard/14142

Iyer, P., & Bright, L. F. (2024). Navigating a paradigm shift: Technology and user acceptance of big data and artificial intelligence among advertising and marketing practitioners. *Journal of Business Research, 180*, 114-699.

Jacoby, J., & Olson, J. C. (1977). Consumer response to price: An attitudinal, information processing perspective. In Y. Wind & P. Greenberg (Eds.), *Moving ahead with attitude research* (pp. 73-86). American Marketing Association

Jozani, M., Ayaburi, E., Ko, M., & Choo, K.-K. R. (2020). Privacy concerns and benefits of engagement with social media-enabled apps: A privacy calculus perspective. *Computers in Human Behavior, 107*, 106-260.

Kahneman, D., & Tversky, A. (1979). Prospect theory: An analysis of decision under risk. *Econometrica, 47*(2), 263-292.

Kim, H. W., Xu, Y., & Gupta, S. (2012). Which is more important in Internet shopping, perceived price or trust?. *Electronic Commerce Research and Applications, 11*(3), 241-252.

Kim, S., & Kim, H. (2024). The role of YouTube channel characteristics in shaping followers' purchase intentions and behavioural engagement: the serial mediation of satisfaction and channel loyalty. *Italian Journal of Marketing*. Advance online publication.

Koh, Y. J., & Sundar, S. S. (2010). Heuristic versus systematic processing of specialist versus generalist sources in online media. *Human Communication Research, 36*(2), 103-124.

Kotler, P., Kartajaya, H., & Setiawan, I. (2024). 필립 코틀러 마켓 6.0(방영호 역). 더퀘스트. (Original work published 2024).

Keith, M. J., Thompson, S. C., Hale, J., Lowry, P. B., & Greer, C. (2013).

Information disclosure on mobile devices: Re-examining privacy calculus with actual user behavior. *International journal of human-computer studies*, 71(12), 1163-1173.

Kliatchko, J. (2005). Towards a new definition of integrated marketing communications (IMC). *International Journal of Advertising*, 24(1), 7-34.

L'Oréal Group. (n.d.). AI 기술로 맞춤형 뷰티를 선사하는 '페르소'. https://www.loreal.com/ko-kr/korea/pages/group/beauty-tech-case/perso/

Laufer, R. S., & Wolfe, M. (1977). Privacy as a concept and a social issue: A multidimensional developmental theory. *Journal of Social Issues*, 33(3), 22-42.

Lee, E. J. (2024). Minding the source: toward an integrative theory of human-machine communication. *Human Communication Research*, 50(2), 184-193.

Lee, H., Shin, M., Yang, J., & Chock, T. M. (2025). Virtual influencers vs. human influencers in the context of influencer marketing: The moderating role of machine heuristic on perceived authenticity of influencers. *International Journal of Human-Computer Interaction*, 41(10), 6029-6046.

Lichtenstein, D. R., Ridgway, N. M., & Netemeyer, R. G. (1993). Price perceptions and consumer shopping behavior: A field study. *Journal of Marketing Research*, 30(2), 234-245.

Lim, R. E., & Lee, S. Y. (2023). "You are a virtual influencer!": Understanding the impact of origin disclosure and emotional narratives on parasocial relationships and virtual influencer credibility. *Computers in Human Behavior*, 148, 107-897.

Lou, C., & Yuan, S. (2019). Influencer marketing: How message value and credibility affect consumer trust of branded content on social media. *Journal of Interactive Advertising*, 19(1), 58-73.

Martin Roll (2021, November, 21). The Secret of Zara's Success: A Culture of Customer Co-creation. https://martinroll.com/resources/articles/strategy/the-secret-of-zaras-success-a-culture-of-customer-co-creation/

Marquez, J. (2023, January 12). Kodak's troubles hold a lesson for the AI age. *Barron's*. https://www.barrons.com/articles/kodak-bankruptcy-camera-film-ef6fbcb6

Naver Corporation. (2025). Naver DataLab. https://datalab.naver.com/

Niemand, T., Mai, R., & Kraus, S. (2019). The zero-price effect in freemium business models: The moderating effects of free mentality and price-quality inference. *Psychology & Marketing*, *36*(8), 773-790.

Obermiller, C. (1988). When do consumers infer quality from price?. *Advances in Consumer Research*, *15*(1).

Palmer, A., & Koenig-Lewis, N. (2009). An experiential, social network-based approach to direct marketing. *Direct Marketing: An International Journal*, *3*(3), 162-176.

Persado. (December, 5, 2019.). How AI Improves Copywriting. https://www.persado.com/articles/how-ai-improves-copywriting/

RankRed. (2025). Netflix marketing strategy: 18 proven insights in 2025. https://www.rankred.com/netflix-marketing-strategy/

Reeves, B., & Nass, C. (1996). The media equation: How people treat computers, television, and new media like real people. *Cambridge, UK*, *10*(10), 19-36.

Rheu, M., Dai, Y., Meng, J., & Peng, W. (2024). When a chatbot disappoints you: Expectancy violation in human-chatbot interaction in a social support context. *Communication Research*, *51*(7), 782-814.

Ritzer, G., Dean, P., & Jurgenson, N. (2012). The coming of age of the prosumer. *American behavioral scientist*, *56*(4), 379-398.

Rogers, E. M. (2003). *Diffusion of innovations* (5th ed.). Free Press. https://books.google.co.kr/books?id=9U1K5LjUOwEC

Rubin, A. M., Perse, E. M., & Powell, R. A. (1985). Loneliness, parasocial interaction, and local television news viewing. *Human communication research*, *12*(2), 155-180.

Salesforce. (2023). The state of IT: How leaders are using AI. https://www.salesforce.com/

Sanka. (2020). Digital transformation failures and lessons learned. Sanka Blog. https://sanka.io/blog/digital-transformation-failure/

Schultz, D. & Schultz, H. (1998) Transitioning marketing communication into the twenty-first century. *Journal of Marketing Communications, 4*(1), 9-26.

Sharma, R. (2021). Business case study: How and why Nokia failed? Lessons from Nokia's failure [Video]. YouTube. https://www.youtube.com/watch?v=eRZRueK23BQ

Shin, D., & Park, Y. J. (2019). Role of fairness, accountability, and transparency in algorithmic affordance. *Computers in Human Behavior, 98*, 277-284.

Shin, D. (2021). The effects of explainability and causability on perception, trust, and acceptance: Implications for explainable AI. *International Journal of Human-computer Studies, 146*, 102551.

Shin, D., Zhong, B., & Biocca, F. A. (2020). Beyond user experience: What constitutes algorithmic experiences?. *International Journal of Information Management, 52*, 102061.

Sundar, S. S., Kalyanaraman, S., & Brown, J. (2003). Explicating website interactivity: Impression formation effects in political campaignsites. *Communication Research, 30*(1), 30-59.

Stelldinger, P., & Latecki, L. J. (2014). *Digitization*. In K. Ikeuchi (Ed.), *Computer Vision* (pp. 212-217). Springer.

Sundar, S. S., & Kim, J. (2019, May). Machine heuristic: When we trust computers more than humans with our personal information [Conference paper]. *Proceedings of the 2019 CHI Conference on Human Factors in Computing Systems* (pp. 1-9). Association for Computing Machinery.

Son, J., Lee, J., Oh, O., Lee, H. K., & Woo, J. (2020). Using a Heuristic-Systematic Model to assess the Twitter user profile's impact on disaster tweet credibility. *International Journal of Information Management, 54*, 102176.

Super Safeway. (n.d.). *About Safeway Just for U*. Retrieved from https://supersafeway.com/safeway-just-for-you-coupons/

Tan, Y., Geng, S., Katsumata, S., & Xiong, X. (2021). The effects of ad heuristic and systematic cues on consumer brand awareness and purchase intention: Investigating the bias effect of heuristic information processing. *Journal of Retailing and Consumer Services, 63*, 102696.

Terrell Hanna, K., & Yasar, K. (2025, May 12). *What are SMART goals?* Tech Target. Retrieved September 9, 2025, from https://www.techtarget.com/whatis/definition/SMART-SMART-goals

Thaler, R. (1983). Transaction Utility Theory. *Advances in consumer research, 10*(1).

Todorov, A., Chaiken, S., & Henderson, M. D. (2002). The heuristic-systematic model of social information processing. In J. P. Dillard & M. Pfau (Eds.), *The persuasion handbook: Developments in theory and practice* (pp. 195-211). Sage Publications.

Trend Reader. (2022, March 3). 소셜미디어 데이터 분석으로 인사이트를 얻을 수 있는 '썸트렌드(sometrend)' [Gaining insights through social media data analysis with Sometrend]. Trend Reader Blog. Retrieved from https://ejustory.tistory.com/entry/

Vanhuele, M., & Drèze, X. (2002). Measuring the price knowledge shoppers bring to the store. *Journal of marketing, 66*(4), 72-85.

Vertical Platform. (2015. 7. 31.). 쿠폰 발송 타이밍을 찾기 어렵다면? ZenClerk. https://verticalplatform.kr/archives/4976

Vertical Platform. (2015. 8. 3.). 쿠폰 발송 타이밍을 찾기 어렵다면? ZenClerk. https://verticalplatform.kr/archives/3899

Yang, H., & Sundar, S. S. (2024). Machine heuristic: concept explication and development of a measurement scale. *Journal of Computer-Mediated Communication, 29*(6), zmae019.

Zeithaml, V. A. (1988). Consumer perceptions of price, quality, and value: A means-end model and synthesis of evidence. *Journal of Marketing, 52*(3), 2-22.

Yang, K., & Stoyanovich, J. (2017). Measuring fairness in ranked outputs. In Proceedings of the 29th international conference on scientific and statistical database management (pp. 1-6). ACM.

Zhao, W. X., Zhou, K., Li, J., Tang, T., Wang, X., Hou, Y., … & Wen, J. R. (2023). A survey of large language models [arXiv preprint]. arXiv. https://arxiv.org/abs/2303.18223

Zwiebach, E. (2012, November 26). Safeway is counting on U. *Supermarket News*. https://www.supermarketnews.com/archive/safeway-counting-u

그림 출처

[그림 1-1] 기술 수용 주기와 하이프 사이클의 통합. Herman, M. (n.d.). Hyperonomy Digital Identity Lab 홈페이지. https://hyperonomy.com/

[그림 1-2] 모바일 환경에서의 소비자 행동 흐름. 자체 제작

[그림 1-3] Nivea가 진행한 'The Protection' 광고 중 일부. NIVEA. (2014). NIVEA SUN KIDS - The Protection Ad [Video]. YouTube. https://youtu.be/BgXrTGIiFV8?si=3muk4dBs9al-Y6nu

[그림 1-4] 월마트의 Text to Shop 예시. Essig, D. (2022. 12. 14.). *Text to Shop: Walmart customers can now shop as easily as texting*. Walmart. https://corporate.walmart.com/news/2022/12/14/text-to-shop-walmart-customers-can-now-shop-as-easily-as-texting

[그림 1-5] AI 모델의 진화 Zhao, W. X., Zhou, K., Li, J., Tang, T., Wang, X., Hou, Y., … & Wen, J. R. (2023). *A survey of large language models*. arXiv preprint arXiv:2303.18223.

[그림 1-6] 쿠키리스(cookie-less)에 대한 시각. 자체 제작

[그림 1-7] AIDMA 모델에서 AISAS 모델로. 자체 제작

[그림 1-8] 검색 광고 시장의 매출. Zandt, F. (2024. 9. 10.). *Annual advertising revenue of selected tech companies offering search solutions*. Statista. https://www.statista.com/chart/33017/annual-advertising-revenue-of-selected-tech-companies-offering-search-solutions/

[그림 1-9] 시각적 의인화 요소가 포함되지 않은 챗봇(왼쪽), 시각적 의인화 요소를 추가한 챗봇(오른쪽). Go, E., & Sundar, S. S. (2019). Humanizing chatbots: The effects of visual, identity and conversational cues on humanness perceptions. *Computers in Human Behavior, 97*, 304-316.

[그림 1-10] AI 운영 방식에 따른 특징. 삼정KPMG 경제연구원(2024). 생성형 AI에게 펼쳐진 새로운 무대, 온디바이스 AI. *Issue Monitor*, (165). https://kpmg.com/kr/ko/home/insights/2024/06/issuemonitor_165.html

[그림 1-11] 온디바이스 AI 활용 비즈니스 생태계. 삼정KPMG 경제연구원(2024). 생성형 AI에게 펼쳐진 새로운 무대, 온디바이스 AI. *Issue Monitor*, (165). https://kpmg.com/kr/ko/home/insights/2024/06/issuemonitor_165.html

[그림 1-12] 카타르항공의 'AI 어드벤처' 캠페인 사이트. 카타르항공 캠페인 사이트. https://ai.flyqatar.com/?selLang=en

[그림 1-13] 축카스 캠페인. 카스 공식 인스타그램 @official.cass

[그림 1-14] 축카스 전광판 이벤트. 카스 공식 인스타그램 @official.cass

[그림 1-15] 코카콜라의 인터렉티브 옥외 광고. Ocean Outdoor. (2023). [LinkedIn post]. https://www.linkedin.com/posts/ocean-outdoor_oceanlabs-activity-7272283242488033280-Yd-O/

[그림 2-1] Orbital insight가 측정한 2016년 슈퍼볼 경기장 주변의 주차된 자동차 수. 홍석윤(2018. 6. 14.). '지리공간 분석회사' 투자 줄서는 이유: 위성 촬영 정보를 인공지능 분석, 상업적 활용은 물론 환경감시에도 적용. 이코노믹리뷰. https://www.econovill.com/news/articleView.html?idxno=339770

[그림 2-2] 2016년 미국 옥수수 생산량 관련 데이터. AI타임스(2022. 9. 16.). 99% 정확도로 세계 1위 도전한다… QED, 농산물 생산예측 시장에 출사표. http://www.aitimes.com/news/articleView.html?idxno=146790

[그림 2-3] 어센트코리아 리스닝마인드(ListeningMind). 어센트코리아. (n.d.). 리스닝 마인드, 검색 데이터에서 발견하는 세상 모든 고객의 인텐트. https://app.arcade.software/share/h124DABGjJdzeHP8cO1l

[그림 2-4] GPTs. GPTs(https://chatgpt.com/gpts) 이용 후 자체 캡처.

[그림 2-5] Trend Tracker. Tend Tracker(https://chatgpt.com/g/g-OxdCNZRb0-trend-tracker) 이용 후 자체 캡처.

[그림 2-6] Trend Tracker의 답변 예시. Tend Tracker(https://chatgpt.com/g/g-OxdCNZRb0-trend-tracker) 이용 후 자체 캡처.

[그림 2-7] Marketing Research and Competitive Analysis. Marketing Research and Competitive Analysis(https://chatgpt.com/g/g-O5mNWQGMa-marketing-research-and-competitive-analysis) 이용 후 자체 캡처.

[그림 2-8] Marketing Research and Competitive Analysis 답변 예시. Marketing Research and Competitive Analysis(https://chatgpt.com/g/g-O5mNWQGMa-marketing-research-and-competitive-analysis) 이용 후 자체 캡처.

[그림 2-9] 구글 트렌드 검색어 비교 예시. 구글 트렌드(https://trends.google.co.kr/trends/) 이용 후 자체 캡처.

[그림 2-10] 네이버 데이터 랩의 분야별 클릭 통계 예시. 네이버 데이터 랩(https://datalab.naver.com/) 이용 후 자체 캡처.

[그림 2-11] 네이버 데이터 랩 지역별 관심 업종 순위 예시. 네이버 데이터 랩(https://datalab.naver.com/) 이용 후 자체 캡처.

[그림 2-12] 썸트랜드 사용 예시. 썸트렌드(https://some.co.kr/) 이용 후 자체 캡처.

[그림 2-13] 블랙위키 검색 결과 예시. 블랙위키(https://blackkiwi.net/?gad_source=1&gad_campaignid=20959278936&gbraid=0AAAAAC2TuW5I4_YHh9hUnySi6-_CifjHK&gclid=Cj0KCQjwrJTGBhCbARIsANFBfgtDGsQEs29JzDK_p8xSPt1xDqefXGGohnFKEpHO9-va4sjjiLuyJooaAsnoEALw_wcB) 이용 후 자체 캡처.

[그림 2-14] 판다랭크 사용 예시. 판다랑크(https://pandarank.net/) 이용 후 자체 캡처.

[그림 2-15] 타깃팅 세분화 예시. 자체 제작

[그림 2-16] 쿠팡의 AI 타깃팅 요약 및 효율. 쿠팡. (n.d.). 신규고객확보 리포트. 쿠팡 광고 공식 홈페이지. https://ads.coupang.com/start/decks

[그림 2-17] perceptual map. Harvard Business School Online. (2025). How to use perceptual mapping to assess your competition. https://online.hbs.edu/blog/post/perceptual-map

[그림 2-18] 서베이를 통한 포지셔닝 맵과 소셜 이미지 데이터 및 딥러닝을 통한 포지셔닝 맵 비교. 한유진, 이현수(2023. 2. 28.). '딥러닝 기반 점포 이미지 평가 및 포지셔닝 맵 생성-커피 전문점 브랜드의 실내공간을 중심으로-. 대한건축학회, 39(2), 121-128.

[그림 2-19] MindMap.AI의 지각도 소개. MyMap.ai. 홈페이지. https://mymap.ai/

[그림 2-20] AI 기술의 마케팅 활용 사례와 공공부문 적용 방향. 한국지능정보사회진흥원(2024). [자료 재구성]. https://eiec.kdi.re.kr/policy/domesticView.do?ac=0000191414

[그림 2-21] 생성형 AI를 활용하여 제품 패키지를 개발한 사례. 서울경제 (2023. 9. 14.). 편의점 패키지 디자인도 AI가 맡는다. https://m.sedaily.com/NewsView/29UOIUH31R

[그림 2-22] Night Shift Brewing의 소셜미디어에 게시된 AI-P-A 소개글. Night Shift Brewing. (2023. 2. 23.). This 7.5% Hazy IPA is (partially) the result of artificial intelligence-from the recipe to the beer name to the label itself. [Tweet]. X. https://x.com/NightShiftBeer/status/1628380737320767490

[그림 2-23] 구글 인공지능(제미나이)로 개발한 베스킨라빈스 아이스크림. 중앙일보(2024. 7. 19.). AI가 만든 아이스크림은 무슨 맛… 배스킨라빈스, 구글과 협업. https://www.joongang.co.kr/article/25262477

[그림 2-24] 개인화된 상품 제작을 위해 자사 홈페이지에 게시한 퀴즈. Function of Beauty 홈페이지. https://www.functionofbeauty.com/

[그림 2-25] 로레알 실시간 초개인화로 화장품을 제작하는 'Perso' 기기. L'Oréal USA. (2020. 1. 6.). Introducing Perso, a 3-in-1 at-home personalized beauty device by L'Oréal [Video]. YouTube. https://youtu.be/kfRGxkllF5M?feature=shared

[그림 2-26] 스티치픽스 스타일 추천 방식. Stitch Fix 홈페이지. https://www.stitchfix.com/

[그림 2-27] 롯데온의 뷰티 AI. 전자신문(2025. 4. 3.). "데이터 분석해 맞춤형 뷰티 상품 추천"… 롯데온, '뷰티 AI' 출시. https://www.etnews.com/20250403000113

[그림 2-28] 아마존의 인터레스트 aI(Interests ai). Amazon. (2025. 3.). Artificial intelligence: Amazon features Interest. https://www.aboutamazon.com/news/retail/artificial-intelligence-amazon-features-interest

[그림 2-29] ChatGPT의 쇼핑 기능. E-Commerce Times. (2025. 4. 30.). OpenAI Wants ChatGPT To Be Your Shopping Assistant. https://www.ecommercetimes.com/story/openai-wants-chatgpt-to-be-your-shopping-assistant-178259.html

[그림 2-30] 모빌리티 멀티모델 적용 예시. 연합뉴스(2023). 쏘카, 국제학회서 모빌리티 업계 최초 '초거대 AI 글로벌챌린지'. https://www.yna.co.kr/view/AKR20230519032500003

[그림 2-31] 다이내믹 프라이싱의 작용 원리. 박지훈(2024. 7. 18.). '정가 대신 시가' 다이내믹 프라이싱, 항공·숙박 넘어 일상생활로 확산. 매일경제. https://www.mk.co.kr/news/culture/11070630

[그림 2-32] 영국 펍의 다이내믹 프라이싱 적용 사례('Unhappy Hour'). Gross, J. (2023. 9. 13.). 'Unhappy Hour': U.K. pub chains adopt surge pricing for pints. The New York Times. https://www.nytimes.com/2023/09/13/business/surge-pricing-drinks-slug-lettuce.html

[그림 2-33] 퀵커머스 업체 현황. 나스미디어(2024). 주요 미디어&마켓 이슈 리포트. https://www.nasmedia.co.kr/wp-content/uploads/2024/12/1.nasreport360_MEDIA__MARKET_ISSUE_2412.pdf

[그림 2-34] 네이버, 나이키와 생성형 AI 광고 '클로바 포 애드' 예시. 이경

탁(2024. 1. 24.). 네이버, 나이키와 생성형 AI 광고 협업… '클로바 포 AD' 테스트. 조선비즈. https://biz.chosun.com/it-science/ict/2024/01/24/6PYANKP3DFFP5A5VDCBJKUWKTM/

[그림 2-35] ZenClerk: AI를 통한 적절한 구매 타이밍 간파. Vertical Platform. (2015. 8. 3.). 쿠폰 발송 타이밍을 찾기 어렵다면? ZenClerk. https://www.venturesquare.net/595789

[그림 2-36] 전통적 방식 및 소셜 네트워크 맥락에서의 직접 마케팅. Palmer, A., & Koenig-Lewis, N. (2009). An experiential, social network-based approach to direct marketing. *Direct Marketing: An International Journal, 3*(3) 162-176

[그림 2-37] IMC와 관련한 요소에 대한 합의. Kliatchko, J. (2005). Towards a new definition of integrated marketing communications (IMC). *International Journal of Advertising, 24*(1), 7-34.

[그림 2-38] CDJ X 인텐트 맵핑 예시. 리스닝마인드 홈페이지 [자료 재구성]. https://www.ascentkorea.com/listening-mind-intent-data-marketing-solution/

[그림 2-39] 온·오프라인이 통합된 브랜드 경험을 통한 우수 캠페인 사례. 삼성전자 뉴스룸(2024. 8. 11.). 바오패밀리와 갤럭시 체험존, 누적 방문객 15만 명 흥행. https://news.samsung.com/kr/%EB%B0%94%EC%98%A4%ED%8C%A8%EB%B0%80%EB%A6%AC%EC%99%80-%EA%B0%A4%EB%9F%AD%EC%8B%9C-%EC%B2%B4%ED%97%98%EC%A1%B4-%EB%88%84%EC%A0%81-%EB%B0%A9%EB%AC%B8%EA%B0%9D-15%EB%A7%8C-%EB%AA%85-%ED%9D%A5%ED%96%89

[그림 2-40] 사람이 제작한 클로렛츠 광고 중 일부(좌), AI가 제작한 클로렛츠 광고 중 일부(우). https://www.youtube.com/watch?v=6DJgC_j2xiw, https://www.youtube.com/watch?v=rDEBTmYd-EY&t=1s

[그림 2-41] CHAI GPC(Generative Pre-trained Creator)' 소개. 차이커뮤니케이션 보도자료

[그림 2-42] 경성 콘텐츠와 연성 콘텐츠의 예시. 최모세, 즈창환(2019). MCN 브랜디드 콘텐츠 유형과 상호 작용성에 따른 소비자 반응 연구: 지각된 실재감과 지각된 진정성의 매개효과를 중심으로. 광고학연구, 30(3), 107-139. (재구성)

[그림 2-43] 랄프 로렌 플래그십 스토어의 인터랙티브 윈도우 디스플레이. Sillo, A. (2024. 11. 25.). Ralph Lauren brings Polo Bear to life with interactive holiday window displays. Galerie. https://galeriemagazine.com/ralph-lauren-polo-bear-holiday-windows/

[그림 2-44] 하디스의 'unAimaginable' 광고 영상 중 일부. https://youtu.be/O2F0KsE9kJ4?si=8gr-vEgr_xs4DOVT

[그림 2-45] AI를 통해 제작된 롯데 신년 광고 중 일부. 롯데 LOTTE 유튜브(2024. 1. 17.). 2024년, 당신의 태양은 새롭게 경이롭게. https://youtu.be/LdiFdTa7bdA?si=qyEujXCKurZc6l8_

[그림 2-46] ChatGPT와 협업하여 제작된 베스킨라빈스 콘텐츠 중 일부. 베스킨라빈스 유튜브(2023. 3. 31.). [배스킨라빈스] 지은이 챗GPT! 마멜과 쿠로미의 대모험! '복숭아 원정대와 용의 눈물'. https://youtu.be/S7IuBqpKe0s?si=ZiiKQls3OCp4PfUR

[그림 2-47] 루시의 인스타그램에 업로드된 셀피. 루시의 공식 인스타그램 @here.me.lucy

[그림 2-48] '갤럭시 언팩' 행사에 참석한 루시 사진 (온라인, 모바일 화면에만 나타남). 연지연(2024. 9. 25.). 얼굴 보기 힘들어진 루시… 가상인간 인플루언서 마케팅도 어렵네. 조선비즈. https://biz.chosun.com/distribution/food/2024/09/25/RKEMRJH5WJBCJBWOXXDFN6NPN4/

[그림 2-49] 유사인간에 대한 4단계 반응. 자체 제작.

[그림 2-50] 서울우유A2+우유 광고 중 일부. 서울우유 유튜브(2024. 4. 12.). 이제는 A2플러스 우유로 좋은 우유를 더 좋게, 서을우유 A2+우유 (15초)_A. https://youtu.be/VYRVdQMQv1Q?feature=shared

[그림 2-51] 프로그래매틱 크리에이티브: Dynamic Creative Optimization.

Adobe 제공.

[그림 2-52] 크로거(Kroger)의 크리에이티브 조합 예시. Claritas (n.d.). Kroger Uses AI Creative Optimization in Awareness Campaign. https://claritas.com/case-studies/kroger-uses-ai-creative-optimization/?utm_source=chatgpt.com

[그림 2-53] 가르니에 인디아가 AI를 활용하여 제작한 10만 개의 크리에이티브 중 일부 예시. Google Marketing Platform. How did L'Oréal make one creative idea work 100K+ different ways? With a little help from Display & Video 360, Studio and GWD. https://marketingplatform.google.com/about/resources/how-did-loreal-make-one-creative-idea-work-100k-different-ways/

[그림 2-54] Adobe Mix Modeler에 포함된 주요 기술. Adobe. (2024). AI 기반의 마케팅 성과 측정 및 계획-Adobe Mix Modeler로 마케팅 ROI를 극대화하는 방법. https://business.adobe.com/kr/resources/sdk/ai-powered-marketing-measurement-and-planning.html

[그림 2-55] Adobe Mix Modeler의 MMM과 MTA 소개. Adobe. (2024). AI 기반의 마케팅 성과 측정 및 계획-Adobe Mix Modeler로 마케팅 ROI를 극대화하는 방법. https://business.adobe.com/kr/resources/sdk/ai-powered-marketing-measurement-and-planning.html

[그림 2-56] Adobe Mix Modeler의 시나리오 추천 예시. Adobe. (2025). Adobe Mix Modeler에서 AI 기반 측정 시작하기. https://business.adobe.com/kr/resources/sdk/get-started-with-ai-powered-measurement-in-adobe-mix-modeler.html

[그림 2-57] 냉장고 문에 부착된 쿨러스크린 디스플레이 설명 자료. Cooler Screens 홈페이지. https://www.coolerscreens.com

[그림 2-58] 왼쪽부터 아모레 성수의 AI 셀프 측정존, 조제실, 테스트존. 아모레퍼시픽 홈페이지. https://www.amorepacific.com

[그림 2-59] [아임닭X챗GPT full ver.] 중 일부. 아임닭 유튜브 채널. https://youtu.be/hEIbkQdhSjE?si=zJx4gBmup7G8oalo

[그림 2-60] 복합적 AI 활용 예시. Deloitte. (2024. 11. 11). Tech Trends 2025. https://www.deloitte.com/kr/ko/Industries/tmt/analysis/2025-tech-trends.html

찾아보기

1st-party 데이터 128
3C 분석 90
4C 137, 138
4P 137

A
AI 마케팅 29
AI 추천 서비스 155
AIDMA 모델 53
AISAS 모델 53

B
Branded House 139

C
CDJ 207
ChatGPT 94
CNN 132
CRM 52

D
DEI 258

F
FAT 265

G
GPTs 95

H
House of Brands 139

I
IMC 207, 208

M
Marketing Research and Competitive Analysis 97

O
OTT 240

P
PEST 분석 31, 89
PR 186

S
SEO 104
SIPS 모델 54
SMART 기법 78
STP 전략 113, 135

SWOT 분석 31, 90

T
Targeting 117
Text to Shop 34
Top-down 방식 77
Trend Tracker 96

U
USP 142

ㄱ
가격 변동제 172
가격에 대한 민감도 170
가격-품질 이론 177
가변가격제 172
가상 인플루언서 223, 226
가치 기반 가격정책 173
개인 맞춤화 상품 149
개인화 118
개인화 상품 148
개인화 추천 160
객관적 가격 169
경성 콘텐츠 218
경험적 규칙 162
계몽 단계 18
고객 경험 27
고객 여정 분석 108
고객 의사결정 여정 20, 207, 241
고객 점유율 47

고객관계관리 52
관계 마케팅 46
광고 196
광고 반응 기반 타깃팅 126
교차 판매 전략 22
구글 애널리틱스 136
구글 트렌드 98
군집화 113
근접 마케팅 26
기술 수용 모델 107
기술 수용 주기 19
기술 촉발 18

ㄴ
네이버 데이터랩 101
뉴미디어 239

ㄷ
다이나믹 프라이싱 171
대중 마케팅 46
대형 언어 모델 36
도박적 가격 할인 190
동적 크리에이티브 최적화 234
디지털 전환 13, 16

ㄹ
레거시 미디어 238
롱테일 법칙 49
리테일 미디어 240

ㅁ

마케팅 퍼널 199
맞춤 타깃 125
매스 마케팅 117
맥락 기반 마케팅 257
맥락 타깃팅 121
머신 휴리스틱 162
멀티모달 AI 38, 166
메시지 의존성 61
목표 설정 77
몰입형 경험 273
몰입형 브랜드 경험 219
무선인식 24
미디어 바잉 243
미디어 방정식 58

ㅂ

부풀려진 기대의 정점 18
불쾌한 골짜기 229, 231
브랜드 메시지 전략 212
브랜드 진정성 272
블랙키위 104
비차별화 전략 117

ㅅ

사물인터넷 24, 256
사소한 다수 49
사회적 상호작용 59
생산성의 안정기 18
서드파티 42

서지 프라이싱 173
설문조사 92
세그먼트 127
세분화 48, 113
소비자 인지 지도 130
소비자의 심리적 타점 213
소유 효과 210
소형 언어 모델 38, 276
솔로프리너 275
쇼루밍 21
수요 기반 가격정책 173
시각적 의인화 59
시간 기반 가격정책 173
시장 점유율 47
실시간 A/B 테스트 233
실시간 타깃 조정 119
심리학적 변수 114
심층 인터뷰 92
썸트렌드 103

ㅇ

앱 추적 투명성 42
에이전틱 AI 38
엣지 AI 63, 256
역쇼루밍 21
연성 콘텐츠 218
오디언스 바잉 244
온·오프라인 통합 미디어 믹스 242
온디바이스 AI 64

올드 미디어 238
옴니채널 23
워드 클라우드 분석 141
위치 기반 마케팅 26
유사 세그먼트 125
유사 타깃 125
의인화 59
인구통계학적 특성 114
인지된 가격 168
인지적 구두쇠 162
인터랙티브 디스플레이 219
인플루언서 타깃팅 122
일반 가격 할인 190

ㅈ

자연어 처리 94, 160, 214
저작권 262
전망 이론 170
전통 미디어 238
전통적인 미디어 믹스 242
정보원 197
정확성 동기 162
제로파티 데이터 45
준사회적 상호작용 228
지각된 용이성 107
지각된 유용성 107
지각된 인간다움 59
지나칠 수 없는 횡재 189
지리학적 특성 114
직접 마케팅 193

집중 마케팅 48
집중화 전략 118

ㅊ

차별화 전략 118
챗봇 57
체계적 정보 처리 161
체류 시간 27
촉감 피드백 210
최소 노력 원칙 162
충분성 원칙 162

ㅋ

캐즘 17
컴퓨터는 사회적 행위자 58
콘텐츠 주제 기반 타깃팅 121
쿠키리스 42
퀵커머스 181
클라우드 AI 63
키워드 타깃팅 122

ㅌ

타깃 마케팅 47
탄력가격제 172
통합적 마케팅 커뮤니케이션 200
튜링 테스트 35
트래피킹 236
티핑 포인트 17

ㅍ

파레토 법칙 47
판다랭크 105
판매 촉진 188
판매 촉진에 민감한 소비자 189
패스파인더 109
퍼스트파티 데이터 43
포지셔닝 130
포지셔닝 맵 132
표적 시장 117
프라이버시 계산 모델 44
프라이빗 클라우드 66
프라이스 매치 22
프로그래매틱 바잉 244
프로모션 믹스 185, 198
프로슈머 20, 139
플래노그램 180

ㅎ

하이브리드 방식의 AI 66
하이프 사이클 18
행동 기반 타깃팅 124
행동학적 특성 115
혁신 확산 이론 17
혁신가의 딜레마 14
협업 필터링 154
환멸의 골짜기 18
효과 197
휴리스틱 처리 161
휴리스틱-체계적 처리모형 161

저자 소개

조창환(Chang-Hoan Cho)
연세대학교 언론홍보영상학부, 교수

조창환 교수는 미국 위스콘신대학교(매디슨 캠퍼스)에서 학사 및 석사 학위를 취득하고, 텍사스대학교(오스틴 캠퍼스)에서 광고학 박사 학위를 받았다. 연세대학교에서 교편을 잡기 전에는 미국 네브래스카대학교(링컨 캠퍼스)에서 조교수로 재직하였고, 이후 플로리다대학교에서 광고학과 부교수로 재직하였다. 그는 연세대학교 언론홍보대학원 원장(2020~2023)을 4년간 맡았으며, 제28대 한국광고학회장을 2023년에 역임하였다.

조창환 교수의 연구 분야는 인터넷 및 디지털 마케팅, 뉴미디어 광고, AI 기반 전략 커뮤니케이션 효과, 고객 여정 분석, 소비자 행동, 매체 기획, 국가 브랜딩 등 폭넓으며, 특히 뉴미디어 및 디지털 마케팅 분야에서의 연구 결과는 Journal of Advertising, Journal of Advertising Research, Journal of Broadcasting and Electronic Media, CyberPsychology Behavior and Social Networking, Journal of Sport Management, Journalism and Mass Communication Quarterly, Computers in Human Behavior, International Journal of Advertising 등의 해외 저명 학술지와 광고학연구, 한국광고홍보학보, 광고연구 등의 국내 전문 학술지를 통해 발표되었다.

미국광고학회 최우수 박사논문상(1999)을 비롯해, 미국광고학회 최우수 연구논문상(2007), 한국광고학회 최우수 연구논문상(2017), 한국광고홍보학회 올해의 우수논문상(2020), 문화체육관광부 세종도서 학술부문 우수 저술상(2018, 디지털 마케팅 4.0) 등을 수상하였다. 한국인 국제 광고 학술지 논문 게재 실적 국내 1위, 광고 분야 주요 국제 학술지 논문 발표 실적 세계 3위 및 아시아 1위, 인터넷 관련 연구 국제 학술지 논문 게재 실적 세계 4위 및 아시아 1위 그리고 인터넷 연구 관련 국제 학술 논문 피인용 횟수 세계 5위와 아시아 1위를 기록한 바 있다.

홍다예(Daye Hong)
연세대학교 언론홍보영상학과, 박사 수료

홍다예는 연세대학교 언론홍보영상학과에서 석사 학위를 취득하고 현재 박사 과정을 수료하였으며, 2026년에 박사 학위를 받을 예정이다. 연구 관심 분야는 디지털 마케팅, 소비자 행동, 뉴미디어, 인공지능 커뮤니케이션 등 폭넓으며, 연구 결과는 International Journal of Human-Computer Interaction, 한국광고홍보학보, 한국방송학보, 한국콘텐츠학회 등 국내외 전문 학술지를 통해 발표되었다.

석사 학위 논문은 2021년 연세대학교 석사학위과정 인문·사회 부문에서 우수상을 받았으며, 2020년 한국광고학회 대학원생 컨퍼런스에서 최우수상과 2024년 한국언론학회 학술대회에서 대학원생 부문 우수논문상을 받은 바 있다.

최모세(Moses Choi)
대홍기획 디지털솔루션1팀 팀장 / 광고학 박사

최모세는 롯데그룹 광고대행사 대홍기획의 디지털솔루션1팀 팀장이자 광고학 박사로, 디지털과 AI로 변화하는 광고 환경에서 이론과 실무를 연결하는 디지털 광고 전문가이다. 대홍기획에서 최연소 팀장이자 최우수 BTL AE로서, 롯데그룹 및 계열사의 디지털·소셜 IMC 캠페인 도입과 성장을 주도했으며, 삼성전자, 현대자동차, SK, CJ, NH투자증권, 문화체육관광부, 컨버스 등 다양한 브랜드의 디지털 IMC 캠페인을 20여 년간 수행했다. 그 결과, 대한민국 광고대상 소셜커뮤니케이션 부문에서 롯데지주 〈승진왕〉 유튜브 캠페인으로 대상을 수상했으며, 부산국제광고제, 에피어워드, 올해의 광고상, 디지털 광고 대상 등 국내외 14여 건의 광고제에서 수상했다. 또한 광고 시장의 근본적 변화를 이끄는 빅데이터에 주목하여 대홍기획의 빅데이터 솔루션 도입과 구축 PM을 맡았다.

이론적 갈증을 해소하기 위해 현업과 학업을 병행하며 연세대학교 언론홍보대학원에서 석사 학위, 홍익대학교 일반대학원에서 박사 학위를 취득했다. 주요 관심 분야는 소셜미디어, 브랜디드 콘텐츠, 데이터 기반 캠페인 기획(Data Driven Planning)이다. 조창환 교수와 함께 국내 최초로 SNS 효과 측정 지표를 개발해 500여 개 브랜드 및 공공 분야 채널을 컨설팅했으며, 관련 논문으로 광고홍보학회 우수논문상(2020)을 수상했다.

현재 한국광고학회 산학계 이사와 광고총연합회 AD-Z 편집위원으로 활동 중이며, 최근에는 광고학회 교수들과 함께 『AI 기반 광고 전략』(2023)을 공저했다.

실전 AI 마케팅:
핵심 개념과 현업 사례
AI Marketing in Practice:
Essential Concepts and Case Studies

2025년 11월 15일 1판 1쇄 인쇄
2025년 11월 20일 1판 1쇄 발행

지은이 • 조창환 · 홍다예 · 최모세
펴낸이 • 김진환
펴낸곳 • **학지사비즈**

04031 서울특별시 마포구 양화로 15길 20 마인드월드빌딩
대표전화 • 02-330-5114 팩스 • 02-324-2345
등록번호 • 제313-2006-000265호

홈페이지 • http://www.hakjisa.co.kr
인스타그램 • https://www.instagram.com/hakjisabook

ISBN 979-11-93667-21-7 03320

정가 20,000원

저자와의 협약으로 인지는 생략합니다.
파본은 구입처에서 교환해 드립니다.

이 책을 무단으로 전재하거나 복제할 경우 저작권법에 따라 처벌을 받게 됩니다.

출판미디어기업 **학지사**
간호보건의학출판 **학지사메디컬** www.hakjisamd.co.kr
심리검사연구소 **인싸이트** www.inpsyt.co.kr
학술논문서비스 **뉴논문** www.newnonmun.com
교육연수원 **카운피아** www.counpia.com
대학교재전자책플랫폼 **캠퍼스북** www.campusbook.co.kr